W0095729

Seit der Aufklärung haben Pädagogen, vor allem aber die Reformpädagogen dieses Jahrhunderts, immer wieder die Forderung erhoben, Lehrer und Erzieher sollten das Kind auf dem Wege seiner Entwicklung begleiten und ihm behilflich sein, sich nicht nur in der Schule, sondern vor allem im Leben zurechtzufinden. Anhand eines konkreten, überdies aktuellen Beispiels, nämlich eines ausländischen Mädchens, versucht die Autorin, eine individualpsychologisch orientierte Pädagogin, das Modell einer solchen erzieherischen Lebenshilfe zu entwerfen und mit praktischen Inhalten zu füllen. Die Entwicklung der persischen Schülerin während ihrer Schulzeit wird anhand von schriftlichen Äußerungen des Mädchens in Form von Briefen und Gedichten kommentiert und jeweils zum Anlaß für die Diskussion über die Möglichkeiten erzieherischer und psychologischer Beratung und Lebenshilfe genommen. Auch die Grenzen solcher Beratung und die besonderen Schwierigkeiten von ausländischen Schülern hierzulande werden nicht verschwiegen oder verharmlost. Die Autorin will mit ihrem Buch auf die Bedeutung zwischenmenschlicher Begegnung in der Schule hinweisen und über die Chancen und Probleme einer solchen Verständigung über die eigenen Kulturvorstellungen hinaus informieren. Nicht nur Pädagogen und Psychologen sind angesprochen, sondern auch Eltern und andere erzieherisch tätige Personen.

Bettina Schubert ist Pädagogin und Psychologin und lebt in Berlin, wo sie an einer Gesamtschule tätig ist.

Bettina Schubert

Erziehung als Lebenshilfe

Individualpsychologie und Schule
Ein Modell

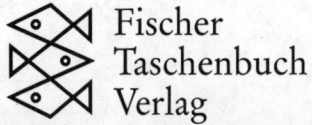

Fischer
Taschenbuch
Verlag

Geist und Psyche
Herausgegeben von Willi Köhler
Begründet von Nina Kindler 1964

Originalausgabe
Veröffentlicht im Fischer Taschenbuch Verlag GmbH,
Frankfurt am Main, April 1993

Umschlaggestaltung: Buchholz / Hinsch / Hensinger
Gesamtherstellung: Clausen & Bosse, Leck
Printed in Germany
ISBN 3-596-11314-8

Gedruckt auf chlor- und säurefreiem Papier

Vorbemerkung

Dies ist ein ungewöhnliches Buch – von der Entstehung, vom Inhalt und vom Aufbau her. Entstanden ist es aus der Arbeit einer psychologisch ausgebildeten Schulpädagogin mit einer iranischen Schülerin in einer Berliner Schule. Um der Schülerin das Erlernen der deutschen Sprache zu erleichtern, verabredet die Pädagogin mit ihr kleine Aufsatzübungen in einem Schreibheft. Bald ensteht daraus eine mehr oder minder regelmäßige Korrespondenz, eine Art Tagebuch. Dieser Briefwechsel bildet den Grundstock des Buches. Die dort behandelten Themen reichen weit in das Privatleben der Schülerin und lassen den Leser die Entwicklung eines Menschen in einer ihm fremden Kultur Schritt für Schritt verfolgen. Der Briefwechsel und die ihn begleitenden Kommentare der Pädagogin vermitteln mehr über die erzieherische, lebensbegleitende Arbeit, als es ein psychologisches oder pädagogisches Sach- oder Fachbuch je könnte. Das gleichsam aus zwei Blickwinkeln geschriebene Buch veranschaulicht im echten Sinne des Wortes die Schwierigkeiten des Einlebens und Eingewöhnens ausländischer Menschen in einer fremden Umwelt an einem markanten Fall.

wk

Lotte Blochwitz, die mich als Heranwachsende ermutigte,
meinen eigenen Weg zu suchen,
in Dankbarkeit gewidmet.

Inhalt

Einleitung

Unser Jahrhundert, an dessen Beginn in der Pädagogik ein großer Aufbruch stattfand mit vielen Versuchen und Reformen, das »Jahrhundert des Kindes« (Ellen Key), endet mit existentieller Bedrohung, gerade für die Kinder der Welt. In Amerika, einst politische und ökonomische Hoffnung der Völker Europas gegen absolute und totalitäre Herrschaft, sind heute Kinder gefährdet, viele leben unterhalb der Armutsgrenze. Zur wirtschaftlichen Not, dem nackten Hunger in weiten Teilen der Welt, ist die seelische Not insbesondere auch in Europa und den Metropolen der großen westlichen Staaten gekommen. Wie nach den Wirren der Oktoberrevolution gibt es nicht nur in den Slums Lateinamerikas Kinder, die sich selbst überlassen sind.

Stärker als zu Beginn des Jahrhunderts mangelt es an Perspektiven und Hoffnungen für die Völker der Welt. Der »Club of Rome« ist in seinem Bericht zum Beginn der 90er Jahre ratlos, wenn er vom neuen Menschen spricht – nur die Probleme lassen sich noch genau benennen. International scheint allein die Sprache der gesellschaftlichen Gewalt. Von Japan, über die GUS-Staaten und ihre ehemaligen Bündnispartner bis nach Westeuropa ist eine Zunahme der Gewalt, besonders bei der Jugend, zu beobachten. Vergebens sucht man unter den großen Politikern solche, die zu den Wählern mit Zuversicht von der Zukunft sprechen könnten. Warnungen überwiegen. Für gewaltfreie Wege zu Demokratie und weltweitem Wohlstand scheint kaum mehr Hoffnung. Utopien sind verdächtig geworden, von ihnen wird – abgesehen von kleinen, gesellschaftlich unbedeutenden Gruppen – nicht einmal mehr unter den Intellektuellen oder an den Universitäten gesprochen.

Angesichts dieser Verhältnisse überwiegt Sprachlosigkeit. Eine Sprache zu finden kann nicht allein den Politikern überlassen werden. Eine Verständigung zu finden kann nicht als Aufforderung an die Politiker delegiert werden. Es geht nicht um »die Menschheit«, die weit weg von meinem Alltag ist, nicht um »das Proletariat« oder »die dritte Welt«. Es geht um unser persönliches und gesellschaftliches Leben heute und morgen. Keiner von uns lebt gut in der Ohnmacht des Schweigens, dem Fatalismus des Hinnehmens, der Passivität aus der Resignation oder dem Geht-mich-nichts-an. Diese Haltungen führen aus einer realen

Hinnahme und faktischen Billigung von Gewalt zur Vertiefung der Angst und damit schließlich zur Verschärfung der Gewaltpotentiale im Alltag und, gesellschaftlich gesehen, zur Aufstockung von existierenden Machtverhältnissen.

Es ist eine Illusion, anzunehmen, diese Probleme beträfen nur wenige Menschen. Angesichts der öffentlichen Diskussion über Westdeutsche, Ostdeutsche und Ausländer verschiedenster Herkunft kann nur der mit den Achseln zucken, der leugnet, Teil einer größeren Menschheit zu sein, der nicht zur »family of man« gehören möchte. Die wachsende Bedrohung durch Gewalt in weiten Bereichen des Alltags, auf den Straßen und in den sozialen Zentren stellt auch vor dem Hintergrund der deutschen Geschichte die Frage »Was tue ich?« an jeden, gleich welcher Herkunft, Religion oder Hautfarbe, der nicht selbst sprachlos Opfer der Bedrohung in der Geschichte werden möchte.

»Menschen brauchen ein Bewußtsein der eigenen Identität, wenn sie ein Leben in Anstand und menschlicher Würde führen wollen. Viele Gesellschaften der Vergangenheit haben das sehr gut gewußt, aber im heutigen Strudel der Veränderungen ist es schwer, die eigene Identität zu bewahren. Viele Menschen verlassen ihre Heimat und werden mit kulturellen Widersprüchen konfrontiert; sie leiden häufig unter Identitätsverlust und Demoralisierung«, stellt der »Club of Rome« 1991 fest. Was jedoch entscheidet über den Identitätsverlust? Entscheiden die sozialen Verhältnisse, wieviel Würde einer in den neuen sozialen Bedingungen erlebt?

Alfred Adler sagte zu Beginn unseres Jahrhunderts: »Der ehrliche Psychologe kann seine Augen nicht davor verschließen, daß es Zustände gibt, die das Eingehen des Kindes in die Gemeinschaft, sein Sichzuhausefühlen verhindern und es aufwachsen lassen wie in Feindesland«[1]. Welche Bedeutung hat diese Erkenntnis in unserer Zeit?

Die Tatsachen, die uns umgeben, in denen wir uns zurechtfinden müssen, sind von großer Bedeutung für den menschlichen Werdegang. Aber sie bestimmen nicht endgültig den Lebensverlauf des einzelnen, sondern entscheidend ist, welchen Weg der Betreffende selbst geht. Nicht jeder, der in einem anderen Land geboren wurde, hat Schwierigkeiten, sich an seinem Wohnort zu Hause zu fühlen. In manchen Familien wächst man als Weltbürger auf. Dieses Gefühl hängt nicht vom Einkommen der Eltern oder ihrer Fremdsprachenkenntnis ab, sondern von der Stimmung, in der das Kind aufwächst. Fühlt es sich in den

1 Ansbacher, 1975, S. 415

frühesten Jahren in seinem Zuhause geliebt und geachtet, wird es mit sichererem Selbstbewußtsein und Zuversicht in die Welt treten.

Aus der Zugehörigkeit zu einer aus politischen, ökonomischen oder rassischen Gründen verachteten Gruppe ergibt sich eine Art gesellschaftlicher Prädisposition, die jedoch keineswegs einen Weg in einer engen, benachteiligten Gruppe festlegt und mit Notwendigkeit den Lebenserfolg versagt.

Fast jeder Erwachsene kennt Beispiele, bei denen ungünstige Bedingungen überwunden werden konnten. Die Herkunft muß kein Schicksal sein. Dies gilt für Kinder, die in einer Familie aufwachsen, in der ein Elternteil oder beide Eltern im Ausland geboren wurden, einen anderen Glauben haben. Es gilt auch für den, der unehelich geboren wurde oder im Heim aufwuchs. Auch das Arbeiterkind, das größere Hürden als Kinder von Ärzten und Lehrern an der Universität zu überwinden hat, ist nicht darauf festgelegt, sich »unten« zu fühlen. Es kann seinen Platz bei den anderen finden.

Bezogen auf die Entwicklung in den letzten 90 Jahren, läßt sich festhalten: Die Vorbedingungen für eine soziale und wirtschaftliche Integration in die Gesellschaft sind trotz des kulturellen Wandels sowie einer weltweit zu beobachtenden Verunsicherung und Demoralisierung in West- und Mitteleuropa noch nie so günstig wie heute, am Ende unseres Jahrhunderts, gewesen.

In der derzeitigen gesellschaftspolitischen Situation kommt der Schule die Aufgabe zu, zur Identitätsfindung Heranwachsender beizutragen. In den Schulklassen sitzen heute Schüler, die da und doch nicht da sind. Einer zeichnete einmal in meiner Stunde auf dem Blatt vor sich den ganzen Reiseweg nach Hause, bis ganz hinten in die Türkei. Viele dieser Migrantenkinder stehen mit ihrem Gefühl allein an der Schwelle zwischen Asien und Europa, zwischen einer traditionellen Gesellschaft und unserer Alltäglichkeit. Es ist nicht angebracht, die Probleme, die sich aus den europäischen Veränderungen und Wanderungsbewegungen ergeben, zu bagatellisieren und zu verdrängen. Was nützt es den Betroffenen, die damit verbundenen sozialen Konflikte zu einer politischen gewalttätigen Auseinandersetzung zwischen den Mächtigen der westeuropäischen Industriestaaten und Ohnmächtigen aus den ärmeren Ländern zu stilisieren?

Eine politische Romantisierung der anstehenden Fragen hilft ebenso wenig wie eine primär *anti*-rassistische Erziehung, die Jugendliche in dem Land, in dem sie nun leben, in eine Defensivstellung drängt und so ihre Angst verstärkt. Auch Ansätze, die zur Charakterisierung heutiger

Probleme immer wieder die Zeit des Faschismus als Vergleich heranziehen, dienen eher der Politisierung von Betroffenengruppen als dazu, den Kindern der zweiten Generation bei der Verwirklichung eines befriedigenden Lebens in ihrer neuen Heimat zu helfen.

Trotz pädagogisch gesicherter Erkenntnisse über die Bedeutung von Orientierung beim Lernen, trotz vieler Bemühungen in der Lehrerausbildung, die mit der Reformpädagogik bereits in der Weimarer Republik wichtige Erkenntnisse über die Bedeutung der Lehrer-Schüler-Beziehung und über Möglichkeiten zu deren Gestaltung festhielten, liegen heute kaum konkrete Praxisbeispiele vor, die Lehrern Mut bei ihrer Arbeit machen.

Selten nur werden Ansätze in der alltäglichen Praxis realisiert. Der im folgenden dokumentierte Briefwechsel gibt den Versuch wieder, sich im Dialog mit der damals 16jährigen Setareh aus dem Iran zu verständigen. Vielen Heranwachsenden, zu vielen, droht das Schicksal seelischer Verlorenheit, wenn wir es bei der Sprachlosigkeit bewenden lassen, wo eine Sprache zu finden, ein Gespräch möglich ist. Setarehs Name steht für viele Heranwachsende, die nicht Autoritäten oder »Kumpel«, sondern Mitmenschen suchen, an denen sie sich orientieren können. Es sind Jugendliche, die wie die Erwachsenen auf die Bestätigung als Menschen angewiesen sind, gleich ob sie in Deutschland oder anderswo geboren, gleich ob sie Jungen oder Mädchen sind.

Von meinem Versuch, in der Beziehung mit Setareh Worte der Verständigung zu finden, handelt dieses Buch.

Setareh – die neue Schülerin

Am Ende der Berliner Sommerferien 1988, vierzehn Tage nach Schulbeginn, sitzt am 30. 8. unangemeldet ein fremdes, etwa fünfzehnjähriges Mädchen mit großen dunklen Augen in meiner Deutsch-Lerngruppe des 9. Jahrgangs einer Berliner Gesamtschule. Ich frage sie nach dem Namen und woher sie komme. »Ja, ja«, sagt sie angstvoll, als sei sie bemüht, nichts falsch zu machen. Ich solle nicht so kompliziert fragen, sagt ihre Tischnachbarin, die ihr gerade noch die langen dunklen Haare kämmte. Das sei Setareh aus dem Iran. Die könne kein Deutsch. Mit einer Bürste vollendet sie ihr Werk an der ungewohnten Haarpracht. Die anderen aus dem Kurs erklären mir, Setareh sei jetzt in unserer Lerngruppe und bliebe da. Ich versuche es auf Englisch und Französisch, sie versteht nicht. Wir sind ohne gemeinsame Sprache. Ich begrüße sie also gestisch und mimisch, dazu sprechend, heiße sie willkommen. »Ja, ja«, sagt sie erneut aufgeregt. Sie ist – deutlich erkennbar an jeder Bewegung und am Blick ihrer Augen – um meine Zustimmung bemüht. Die Worte »ja, ja« und »Ich spreche Deutsch« bleiben für die nächste Zeit ihre einzigen deutschen Worte. Ich lade sie ein, in ihrer Sprache etwas in unser Klassentagebuch zu schreiben. Auch diese Aufforderung erscheint ihrer Nachbarin sprachlich viel zu kompliziert. Sie hört auf die Haare zu bürsten, gibt ihr ihren Stift und verdeutlicht Setareh nun in ihrer Art, sie solle etwas aufschreiben. Während sie zu schreiben beginnt, lesen wir die derzeitige Klassenlektüre: »Die Stadt im Süden.« Es geht darin um das Problem der Rassentrennung in den Südstaaten Amerikas aus der Perspektive eines schwarzen Jungen.

Ich betrachte den persischen Text. Eine kunstvolle Schrift, bewundernd schaue ich mir die Buchstaben, Wörter und Sätze an. Ihre neuen Mitschüler nehmen ihre Fähigkeit gelassen zur Kenntnis. Wir fahren fort im Unterricht. Als die anderen Schüler eine schriftliche Aufgabe bekommen, lade ich sie erneut zum Schreiben ein. Mir scheint, sie gibt sich Mühe, etwas ihr Wichtiges mitzuteilen. Offenbar schreibt sie auch gern.

Ich hole mir in der kommenden Woche Hilfe in unserer Sprachlosigkeit. Eine mir bekannte Armenierin übersetzt die in Hochpersisch geschriebenen Sätze sinngemäß. Ich erfahre, ihr gefalle die Schule, auch

Deutschland sei ein schönes Land. Aber dieses Land sei nicht ihre Heimat und werde es auch niemals werden. Sie sei sehr einsam, im Iran sei sie immer mit Freunden zusammengewesen. Sie hoffe, daß sie hier eine gute Schülerin werde. Sie wolle nicht, daß die Menschen hier denken, daß Iraner faul seien. Sie habe gehört, wenn sie nicht in acht Wochen Deutsch sprechen könne, müsse sie in eine andere Schule gehen. Vielleicht bleibe dann nur ihr Text als Andenken an sie. Sie hoffe aber, daß sie in dieser Schule lernen könne. Sie danke uns, daß sie in dieses Heft schreiben könne und solle.

Ihre Angst in der ersten Stunde der Begegnung wird mir verständlich: Sie denkt, sie müsse wieder weg. Wo ist sie hergekommen, was hat sie erlebt, was steht hinter ihrer Angst? Unter welchen Umständen hält sie sich in Berlin auf? Wie ergeht es ihr hier?

Ihr nächster Text ermöglicht mir einen Einblick in ihre ersten Erfahrungen: »Man hat mich darum gebeten, zu sagen, wozu ich nach Deutschland gekommen bin. Ich bin nach Deutschland gekommen, weil ich meine Eltern verloren habe. Ich hatte keinen Ausweg, deswegen mußte ich zu meinem Bruder kommen. Es wurde gefragt, wie der Unterricht im Iran ist. Der Unterricht im Iran ist so schwierig, daß man es als Fremder nicht so einfach schaffen könnte. Wenn z. B. ein Ausländer aus Deutschland kommen würde, würde er mehr als 13 Jahre brauchen, um das persische Abitur zu machen. Bei uns hat auch ein fleißiger Mensch nicht in allen Fächern Einsen.

Im Iran gibt es nicht so viele Pausen. Wir können auch nicht in der Pause Musik hören und alles machen, was wir wollen. Aber in Deutschland darf man sich alles erlauben. Bei uns im Iran gibt es keine gemischten Schulen mehr. Jungen und Mädchen werden streng getrennt. In der Klasse kann man nicht unhöflich zu dem Lehrer sein, man darf nicht essen oder trinken. Aber in Deutschland kann man das alles machen. Bei uns ist das ein Grund, aus der Schule zu fliegen. Dann wird man bei keiner Schule mehr angenommen.

Ich hoffe, daß dieses Regime in Persien so bald wie möglich das Land verläßt, damit unser Land auch so viel Freiheit haben kann wie die europäischen Länder. Ich hoffe, daß das bald passiert.«

Ich bitte meine Bekannte, Setareh auf persisch einen Gruß von mir zu notieren, der sinngemäß auf Deutsch lautet: »Setareh, Du wirst so bald als möglich einen Brief von mir bekommen. Ich freue mich, daß Du in Deutschland bist, in unserer Schule und daß die Lehrer Dir gefallen. Lehrerin Schubert.«

Als Setareh in der nächsten Stunde die persischen Schriftzeichen, die für sie bestimmt sind, geschrieben liest, beginnt sie sofort übersprudelnd mit mir Persisch zu reden. Ihr Gesicht ist erfüllt von einer tiefen Freude, Zuversicht auf Verständigung. Ich verstehe sie nicht, ermutige sie aber erneut, aufzuschreiben, was sie mir sagen möchte. Das tut sie gleich:

»Als ich Ihren Brief gesehen habe, war ich sehr froh. Mein Herz fing an, schneller zu schlagen, als ich die persische Schrift in diesem Heft (Klassentagebuch) entdeckt habe. Ich kann ganz wenig Deutsch sprechen, deswegen muß ich diese Schule verlassen und zur Sprachschule gehen. Dort werde ich lernen, wie man Deutsch schreibt und spricht. Mein Aufenthalt dort wird etwa 2 oder 4 Monate dauern. Ich bin sehr froh, daß ich Sie kennengelernt habe.«

Die Bemühung einiger Lehrer der Schule um eine Geldquelle zur Finanzierung eines Sprachkurses hat Erfolg. Für drei Monate besucht sie einen ganztägigen Sprachkurs des Goetheinstituts »Deutsch für Ausländer«.

Wie behilflich sein?

Ich überlege derweil, während der Zeit ihrer Abwesenheit, wie wir ihr beim Einleben in der Schule behilflich sein können. Den Verlust von Heimat, das Heimischwerden in einer fremden Kultur kann kein Mensch allein bewältigen. Er braucht die anderen. Auch in unserer Lerngruppe wird es nur gehen, wenn ihr Einleben über meine Bemühung hinaus zum Anliegen der Mitschüler wird. Ich bitte einen kurdischen Schüler, als Experten für das mir fremde Problem »Deutsch als Fremdsprache«, uns zu helfen, indem er mitteilt, wie er Deutsch gelernt habe.

»Wie ich Deutsch lernte

Als ich nach Deutschland kam, war ich gerade acht Jahre alt. Ich war davor ein Jahr lang in der Türkei zur Schule gegangen. Wir mußten in der ersten Klasse schon fließend türkisch sprechen und lesen können. Es fiel mir zuerst sehr schwer, diese Umwechslung von türkisch auf deutsch. Ich hatte in der ersten Zeit auch überhaupt keinen Kontakt mit Deutschen, da ja in unserem Wohnviertel überwiegend Ausländer wohnten. Als ich dann zur Schule ging, hatte ich trotzdem nicht so großen Kontakt mit meinen deutschen Mitschülern. Die deutsche Sprache kam mir sehr schwer und kompliziert vor, aber ich versuchte, mir einige Wörter zu merken, was sie sprachen, auch wenn ich die Bedeutung noch nicht wußte.

Dann lernte ich einen Jungen aus unserem Wohnviertel kennen, der in meinem Alter war. Obwohl wir uns sehr unterschieden, er war blond und sehr hellhäutig, verstanden wir uns schon im ersten Moment. Manchmal konnten wir uns überhaupt nicht verständigen. In manchen Fällen mußte er die Zeichensprache anwenden, damit ich ihn verstand. Aber während er die Zeichensprache ausübte, sprach er dabei, was er damit meinte. Ich merkte mir die Worte, um sie beim ähnlichen Fall anwenden zu können. Wir waren fast immer zusammen, wann immer wir Zeit füreinander hatten. Langsam, aber erfolgreich, lernte ich einige Sätze frei zu sprechen.

Aber zwischen Deutschen konnte ich trotzdem nicht sagen, was ich dachte, fühlte und gern sagen wollte. Es war so, als wäre man stumm gewesen. Da ich mich aber trotz allem bemühte, diese interessante Sprache zu lernen, konnte ich mich so unterhalten, wie ein Achtklässler im Englischunterricht. Trotzdem wäre das nicht genug, um sich auszu-drücken. Meine Lehrerin damals war eine Frau, die sehr viel Verständ-nis hatte. Sie gab mir manchmal andere Hausarbeiten als meinen Mit-schülern. Ich sollte oft kleine Texte aus einem Buch abschreiben, damit ich mich in die deutsche Buchstabenwelt einleben sollte. Es machte mir sehr Spaß, Texte abzuschreiben, deren Bedeutung ich zur Hälfte nicht verstand. Nach einigen Monaten konnte ich schon etwas richtig schrei-ben und lesen. Sprechen konnte ich aber schon gut.

Aber ich muß zugeben, trotz meiner Bemühungen lernte ich lang-sam. Denn ich hatte Sehnsucht nach meiner Heimat, nach Freunden und Verwandten. Diese innerliche Traurigkeit brachte eine Leere in mich, die dazu führte, daß ich langsam lernte. Das wichtigste, was man, um eine Sprache zu lernen, braucht, so habe ich herausgefunden, ist ein Freund, zu dem man Vertrauen hat und der Verständnis zeigt. Nicht die Schule hat mich das Deutschsprechen gelehrt, sondern überwiegend mein Freund.«

Der Wunsch Setarehs, eine gute Schülerin zu werden, wird nur rea-lisierbar sein, wenn sie die deutsche Sprache sicher beherrscht. Im Sprachkurs kann sie vermutlich nur erstes Baumaterial dazu, Bausteine der ihr völlig fremden Sprache erwerben. Aber wie entsteht aus diesen Bausteinen ein solides Sprachfundament? Wie kann auf diesem dann ein Haus entstehen, in dem sie für ihr Leben lernen kann?

Ich bin zuversichtlich. Zum einen liegt ihr offenbar am Zusammen-sein mit Gleichaltrigen, das erwähnt sie als positiv aus ihrer Heimat. Zum anderen scheint mir die Situation der Zusammenarbeit in diesem Kurs, den ich seit zwei Jahren unterrichte, günstig. Ich sehe die Schüler durchschnittlich 280 Minuten in der Woche. Mit fünf Stunden Deutsch und zwei Stunden Geschichte habe ich Fächer, in denen fast jedes Thema behandelt werden kann. Die Stunden werden an der reformpädagogisch orientierten Schule jeweils in »Blöcken«, in Einheiten von 80 Minuten, unterrichtet. Ich bin drei- bzw. vierzehntägig viermal in diesem Kurs, sehe die Schüler also häufig. Die Schüler sind gewöhnt, über Fragen des Lernalltags miteinander zu sprechen. Fast jede Woche nehmen wir uns 20 Minuten vom Unterricht für den »Klassenrat«, bei dem Schüler das Gespräch leiten. Dabei hat jeder, also Schüler und Lehrer gleichermaßen, Gelegenheit, Probleme vorzubringen; miteinander suchen wir nach Lösungen. Im Klassenrat haben wir trotz vieler Schwierigkeiten im Lauf der zwei Jahre ein Stück Gesprächskultur aufbauen können.

Nach einer Diskussion aus Anlaß des Jahrestages der »Reichskristallnacht«, dem Reichspogrom gegen die Juden, kommen wir zum Problem der Beheimatung. Zur Frage »Was muß in einer Gesellschaft für den einzelnen und für viele Menschen erfüllt sein, damit ein Mensch sich beheimatet fühlt?« schreiben die Schüler die ihnen wichtigen Gedanken auf.

»Es muß behaglich sein. Es darf nicht sein, daß man gequält wird. Es ist wichtig, daß man sich auf die Straße trauen kann, ohne Angst zu haben, daß man gleich verhaftet wird, weil man sich nicht fühlt wie andere und man ein anderes Gesicht macht, als erwünscht ist.«

»Es sollte gleiches Recht für alle sein und kein Unterschied gemacht werden, ob die Menschen schwarz oder weiß sind. Die Menschen sollten auch nicht unterdrückt werden. Die Menschen sollten für sich gegenseitig immer da sein und jemanden versorgen, der z. B. krank oder alt ist. Sie sollten niemanden aus ihrer Gruppe ausstoßen.«

»Als erstes steht für mich, daß, ob Inländer oder Ausländer, ob schwarz oder weiß, alle Menschen die gleichen Rechte haben, daß alle bei gleicher Arbeit das gleiche Geld bekommen, daß alle gleich behandelt werden. Es ist wichtig, daß Inhaftierte, die im Gefängnis waren und wieder rauskommen, eine Chance zum neuen Anfang haben und daß die Leute keine Vorurteile mehr haben, weil jemand im Gefängnis war. Jeder muß sagen, denken und tun können, was er für richtig hält, nicht daß er, wenn er ein falsches Wort gesagt hat, gleich verhaftet wird. Der Beschuldigte braucht das Recht auf Verteidigung.«

»In einer Gesellschaft ist es für manche Menschen schwer, sich anzupassen. Um Zugehörigkeit zu gewinnen, muß man Anerkennung finden. Wenn diese Anerkennung entstanden ist und erhalten bleibt, dann hat man auch einen Platz in der Gesellschaft. Doch Anerkennung allein reicht nicht. Es muß auch eine gegenseitige Liebe geben, wo man Vertrauen verankern kann. Denn ohne Vertrauen kann man sich in einer Gesellschaft nicht zu Hause fühlen.«

In der Weltpolitik endet der Krieg in Afghanistan. In Amerika beginnt Bush zu regieren. Berlin ist mit Lokalem beschäftigt. Der Hochschulstreik der Universitäten vom Dezember 1988 wurde am Jahresende als Schülerprotest gegen Stundenkürzungen in verschiedenen Fächern in alle Bezirke getragen. In einer Endzeit- und Aufbruchsstimmung gleichermaßen unterstützen einige Eltern aus der Generation der Studentenbewegung in »zivilem Widerstand« ihre Kinder gegen die Staatsmacht: Diese verhindere mit der geplanten Stundenkürzung die Realisierung ausreichender Bildung. Die geplante Lehrerneueinstellung sei nicht ernst gemeint. Engagierte Eltern übernachten in den Turnhallen der Schulen. In Aktionstagen protestieren die Schüler gegen die geplante Stundenkürzung, die mehr Leistungsdruck und daher weniger Motivation bedeuten würde. Arbeitsgemeinschaften der Schülervertreter zeigen, was mehr interessiert: Musical AG, Tauch AG, Kartenspiel AG, Babysitting, Nichtraucher AG, Umwelt-Naturschutz AG – es gibt alles, bis hin zur Schulverschönerungs AG, Judentum AG, Mathematik AG.

Bei den Januarwahlen in Berlin in der Wohnsiedlung am Rande der Stadt erhalten die Republikaner zehn Prozent. Die Stimmung ist angespannt. Auch unter den Schülern herrscht eine zunehmende Polarisierung, man ist für oder gegen den anderen. Genaueres ist oft nicht zu ermitteln. In der Stadtpolitik bildet Rot / Grün die neue Regierung.

Zurück aus dem Sprachkurs

Anfang Januar kommt Setareh aus dem Sprachkurs zurück. Sie sitzt vorn im Klassenraum, in Lehrer- und Tafelnähe, an der Seite vor dem Fenster; sich selbst das Licht nehmend, kann sie die anderen jedoch gut sehen. Sie hört meist genau zu, denkt offenbar mit, manchmal scheint mir ein Verweilen bei einem Gedanken erkennbar, fast ist mir, als träume sie. Ich sehe, wie sie sich unter den Mitschülern im Unterricht bewegt. Es ist wenig Bezug zu ihnen da, wenig Worte gehen hin und her. Außer mit der Nachbarin scheint sie selten mit jemand zu sprechen. In den Pausen ist sie viel allein. Aber was bedeutet das genau für sie? Ist es eine Bestätigung des Gefühls »Mit mir will keiner«? Oder legt sie sich wie viele Schüler zurecht: Die anderen sind blöd, die lehnen mich ab? Wenn sie nicht wollen, will ich auch nicht. Will sie vielleicht doch allein sein? Stößt sie nicht selbst andere zurück? Sie setzt sich in den Pausen in eine Ecke, liest, ganz versunken, in dem Buch. Sie in dieser Situation anzusprechen, wäre, so scheint mir manchmal, wenn ich sie im Vorbeigehen sehe, doch eine Störung.

Welchen Reim macht sie sich innerlich auf ihre Situation als Flüchtling in Deutschland? Wie findet sie sich inzwischen in der völlig veränderten Lebens- und Schulsituation zurecht? Ihre Kenntnis der Sprache hat sich durch den Sprachkurs wesentlich verbessert, aber sie bewegt sich nicht in unserer Sprache, sie spricht nicht. Auch in ein Heft, das sie manchmal in der Pause auf ihren Knien liegen hat, offenbar ihr Tagebuch, schreibt sie auf persisch. Es ist da eine Distanz zu den anderen, aus welchen Gründen auch immer, von beiden Seiten. Wie wird sie damit fertig? Grillparzer meinte einmal: »Jedem Sprecher fehlt die Sprache, fehlt dem Hörenden das Ohr.« Wie soll man sprechen ohne die Zuversicht, gehört und verstanden zu werden?

Die Situation in der Lerngruppe ist verändert. Ihre frühere Banknachbarin meidet den persönlichen Kontakt zu ihr; sie hat sich inzwischen anderen Mitschülern angeschlossen. Nach meinem Eindruck steht sie unter dem Einfluß einer Clique, welche die Stimmung verbreitet: »Mit Ausländern gibt man sich nicht ab.«

Bald darauf folgt für vier Wochen das Berufspraktikum aller Schüler des 9. Jahrgangs in verschiedenen Betrieben der Stadt, über das ich mir anschließend von allen Schülern mündlich berichten lasse. Setareh wurde einem Lebensmittelgeschäft zugeteilt. Mit der Sprache sei es gegangen, aber die Arbeit sei langweilig gewesen, auch für die, die bereits lange dort arbeiteten. Als eine Mitschülerin, die beim Praktikum in einer Klinik war, von ihrem Plan, einmal als Krankenschwester zu arbeiten, erzählt, fragt Setareh spontan: »Willst du Krankenschwester werden, weil du dir das Abitur und das Studium nicht zutraust?« Offenbar beschäftigt sie selbst das Thema ihrer Berufsentwicklung.

In den Wochen danach bleibt die Situation in der Lerngruppe unverändert. Setareh sitzt in den Pausen allein im Pausenbereich, meist liest sie iranische Bücher. Ich spreche sie gelegentlich auf das Gelesene an.

Im Deutschunterricht stelle ich nach der Behandlung verschiedener literarischer Autobiographien in Auszügen die Aufgabe, entweder die Biographie eines anderen Menschen oder eine Autobiographie zu schreiben. Ich erfahre mehr aus Setarehs Leben:

Sie wurde als letztes Kind der Familie in einer Großstadt im Iran geboren. Sie hat eine neun Jahre ältere Schwester und einen acht Jahre älteren Bruder. Als letztes Kind der Familie war sie vom Vater sehr geliebt worden. Die politische Entwicklung in ihrem Land beschreibt sie so:

»Ich war sechs Jahre, als Khomeni in den Iran gekommen ist. Die Leute haben gedacht: Khomeni ist sehr gut. Er hat alle Leute angelogen. Er hat gesagt: Wenn ich immer im Iran bleiben werde, wird alles kostenlos. Alle armen Leute haben gedacht, der ist sehr gut. Aber mein Vater hat immer gesagt: ›Er lügt.‹ Und alle Bekannten und meine Mutter haben mit meinem Vater gestritten und gesagt: ›Du weißt nicht, wie gut Khomeni ist.‹ Mein Vater hat dazu immer gelacht und gesagt: ›Sehen wir, was in unserem Land passieren wird.‹

Nach einem Jahr hat der Krieg mit dem Irak angefangen. Mein Vater hat immer zu uns gesagt: ›Ist egal, was Khomeni macht. Wir machen unsere Arbeit, und wir brauchen nichts mit Khomeni zu tun haben.‹ Schlimmer war, daß man jetzt immer Kopftuch und Mantel tragen mußte. Alle jungen Männer mußten in den Krieg gehen. Khomeni hat gesagt: ›Wenn man im Krieg stirbt, geht man ins Paradies.‹ Alle Leute haben das geglaubt. Am Anfang sprach man von einem Jahr Krieg, dann waren es anderthalb, dann zwei Jahre. Als ich nach Deutschland gekommen bin, waren es bereits zwei und ein halbes Jahr Krieg. Das ist ganz unrecht.

Ich war in der 6. Klasse, als ich eines Tages nach Hause gekommen bin. Mein Bruder ist nicht nach Hause gekommen. Er hat immer in der Werkstatt meines Vaters gearbeitet. Weil er selber ein Auto hatte, ist er immer allein nach Hause gefahren. Ich habe nun gesehen: Meine Mutter, mein Vater und meine Schwester sind sehr traurig. Das war das erste Unglück in unserem Haus.

Mein Bruder ist sechs Monate nicht nach Hause gekommen. Ich habe immer wieder meinen Vater gefragt: ›Wo ist mein Bruder?‹ Mein Vater ist immer bei der Frage traurig geworden. Das hat nicht lange gedauert, bis ich verstand, wo mein Bruder ist. Ich konnte manchmal nachts nicht schlafen. Einmal bin ich aufgestanden, ich habe gesehen, wie mein Vater weint. Das war das erste Mal, daß ich gesehen habe, wie ein Mann weint. Ich wußte nicht, was ich machen sollte. So habe ich zehn Minuten gewartet. Vielleicht würde mein Vater aufhören? Ich habe dann aber gesehen, er hört nicht auf. Und so bin ich zu ihm gegangen, habe mich auf seinen Schoß gesetzt und habe gefragt, was passiert ist. Mein Vater hat dann erzählt, daß die Polizei meinen Bruder festgenommen hat, weil sie gedacht haben, daß mein Bruder ein Mojahed ist. Von dieser Zeit an habe ich die Polizei gehaßt. Mein Vater hat sehr viel versucht, um meinen Bruder aus dem Gefängnis herauszubekommen. Schließlich hat er sehr viel Geld ausgegeben, damit mein Bruder rauskommen konnte. Später hat er noch einmal sehr viel Geld bezahlt, er hat ihn nach Deutschland geschickt. Das war das erste Unglück, das ich gehabt habe. Nach diesem Unglück sind noch mehrere Unglücke gekommen. Weil ich das nicht vergessen kann, habe ich meine Autobiographie über dieses Unglück geschrieben. Das war mein Leben!«

Ich korrigiere neben vielen Ausdrucks- und Grammatikfehlern vor allem den letzten Satz. Diesmal ist die Korrektur eine bewußte inhaltliche Stellungnahme. Er lautet nun: Das war mein *bisheriges* Leben.

Ich schreibe unter die Arbeit: »Liebe Setareh, Du bist ein liebenswürdiger und kluger junger Mensch, der schon viel erlebt hat. Du hast schon gut Deutsch gelernt, so daß Du sehr gut über Dein bisheriges Leben berichten kannst. Du hast schwere Zeiten mit Deiner Familie erlebt. Ich habe alles ausführlich korrigiert, damit Du Deine Sprachkenntnisse noch weiter verbessern kannst. Ich habe eine gute Idee zu Deinem weiteren Lernen, sprichst Du mich mal an?«

Im Märkischen Viertel, das gerade sein 25jähriges Jubiläum vorbereitet, wird am 12. Mai 1989 der junge Türke Ufuk Sahin nach einem kurzen Wortwechsel von einem 29jährigen Deutschen mit einem Messerstich in die Hüftschlagader getötet. Der Täter hatte in einem vorangegangenen Wortwechsel Formulierungen benutzt wie »Deutschland den Deutschen«, Formulierungen, die in letzter Zeit wiederholt auf Aufklebern aufgetaucht waren, die auch an unserer Schule verteilt wurden. Ufuk Sahins letzte Worte vor seinem Tod waren: »Was hast du gegen uns, wir sind doch auch Menschen?« Der 24jährige Sahin, der schon lange in Deutschland lebte, hinterläßt eine junge Frau und einen kleinen Sohn.

Wir sprechen über das Geschehene. Unwillig lassen sich viele auf das Gespräch ein. Das Klassentagebuch vom 18. Mai dokumentiert unser Gespräch von damals, beeinflußt vom Tenor der öffentlichen Diskussion:

»Wir sprechen von dem jungen Türken, der am 13. 5. 1989 im Märkischen Viertel erstochen wurde. Wir vergleichen zwei Zeitungsberichte und stellen fest, daß sie ziemlich verschieden sind. Wir reden über ›Ausdrücke‹ wie ›Polacke‹ und ›Kanake‹ und stellen fest, daß wir alle nicht begeistert wären, wenn es jemand zu uns sagen würde. Durch die hohe Ausländer- und Aussiedlerrate herrscht in Berlin Wohnungs- und

Arbeitsnot. Verschiedene sagten: ›Die kriegen doch alles in den Arsch geschoben‹ und ›Wir haben nichts gegen Ausländer, aber es reicht jetzt!‹ Wir sind uns aber alle einig, daß Menschen, die Hilfe wirklich nötig haben, kommen sollen. Wir verstehen es aber nicht, wenn Ausländer in ihrem Land alles haben und trotzdem hierherkommen. Zum Abschluß lesen wir ein Gedicht von Erich Fried ›Die Toten‹ und reden darüber.«

Im Deutschkurs schreiben wir danach selbst Gedichte zu den Themen »Unsere Zeit«, »Gewalt, Freundschaft«. Setareh wählt das Thema »Ein Freund«.

Ein Freund
Ein Freund ist alles für Menschen.
Wenn man nicht Freund hat,
ist man leer wie ein Meer
ohne Wasser oder wie ein
Baum ohne Blätter. Ein Wald ohne Bäume!

Ja, Freund hat sehr viel
Wert für Menschen. Wenn
man Freunde hat, kann
man nicht verstehen, wieviel
Wert die Freunde haben.

Aber wenn man allein in
ein fremde Land ist, kann
man gut verstehen.
Wenn man in einem freundlichen
Land aufgewachsen ist, kann
man nicht in so Länder
ohne Freund leben.

Das finde ich gemein, ein
Mensch ohne Freund zu sein.

Das Schreibheft

Mein Angebot, mit ihr über weitere Möglichkeiten des Lernens, vor allem die Verbesserung ihrer Sprache zu sprechen, hat sie inzwischen aufgenommen. Der Unterricht für alle in der Lerngruppe allein reicht nicht, um die neue Sprache zu lernen. Zwar geht es gelegentlich um grammatische Fragen, schwerpunktmäßig jedoch um sachliches Schreiben (Lebenslauf, Bewerbung) und Literatur. Ich schlage ihr daher vor, für sie in einem Extraheft kleine Aufsatzthemen zu stellen, die ich dann korrigiere. Anhand der Korrekturen könne sie genauer die Feinheiten der Sprache erlernen. Ich bringe ein DIN-A 4-Schulheft mit, auf dessen Namensschild ich geschrieben habe: Deutsch lernen, »Setareh, Juni 1989 bis…«

Bezogen auf ihr Gedicht, suche ich ihr Mut zu vermitteln, daß sie in Deutschland auch Freunde finden werde wie im Iran. Ob sie sich nicht in den Pausen zu den Mitschülern stellen wolle? Ich könne mir nicht vorstellen, daß niemand mit ihr zu tun haben wolle. Sie hätte doch eine liebenswürdige Art… Jedes meiner Worte kommt aus meiner innersten Überzeugung und aus der Erfahrung mit ihr. Mit diesem persönlichen Hinweis beginnt unsere engere Beziehung.

Der Beginn dieses neuen, intensiven Kennenlernens und Lernens auf meiner und ihrer Seite wird im folgenden dokumentiert. Das dünne Schulheft wandert hin und her zwischen uns. Hat sie etwas geschrieben, so legt sie es zum Stundenbeginn auf meinen Tisch vor der Tafel, der neben ihrem an der Fensterreihe steht. Habe ich etwas korrigiert und geschrieben, so schiebe ich ihr das Heft meist zum Stundenbeginn hinüber.

Die Briefe dokumentieren nur einen Teil unserer Auseinandersetzung und entstehenden Beziehung. Jede Unterrichtsstunde, jeder Tag des gemeinsamen Lernens und der Auseinandersetzung, in der Lerngruppe, z.B. beim Klassenrat, wenn es um allgemeine Probleme in der Zusammenarbeit geht, tragen zur Entwicklung unserer Beziehung bei. Da sind die kurzen Begrüßungen im Flur, bei der Pausenaufsicht oder wo man sich sonst in der Schule begegnet. Für sie und alle anderen Schüler sind solche kurzen Begegnungen Hinweise darauf, was für ein Mensch der Lehrer, die Lehrerin ist. Schweigt er zu alltäglicher Gewalt, sieht er bei Konflikten weg? Hört er gern zu, schmeichelt es ihm gar, wenn ihm »Gemeinheiten« von Kollegen erzählt werden? Oder überlegt er konstruktiv mit den Schülern, wie mit solchen Erfahrungen umzugehen ist? Wie diese alltägliche unterrichtliche und außerunterrichtliche Begegnung verläuft, trägt entscheidend zur Qualität der Lehrer-Schüler-Beziehung bei.

Dazu kommt all das, was und wie die Schüler Wissen und Fertigkeiten in den gemeinsamen Stunden, z.B. in den Fächern Deutsch und Geschichte, vermittelt bekommen und sich selbst erobern können. Die Wissensvermittlung trägt entscheidend zu ihrer Bildung, ihrer zunehmenden geistigen Unabhängigkeit und so zur Stärkung ihrer Persönlichkeit bei. Unterrichtsinhalte jener Zeit, die mir wichtig für das Verständnis unseres Briefwechsels erscheinen, ergänze ich.

Setareh, nunmehr 18jährig, erklärte 1991 auf meine Bitte um Veröffentlichung erfreut ihr Einverständnis zum Abdruck ihrer Briefe, Gedichte und Texte. Der persische Mädchenname »Setareh« ist ein von ihr gewähltes Pseudonym. Die hier abgedruckten Dokumente sind um wenige Seiten gekürzt. Im Lauf eines Jahres entwickelte sich ein Briefwechsel zwischen uns, der schließlich insgesamt 250 handschriftliche Seiten umfaßte. Setarehs Aufsätze und Briefe wurden – ausgenommen ihre kleinen Texte im Juni 1989, die einen Einblick in ihre damaligen Sprachkenntnisse ermöglichen – orthographisch und grammatisch korrigiert.

Im Originalheft schrieb Setareh jeweils auf einer Breite von zwei Dritteln, das restliche Drittel ließ sie mir für sprachliche Korrekturen und Kommentierungen frei. Im Originalheft schrieb ich viel an den Rand. Rot waren die Sprachkorrekturen im weitesten Sinn, blau oder schwarz die inhaltlichen Kommentare. Diese wurden, soweit es sinnvoll erschien, in diesem Abdruck in Kursivschrift am Ende des jeweiligen Absatzes eingefügt. Der Gedanke dabei war, den Lesefluß nicht durch Kommentare zu unterbrechen. So kann der Leser, bleibt er bei einem Schriftbild, die Briefe lesen, wie ich sie las.

Erklärungen zum Zusammenhang wurden jeweils nur dann eingefügt, wenn die Briefe anders nicht verständlich sind. Setarehs Leben verändert sich in der Zeit unseres Briefwechsels. Daher unterbreche ich ihn gelegentlich, füge für den Leser Erläuterungen zu den näheren Umständen hinzu und auch Überlegungen, die ich mir beim Schreiben und in unserer Beziehung machte.

Kürzungen unseres Briefwechsels sind mir schwergefallen. Da waren die häufigen Wiederholungen, z. B. bei Briefbeginn. Würden sie den Leser nicht ermüden? Sollte ich sie nicht wie viele erwähnte Alltäglichkeiten des Schullebens streichen? Ich kürzte und strich wenig. Es ging in unserem Briefwechsel nicht immer nur um »Wesentliches«. Meine Briefe habe ich nicht nachträglich verbessert. Die Schwächen meines Verstehens wollte ich unverändert lassen; sie gehören dazu und stehen nicht im Gegensatz einer zunehmend freundschaftlichen Beziehung. Mit Zustimmung von Setareh habe ich an zwei, drei Stellen, wo Dritte möglicherweise betroffen sein könnten, gestrichen. Warum ich den Briefwechsel über weite Strecken ungekürzt dem Leser übergebe, möchte ich erläutern.

Persönliche Entwicklung vollzieht sich nach meiner bisherigen Erfahrung nie durch plötzliche Erkenntnis oder durch Wirken einzelner traumatischer Erlebnisse. Werden einzelne Ereignisse – ausgenommen Katastrophen – oder Erfahrungen dennoch für einen Menschen zu entwicklungsbestimmenden Einschnitten, so nur, weil sie exemplarisch für eine Gesamttendenz sind, z. B. eine Stimmung in der Familie, Schule, Gesellschaft. Oder der Mensch, der solch erschütternde Erlebnisse nicht überwindet, ist in seinem bisherigen Werdegang nicht darauf vorbereitet, mit den Schwierigkeiten des Lebens umzugehen. Es fehlt ihm das Entwicklungsmodell, die seelische Ausrüstung. Wenn es ihm z. B. an Mut und mitmenschlicher Zuversicht mangelt, so liegt der Grund im Fehlen einer sicheren Bindung in der frühen Kindheit.

Es ist daher eine Illusion, bei der pädagogischen, psychologischen oder gar psychotherapeutischen Arbeit davon auszugehen, man könne ein Zauberwort finden, mit dem sich dann ein »Sesam« öffnen werde. An Worten mangelt es meist nicht, sondern an Verstehen. Es fehlt oft auch die Erkenntnis, daß mit der Öffnung eines Menschen sehr viel Angst und Abwehr aus früher zwischenmenschlicher Erfahrung freigesetzt wird. Stagnation und Rückschläge treten häufig gerade dort auf, wo Entwicklung beginnt. Wichtig ist das Erproben der Tragfähigkeit einer neuen Beziehung. Aus einem umfassenden Lernprozeß, der teils bewußt, teils unbewußt verläuft und an dem immer Lehrende und Lernende beteiligt sind, wird im Falle des Gelingens in der Regel langsam eine neue Entwicklung, oft erst an kleinen Hinweisen, erkennbar. Für diesen Prozeß braucht es Wissen und Mitmenschlichkeit, Geduld und Achtung vor der Persönlichkeit des anderen. Geht es dem Helfer, sei er nun Lehrer, Psychologe, Sozialtätiger oder einfach ein Mitmensch, vor allem um seinen eigenen Erfolg und um rasches Vorankommen, so ist alles verloren. Wachstum vollzieht sich nach anderen Gesetzen.

Erste Aufsätze

1.6.1989

Liebe Setareh,
viel Erfolg beim weiteren Lernen der deutschen Sprache! Du hast schon viel gelernt, und ich möchte Dir gerne helfen, noch sicherer in dieser Sprache und in unserem Land zu werden, – beheimatet. Deine Lehrerin B. Schubert.

Ich schlage Dir als erstes Aufsatzthema »Beobachtungen in einem fremden Land« für die Zeit der Sonderferien[2] vor. Ich interessiere mich für Deine Gedanken und werde Dir helfen, Deinen sprachlichen Ausdruck zu verbessern. Sb (Schulkürzel für meinen Namen.)

Setareh schreibt[3]:

Ich fange von heute an. Ich schreibe Aufsätze, und meine Lehrerin verbessert meine Fehler. Erstens bedanke ich mich bei meiner Lehrerin, weil sie mir helfen will. Meine Meinung ist über dieses Land gut. Deutschland ist ein gutes Land, und alle Leute haben mehrere Dinge. Kann man nicht sagen, alle Leute haben alles oder sind reich, aber wenn sie auch arm sind, Sozialamt hilft dies Leute. Das finde ich ganz gut, daß die Deutschen nicht so arm sind, wenn jemand nicht Geld hat, muß nicht sterben.

Eine gute Sache ist das, daß in Deutschland alle Meinung frei ist. Man kann gegen andere Parteien Werbung machen und passiert gar nichts. Freiheit gibt es auch viele in Deutschland, kann man viele sagen? Deutschland ist ein gutes Land, aber mehrere Leute sind wie Eis kalt, und kann man dazu gar nicht machen. Menschen sind gegen Ausländer. Aber warum? Sie wissen auch nicht, weil sie nur gehört haben. Sie hatten selber keine Kontakt mit Ausländern.

Jetzt denke ich manchmal, Deutschland ist das beste Land, vielleicht ist deswegen, weil ich ein gute Freundin gefunden habe, und sie ist sehr lieb zu mir. Ich denke, sie kann mich besser verstehen, weil sie früher mit Iranern war, und das freut mich sehr. Ja, jetzt kann ich dazu sagen, ich mag Deutschland: die Landschaft Deutschlands, die Schönheit Deutschlands und was in Deutschland gibt es, mag ich. Aber ich kann mir nicht vorstellen, daß ich meine ganze Leben in Deutschland verbringen kann.

Liebe Setareh[4],

es freut mich, daß Du begonnen hast, mit diesem Heft, mit dem Schreiben für die Schreibwerkstatt im Sommer, mit einer aktiven Auseinandersetzung. Du beobachtest genau und siehst so sehr viel. Manchmal staune ich, wie feinsinnig Du schon mit unserer Sprache umgehen kannst. Du schreibst, Deutschland sei ein gutes Land. Für jeden Menschen ist in Deutschland etwas anderes gut oder schlecht. Was ist für

2 Die Schüler erhielten eine Woche schulfrei wegen des Kirchentages.
3 Damit der Leser einen Eindruck von Setarehs Sprachverständnis zu Beginn unserer Beziehung bekommt, wurden ihre Texte im ersten Monat nur orthographisch berichtigt, im Ausdruck und grammatikalisch jedoch unkorrigiert übernommen.
4 Soweit die Briefe ein Datum tragen, ist dies notiert.

Dich gut? Als ich Deinen Text weiter gelesen habe, habe ich eine Teilantwort dazu gefunden. Es freut mich sehr, daß Du eine Freundin gefunden hast.

Als neues Thema zum Schreiben schlage ich Dir vor: Das Land meiner Träume. Sb

Setareh schreibt:
Ich und das Land meiner Träume
Ich mag die Länder, die die Leute dort ganz freundlich sind, sie müssen füreinander Gefühl haben. Sie sollen anderen Leute helfen. Das Land meiner Träume ist die Länder, die diese Wort für die sie keine Bedeutung hat »Ausländer«. Mein Meinung ist Iran, das Land meine ich, aber wenn diese Gruppe von mein Land rausgehen würden. Wenn in Iran soviel Freiheit gegeben wäre wie in Deutschland, wird Iran auch das Land meiner Träume. Ein Land bedeutet mir sehr, mehr als alles hat ein Land für mich wert. Ich will in ein Land sein, daß die Leute gut sein müssen. Aber ich denke, gibt es kein Land, daß gut ist. Ich mag die Länder, die keine armen Leute haben. In ein Land müssen alle Leute gleich sein. Sie müssen gleich viel Geld haben, gleich arbeiten, keine reiche und keine arme Leute haben.

20.06.1989

In Deinem Land möchte ich auch leben, – ein Land unter allen Ländern der Welt ist mehr wert für mich als alle anderen, meinst Du das? Dein Gedicht zu Deiner Mutter (im Unterricht) hat vielen sehr gut gefallen. Alle waren ganz still, und viele waren bewegt von dem, was Du geschrieben hast. Deine Gedanken und Deine Sprache gefallen auch mir sehr gut. Dein neues Thema ist: Eine Freundin (Wie ist sie? Was tut sie? Warum ist sie eine Freundin? o. k.?) Sb

Meine Freundin. Sie ist ein freundliche Mädchen. Ich möchte sagen, wie ich sie gefunden habe. Als ich auf die Terrasse allein war, hat sie zu mir gesagt: »Kommst Du hier und setzt Dich hier?« Das war das erste Mal, daß jemand zu mir gesagt hat, ich kann mich zu ihr setzen. Ja, wir haben geredet, und sie hat über mich gefragt. Als ich gesagt habe, bin ich eine Iranerin, sie war total happy, und das hat mich sehr gefreut. Sie hat gesagt, bevor sie nach Berlin kommt, hätte sie viele Iraner kennengelernt. Das Mädchen war ganz nett zu mir. Sie weiß, wie schlecht es ist, wenn man allein ist, weil sie selber alles durchgemacht hat. Sie ist ganz nett zu mir, was ich mache, sie findet gut. Wenn ich auch falsch rede, sie lacht nicht, sie sagt mir, was ich falsch gesagt habe.

Ihre Eltern sind auch ganz nett zu mir. Ihrer Mutter ist ganz nette Frau, wenn sie mit mir oder mit Anita (meine Freundin heißt Anita) redet. Ich erinnere mich, wie meine Mutter mit mir geredet hat. Ja, jetzt habe ich das Gefühl, daß ich nicht mehr allein bin. Gefällt uns manche Dinge gleich, z. B. sie spielt Gitarre und ich auch. Sie mag manche Fächer gern. Ich auch. Ich kann jetzt sagen: »Ich bin ganz froh, daß ich eine Freundin gefunden habe.«

Früher in der Schule war ich immer allein, und habe ich oft gedacht, was ist Leben? Warum ist so langweilig? Wenn mein Bruder oder jemand andere über Beruf geredet hat, habe ich gesagt: »Was ist Beruf, wenn man alt ist, stirbt oder, wenn ein arme Person ist. Aber jetzt denke ich, muß ich meiner Mutter Wunsch in Wirklichkeit machen, ja, sie wollte, daß ich ein Arzt wäre oder ein Autor werden. Ja, jetzt sehe ich, ich kann machen, was ich will. Ich mag diese zwei Berufe, aber ich weiß auch, welche muß ich wählen. Können Sie mir helfen? Ich wollte sagen, Morgen wird ein Jahr, daß ich in Deutschland bin.

Meine Tage Buch

Als ich nach Deutschland kam, wollte ich mein Tage Buch anfangen, aber ich sagte, ich hatte keine Hoffnung zu leben. Alles war für mich langweilig. Ich habe zweimal angefangen, eine Tage Buch zu schreiben, aber ich habe die ganze zerrissen, als ich traurig war, und dann nochmal habe ich in Februar angefangen. Ja, Tage Buch ist ganz gut, was man zu andere Leute nicht sagen kann, es hört zu und, wenn ich meine ganze Sorge darauf schreibe, sagt gar nicht oder wenn ich etwas falsch gemacht haben sagt nicht, warum hast Du falsch gemacht, und kann nicht wie die Erwachsenen soviel vorwerfen. Tagebuch ist etwas besonderes, die man niemand finden kann, niemand kann wie Tage Buch mein Vertrauter sein. Es ist ein gute Gefühl, ein Tage Buch zu haben.

4.7.1989

Deine Gedanken, Deine Sprache gefallen mir sehr gut. Geht es Dir beim Tagebuchschreiben ähnlich wie Anne Frank?[5] Beantwortest Du mir bitte meine Frage? Nun noch zwei Themen, damit Du eine kleine Themenreserve hast:

1. Gedanken zum Beruf der Ärztin
2. Was kann man als Schriftstellerin in der Welt bewirken? Sb

5 Anne Franks Tagebuch wurde gerade im Deutschunterricht von der Lerngruppe gelesen.

Gedanken zum Beruf der Ärztin

Ärztin sein ist ein gute Beruf, ich meine nicht wegen dem Geld, sondern denke ich, eine Ärztin kann so viele Leute retten oder so viele Leute gesund machen. Ärztin sein ist mein Traum Beruf, ich mag diese Beruf, aber wie ich gesagt habe, ich mag auch, daß ich Autorin werden kann. Ich kann mich zwischen diesen beiden Berufen nicht entscheiden. Ich weiß jedoch, ich keine Ärztin werden kann, und das ist für mich schwer. Ich meine nicht, daß ich nicht lesen will, sondern weil meine Sprache nicht so gut ist. Na ja, jetzt alle sagen es wird besser, aber ich denke, es bleibt so. Können Sie mir sagen, ob ich recht habe oder nicht? Ärztin ist das Beste Beruf, wie ich denke. In Iran sind alle meine Onkel Ärzte oder Chirurg, und ich hab in Iran ihnen geholfen. Es hat mir Spaß gemacht, außerdem das war der Wunsch meines Mutter, und ich muß es schaffen. Und ich denke, wenn ich eine Ärztin werden kann, dann kann ich auch Bücher schreiben, und das wird Prima.

Sb schreibt in der Lücke zwischen beiden Aufsätzen:

Liebe Setareh, Du wirst Deinen Weg machen. Natürlich gibt es noch viel zu lernen. Aber Du wirst eben lernen, – was denn sonst? Es ist nicht mehr so viel, wie Du bereits gelernt hast. Vom Lernen bekommst Du »seelische Muskeln«. Mit Deiner Sorge hast Du nur »recht«, wenn Du aufhörst zu lernen so wie zur Zeit im Geschichtsunterricht. Je mehr es Dir gelingen wird, Dich wirklich zu befreunden in diesem Land und *die anderen zu verstehen*, desto besser wirst Du auch Deutsch lernen.

Was kann eine Schriftstellerin in der Welt bewirken?

Eine Schriftstellerin kann alles machen, sie kann alles zu Papier bringen. Sie kann alles, was sie gesehen hat, aufschreiben. Sie muß nicht Träume schreiben, soll, was sie gesehen hat, schreiben.

(Dein Gedanke, was beim Schreiben wichtig ist, gefällt mir sehr gut)

Wenn ich eines Tages ein Autorin werden kann, schreibe ich die Sache, die ich gesehen habe. Ich kann erst mein Leben schreiben, wie ich gewohnt habe oder wie ich wohne, wie schwierig war es für ein 15jähriges Mädchen.

(Eine gute Idee! Auch das ist interessant und sehr wichtig, was Du beobachtet hast, was Du fühltest. Mit Deiner Autobiographie – eine Schulaufgabe – hast Du einen ganz schönen Anfang gemacht. Ich hoffe, Du hast alles aufgehoben)

Ja, solche Dinge kann man auf dem Blatt bringen, oder ich kann auch viele Liebesgeschichte gesehen, und alles ist Wahrheit, kann man darauf schreiben. Es werde sehr schön, wenn ich alles schreiben kann. Aber es ist Unsinn, wenn man so schreibt. Ich mag, wenn ich Buch schreib, das auch muß von dies Buch Film raus kommen, oder muß andere Sprache übersetzt werden.

(Am besten wird sein, was Du selbst erlebt hast. Weißt Du, wenn ein Mensch durch Dein Buch weiterkommt, ist das schon ein gutes Ergebnis. Du machst zum Beispiel einem Mädchen Mut.)

Ich hab zwei Bücher am besten gehabt, eine heißt »Die Französische Braut« und andere »Feder« heißt. Ich suche jetzt, ob diese zwei Bücher auf Deutsch übersetzt sind oder nicht, wenn sie nicht sind, versuche ich, das auf Deutsch zu übersetzen. Sagen sie mir, ob die die beiden Bücher auf Deutsch gibt, es oder nicht!

(Du hast große und liebenswürdige Pläne. Wir können zusammen in die Staatsbibliothek gehen und zusammen nachsehen. Dazu mußt Du den Namen des Autors wissen.)

Es geht mir auch mit meinem Tage Buch wie Anne Frank. Ich kann alles schreiben, was los ist oder was ich gerade denke; und das finde ich prima.

(Hier ist ein Wiederholungsfehler. Liest Du meine Berichtigungen nicht?)

Sb schreibt am 11.7.1989:

Bis auf den einen Fehler ist hier (an einem kurzen im Text markierten Abschnitt) kein einziger Fehler! Bravo!

Liebe Setareh, in den Sommerferien werde ich Deine Texte, vor allem aber Dich vermissen. Übrigens wird es möglich sein, daß wir im kommenden Schuljahr einmal in der Woche 40 Minuten zusammen lernen, am Montag von 11.20–12.00. Wie denkst Du darüber?

Sb am 13.7.1989:

Deine beiden Texte haben mir gut gefallen, Deine Pläne gefallen mir gut! Ich möchte gern eine Inhaltsangabe von einem der persischen Bücher lesen. Schreibst Du sie? Was machst Du in den Sommerferien? (In den Ferien schrieb ich ihr eine Postkarte.)

Gedanken zur Zeit unseres Kennenlernens

»Ich möchte Dir gerne helfen, noch sicherer in dieser Sprache und in unserem Land zu werden, – beheimatet.«

Über Heimat wurde in den letzten hundertfünfzig Jahren viel gesungen, geschrieben, auch philosophiert. Heimat wurde mit der Entwicklung des Nationalstaates, mehr aber noch durch die Realpolitik im 20. Jahrhundert zu einem Begriff, der vor allem von der Abgrenzung, nicht aber der Zugehörigkeit eines jeden Menschen zur großen Familie der Menschheit handelt.

In den Jahren nach 1939 und den Jahrzehnten nach dem Ende des Zweiten Weltkriegs verband sich »Heimat« in Europa mit politischer Propaganda, Exil, privater Hoffnung und schließlich mit großer Not. Bilder der Not, nicht nur in Europa, Bilder des Elends der Unterjochten, Gefallenenfriedhöfe, die Verzweiflung auf dem Gesicht der Flüchtenden, Vertriebenen, auch die Verstörung in den Mienen der aus Kriegsgefangenschaft Heimkehrenden, stehen für mein Auge neben dem Wort Heimat.

Zufällig wurde Setareh meiner Lerngruppe zugeteilt. Ich hatte den Wunsch, daß sich dieses geflohene, junge Mädchen, das sprachlos in dieses Land kam, sicherer fühlte zwischen den Menschen, mit denen sie lebte, in die Schule ging, daß sie sich beheimatet fühlte am Ort ihres Aufenthaltes, also in dieser Sprache, hier in Deutschland. Was heißt »beheimatet«? Sich niederlassen, wohl fühlen, dazugehören in der zwischenmenschlichen Beziehung?

Diese Beheimatung ist nur möglich, wenn das Mitgebrachte ausgepackt werden kann, wenn Platz dafür ist, wenn es willkommen ist. Sich niederzulassen ist nur möglich, wenn man das, was einem befremdlich erscheint, verstehen lernt, über die neuen Beobachtungen sprechen kann. Eine wichtige Voraussetzung, frei über das Erlebte nachzudenken, den eigenen Bezug zu verstehen, das Erlebte zu verarbeiten, einen neuen Standort in der Familie der Menschheit zu finden, ist ein Stück Geborgenheit. Es geht also bei dem sich Beheimaten um die Möglichkeit, nicht nur per Paß und zugewiesenem Wohnraum, sondern auch in der Beziehung zu einem Menschen zu verweilen, willkommen zu sein.

Eng hängen Sprache und soziale Beziehungen zusammen. Der Mensch lernt die Sprache früh in der nahen Beziehung, meist zu den Eltern. Ist diese Beziehung gestört, so findet sich der Mensch auch in der Sprache nicht zurecht. Das gleiche gilt für Störungen in der Beziehung zur näheren sozialen Umwelt, den Mitmenschen. Soziale Desintegration und Sprachstörungen gehen meist Hand in Hand. Dies ist ein Grund für die gebrochene Sprache vieler Menschen in Deutschland, die in einem anderen Land geboren wurden, die aber inzwischen schon seit vielen Jahren hier leben und arbeiten.

Nachdem ich lange genug zugesehen hatte, entschloß ich mich, Setareh über den Unterricht hinaus zu helfen. Konkret hieß das für mich, sie zum Schreiben einzuladen. Ich würde so Gelegenheit haben, sie genauer kennenzulernen, auch in ihren Sprachschwierigkeiten. Ich würde erfahren, was sie erlebte, was ihr gefiel und was sie vorhatte im Leben. Bei meinen Korrekturen im Deutschunterricht mußte ich mich auf Kennzeichnung der Fehler beschränken. Bei der Menge der Arbeiten war es mir noch nicht möglich gewesen, genau zu analysieren, in welchem Bereich der Orthographie und Grammatik ihre Unsicherheiten lagen. Ohne diese Diagnose war auch keine gezielte Förderung möglich. Es gab niemanden, an den ich ihr Problem, das des Alleinseins und der Sprachschwierigkeiten, hätte weiterreichen können. Ich wollte es auch nicht weiterreichen, denn ich hatte von mir aus Beziehung, Sympathie und Interesse gefunden und wollte ihr gern behilflich sein mit dem, was ich geben konnte. In der Lerngruppe hatte sie sich mit den anderen nicht so angefreundet, daß sie den inneren Rückhalt für diesen anspruchsvollen Lernprozeß gefunden hätte.

»Deutschland ist ein gutes Land, aber mehrere Leute sind kalt wie Eis.«

Setareh nimmt das Angebot gern an, sie versteht die Chance zur Verbesserung ihrer Sprache. Sie nennt in ihrem Aufsatz als positive Merkmale des Gastlandes im Vergleich zum Iran den wirtschaftlichen Wohlstand vieler Menschen, das System der Sozialfürsorge, die Meinungsfreiheit für den einzelnen und die politischen Parteien. Sie sieht neben den Licht- auch die Schattenseiten, sie nimmt Menschen wahr, die »kalt sind wie Eis«. Es gibt Menschen, die, ohne Kontakt zu Ausländern zu haben, sie nicht mögen. Entscheidend für ihre Beurteilung von Deutschland als »bestem Land« in diesem kleinen Aufsatz sei jedoch, so meint sie, daß sie – nach fast einem Jahr des Aufenthalts – eine gute Freundin gefunden habe. Jetzt könne sie sagen: »Ich mag Deutschland.«

»Ich und das Land meiner Träume«

Das Land ihrer Träume ist keine allein geographisch bestimmbare Einheit. Das Land ihrer Träume ist freundlich, ist das Land zwischenmenschlicher Wärme, in dem es keine Ausgrenzung von »Ausländern« gibt. Im Land ihrer Kindheit und Jugend, dem Iran, fehlt ihr die Freiheit. Sie weiß, es gibt kein Land, das »gut« ist, aber sie hat eine Utopie entwickelt, wie so ein gutes Land zu sein hätte. Die Menschen sollten gleich sein und frei. Jeder sollte gleich arbeiten.

So *muß* es sein, eine Sehnsucht nicht nur der Kinder in den Ländern der Welt. Setareh erwartet es gleichsam von der Erwachsenenwelt und dem Land, in dem sie leben will. Aber wie ist das zu verwirklichen? Wie vermitteln wir aufrichtig und glaubhaft den Kindern und Jugendlichen der nächsten Generation, daß die Utopie nur wahr wird, wenn sie eine generationsübergreifende wird, zu der jeder beiträgt? Ein wichtiger Schritt ist, ihnen den Mitmenschen zu vermitteln, ihn auf einer gefühlsmäßigen Ebene vorzustellen. Wo Gefühlsbindung entsteht, hat die Gewalt keinen Platz.

Ich will ihr, anknüpfend an ein gemeinsames Unterrichtserlebnis, Mut machen, daß sie nicht allein sei. Ihr Gedicht von ihrem Schicksal, ihr Gedicht über ihre Mutter hatte die anderen Mitschüler bewegt. In der vorangegangenen Stunde hatte sie erstmals einen eigenen Text vorgelesen. Die Betroffenheit der anderen lag für sie, aus der eigenen Betroffenheit heraus, weit weg. Sie sollte von dieser Anteilnahme wissen, sie bewußt wahrnehmen.

»Eine Freundin – Meine Freundin«

Meine Themenstellung entwickelte sich aus ihrem Text. Ich wollte offenlassen, ob sie allgemeiner oder persönlicher schreiben wollte. Schon beim letzten Thema stellte sie durch Voranstellung der zwei Worte »*Ich und* das Land meiner Träume« einen persönlichen Bezug her.

Wie findet Setareh ihre Freundin? Sie läßt sich ansprechen und freut sich an der Freude der anderen über die Bekanntschaft. Endlich ist das Alleinsein, die Langeweile vorbei, an der sie litt, die sie selbst nicht zu überwinden wußte. Ihr Leben bekommt durch die Freundschaft einen Sinn. Wie von selbst blickt sie, ermutigt durch die freundschaftliche Beziehung zu einer Gleichaltrigen, in ihre Zukunft. Sie findet Mut, sich etwas vorzunehmen, das ihr die Mutter früher als Ziel setzte; Autor oder Arzt sollte sie werden. Es ist wohl kein Zufall, daß sie die männliche Form der Berufsbezeichnung wählte; sie entspricht den gegenwärtig bestimmenden Verhältnissen im Iran und ihrer persönlichen Einstellung zu diesen. Sie möchte diesen mannhaft gerecht werden, ist aber ratlos, wie dahin zu gelangen. Zuversichtlich wendet sie sich an mich: »Können Sie mir helfen?«

Worin liegt die Hilfe in dieser Situation? Sie liegt darin, zunächst das Vertrauen des Ratsuchenden, seine Vorstellungen entgegenzunehmen, sie in ihrem eigenen Impuls nicht zu entmutigen. Gelingt es, sie in ihrem Realitätssinn zu stärken, ihre Fragestellung für ihre eigenen Interessen zu entwickeln, wird sie mit der Zeit auch ein Gefühl für ihre eigenen Fähigkeiten entwickeln und ihren Verstand dabei schärfen. Das heißt für mich als ihre Lehrerin, ihr nichts durch vorzeitiges Beantworten oder Ausreden abnehmen, was sie selbst bewältigen kann, sondern vielmehr von Anfang an ihre Kräfte stärken, daß sie selbst die Lösungen zu entwickeln beginnt.

Häufig bringt die Frage mehr Entwicklung als eine noch so gute Antwort, die oft nicht dem Bedürfnis entspricht, aus dem heraus die Bitte um Hilfe geäußert wurde. Vor dem sinnvollen Handeln stehen der Gedanke, der Plan, die genaue Klärung.

Setzte sie mich an Mutters statt, sollte ich die Vorstellungen übernehmen, welche die Mutter von ihrem Leben hatte, und ihr helfen, diese fremden Vorstellungen zu realisieren? Was wollte sie selbst? Welche Vorstellungen vom Leben hatte sie und was verband sie persönlich mit diesen beiden Berufen?

In ihrem Text über »Mein Tagebuch« klingt an, daß ihr vor allem ein Du fehlt, das ihr ohne Kritik und verschwiegen zuhört. Sie sucht einen Vertrauten, offenbar in der realen Form eines Gegenüber, sonst hätte sie in ihrer Traurigkeit und Hoffnungslosigkeit in den ersten Monaten in Deutschland nicht das gerade erst angefangene Tagebuch zerrissen. Erst wenn sie selbst ein Du für sich erlebt, wird sie im Lauf der Zeit ein Gefühl für andere entwickeln, das ihr den Reichtum der Mitmenschlichkeit erschließt. Welche Vorstellungen hat sie heute von ihrer Rolle in der Welt?

Berufswünsche

Setareh möchte anderen Menschen etwas bedeuten, sie will das geben, was sie zur Zeit selbst vermißt: Hilfe. Sie wählt einen Beruf mit hohem gesellschaftlichen Ansehen, den des Arztes. Ein Grund dafür ist ein Vertrautsein mit diesem Beruf über ihre Familie, mehrere Verwandte von ihr sind Ärzte. Ihnen durfte sie bei ihrer Tätigkeit helfen: Das darin zum Ausdruck kommende Vertrauen sowie die auf eigene Aktivität zurückzuführende positive Erfahrung ließen sie den Arztberuf ins Auge fassen.

Der Weg zum Ziel scheint ihr allerdings aus zweierlei Gründen beschwerlich, zum einen weil sie (noch) Mühe mit der Sprache hat und zum anderen, weil sie offenbar nicht weiß, wie man lernt und daß der, der etwas nicht kann, das allermeiste, was ihn interessiert und was er beharrlich verfolgt, auch lernen kann.

Beim Bücherschreiben sieht sie nicht so viele Schwierigkeiten. Ist es, weil sie über keine eigenen Erfahrungen in diesem Bereich verfügt, oder weil sie überhaupt ein unrealistisches Bild der gesellschaftlichen Zusammenhänge hat? Jedenfalls scheint sie offenbar zuversichtlich, daß sie anderen etwas mitzuteilen hat. Möglicherweise hat sie ihren eigenen Beitrag in der Familie als positiv gewürdigt erlebt, sonst hätte sie diese Zuversicht nicht entwickeln können. Daß sie ihr eigenes antizipierendes Handeln traumhaft überschätzt, wird deutlich, wenn sie als Bedingung, Autorin zu werden, formuliert, »auch muß von dem Buch ein Film rauskommen oder (es) muß in andere Sprache übersetzt werden«. Sie selbst ist auch bereit, einen Beitrag zur Verbreitung der für sie »besten« Bücher zu leisten: Sollten diese nicht übersetzt sein, will sie diese ins Deutsche übersetzen. Die Lehrerin hält sie für allwissend, sie soll ihr sagen, ob diese Bücher bereits übersetzt sind. Die Realität des Lebens scheint ihr – vielleicht auch unter dem Einfluß der derzeitigen Klassenlektüre von Anne Franks Tagebuch – der Mitteilung wert.

Ich helfe ihr dabei, herauszufinden, ob ein Buch ins Deutsche übersetzt ist, indem ich ihr anbiete, dies gemeinsam mit ihr in der Staatsbibliothek nachzusehen.

Meines Erachtens muß die Hilfe für sie in kleinen Schritten geschehen und immer wieder ermutigend sein. Die Größe ihrer Träume von Verfilmung und Übersetzung läßt einen Rückschluß auf ihren Mangel an realer Geltung zu. Jemand, der vielen Menschen das Leben retten will, hat möglicherweise keinen, der sich am Ende eines Tages freut, ihn zu sehen.

Die Zuversicht, daß sie anderen Menschen etwas bedeutet, daß sie etwas kann, wird sie erst aus der realen Erfahrung gewinnen können. Wenn sie neue Wege betritt, werde ich verdeutlichen, was sie schon kann, und ihr bei dem helfen, was sie lernen möchte und was sie täglich in der Schule zu lernen hat, um ihr Ziel zu erreichen. Ich bitte sie deshalb für unser beider Anliegen, von den Büchern, die ihr so wichtig sind, eine Inhaltsangabe zu schreiben.

Die Entwicklung unserer Beziehung im Laufe des nächsten Jahres bestätigt die anfänglichen Überlegungen: Setareh fühlt sich lange Zeit nicht beheimatet. Sie hat wenig an Kraft, um die Distanz zu den anderen von sich aus zu überwinden, geht aber gern auf mein Beziehungsangebot ein. Lange Zeit sieht sie nicht, wie sie etwas zum Wohlbefinden anderer Menschen beitragen kann, in ihrer inneren Not ist sie oft einsam, ihre Gedanken gelten ihr selbst. Der Weg des Lernens dort, wo sie Schwächen hat, ist für sie sehr beschwerlich. Das Lesen von dicken Romanen oder das Schreiben von kleinen Texten traut sie sich zu, und hier erfaßt sie rasch unbekannte Zusammenhänge. Der Deutschunterricht mit den verschiedenen Texten und Fragestellungen macht ihr Spaß. In Situationen gefühlsmäßiger Zuversicht lernt sie gern.

Briefwechsel von August 1989 bis Juli 1990

Setareh schreibt nach den Sommerferien 1989:

Liebe Frau Schubert.
Wie geht's Ihnen? Ich hoffe, daß Sie einen guten Tag gehabt haben. Ich fühle mich nicht so gut, weil ich schlechte Halsschmerzen habe. Ich habe auch keine Lust, etwas zu machen. Ach, ich hasse die Halsschmerzen, als ich klein war, hatte ich auch immer Halsschmerzen. Jetzt ist gut, lassen wir diese doofen Halsschmerzen.

Ich bin jetzt allein zu Hause, die Kinder[6] sind zur Schule gegangen. Und jetzt ist 9.20 Uhr, und ich habe Fernsehen angemacht, aber das Fernsehen hat keinen guten Film, und ich will auch nicht, daß ich fernsehsüchtig werde. In der Woche schaue ich zwei oder drei Filme, und das ist sehr gut. Aber oft denke ich, wie können andere jeden Tag so viel fernsehen, wenn in der Schule ein Gespräch ist, alle reden über gestern und sagen: hast Du diesen Film gesehen. Ich finde es ein bißchen komisch. *Ich auch!*

Ich hoffe, daß ich keine komischen Dinge erzählt habe. Dann Tschüss bis zum nächsten Brief.

Meine Probleme beim Lernen[7]

Meine Probleme beim Lernen. Na ja. Ich weiß nicht, wie ich anfangen soll. Oft denke ich, auch wenn ich noch soviel lerne, dann kann ich doch nicht so gut Deutsch wie alle anderen. Ja, vielleicht ist das vergeblich.

26.9.1989

Liebe Setareh,
Du bist eine liebenswürdige Briefschreiberin, einen langen Brief mit vielen Gedanken und Gefühlen hast Du geschrieben. Es tut mir leid,

---

6 Die deutsche Pflegemutter von Setareh hat zwei Kinder.
7 Sb stellte dieses Thema im ersten Lerngespräch allein mit Setareh und bat, sie möchte etwas dazu schreiben.

daß Du solche schmerzhaften Halsbeschwerden hast. Langsam ist es so, daß es Dir eigentlich nur noch bessergehen kann. Wenn ich krank bin, habe ich auch keine Lust zu arbeiten, sondern bestenfalls noch zum Lesen.

Es freut mich sehr, daß Du trotz Deiner schweren Erkältung in die Schule gekommen bist und Dich bemüht hast, etwas über die Zeit der Weimarer Republik zu verstehen. Ich finde, die Weimarer Republik gehört mit zu den schwersten Kapiteln des Geschichtsunterrichts. Ich denke, Du hast viel gelernt.

Deine Gedanken zum Fernsehen finde ich wichtig. Wenn ein Staat seine Bürger zwingen würde, jeden Tag von 18 bis abends 22 oder 23 Uhr nachts an einer Stelle ihrer Wohnung schweigend zu sitzen, würde jeder protestieren. Würde der Staat verlangen, jeder dürfte in diesen vier Stunden nur 10–15 Sätze sagen, wäre jeder empört. Aber: Fernsehen ist freiwillig. Fast jeder hat sich für viel Geld so einen Kasten gekauft, in seine Wohnung geschleppt – oder schleppen lassen – und unterwirft sich freiwillig dem jeweiligen Programm.

Gestern abend sah ich zufällig einen sehr interessanten Film vom »Nicht beendeten Krieg meines Vaters« (oder so ähnlich war der Titel). Ein heute erwachsener Sohn hatte, ausgehend von den Kriegstagebüchern seines Vaters während zehn Monaten des Rußlandfeldzugs der deutschen Wehrmacht, dessen Spuren in Polen und in der Sowjetunion verfolgt. Er sprach mit den Menschen dort und hörte von den Untaten der Deutschen. Mit tiefer Betroffenheit las er, wie sein Vater früher die Ideale der Nationalsozialisten bejaht hatte, Mörder für Deutschland war. Der Vater glaubte, die Deutschen allein seien berufen, ihre Kultur in andere Länder der Welt zu tragen. Er glaubte, die Deutschen seien berechtigt, andere Völker als »Untermenschen« zu vernichten.

Du schreibst, Du hoffst, keine komischen Dinge zu erzählen. Ich finde Dich nie komisch, sondern sehr ernsthaft, klug und liebenswürdig. Ich freue mich immer, wenn wir uns miteinander unterhalten können. Du wirst lernen, – indem Du lernst, wirst Du noch mehr zu einer Persönlichkeit heranwachsen, mit der man gern zu tun hat, weil es einfach schön und interessant ist, Zeit mit Dir zu verbringen.

Schreibst Du Dir eigentlich manchmal Redewendungen oder Formulierungen auf, die Dir besonders gut gefallen? Du könntest Dir so eine Art Schatzkästchen anlegen. Du wirst einmal besser als viele andere Deutsch sprechen und schreiben. Wichtig ist auch, daß Du versuchst, Dich anderen gegenüber verständlich zu machen (so lange, bis der andere Dich versteht). Ich würde mich freuen, Dich noch besser zu verstehen. Kennst Du die Geschichte von den Fröschen?[8] Hast Du ein Lieblingsmärchen oder eine Lieblingsgeschichte? Schreibst Du mir die auf? Sei herzlich gegrüßt bis zum nächsten Mal! Sb

Hast Du schon mal Kommasetzung gelernt in Deutschland? Das brauchst Du auch für die Oberstufe.

Erzählst Du mir mal was von den Kindern, mit denen Du zusammenlebst?

Liebe Frau Schubert,
Ihr Brief hat mich sehr gefreut. Ich freue mich, daß Sie so einen langen Brief für mich geschrieben haben. Ich mag Briefe sehr gern. Ich muß sagen, ich bin auch wie Bettina von Arnim.[9]

Sie wollten, daß ich etwas von den Kindern, mit denen ich zusammen lebe, erzähle. Die Kinder heißen Pierre und Jean. Pierre ist 10 Jahre alt und Jean ist 7 Jahre, sie sind ganz nette Kinder, aber manchmal auch sehr frech. Sie petzen immer, wenn sie petzen, gefällt es mir gar nicht, und sie petzen immer. Na ja, vielleicht weil sie Kinder sind, aber wenn Sie mich fragen, ich werde niemals Kinder haben, wenn ich auch Kinder haben will nach dem Studium und den ganzen Sachen. *Was meinst Du?*

Ich mag die Kinder, die ganz jung sind, von einem Jahr alt bis 6 Jahre alt und nicht älter. Früher hatte ich Kinder ganz lieb, aber jetzt ist es leider nicht so wie früher. Damit meine ich nicht, daß diese Kinder schlecht sind, aber ich hab' einfach keine Lust mehr dazu. *Liegt das an Pierre und Jean?*

Wissen Sie was? Ich denke viel über den Iran nach, ich kann das nicht ändern. Na ja, wir müssen dieses Thema lassen. Ich hab keine Lust dazu. *Worüber denkst Du nach? Thema lassen, – nein – wir beide sollten kein wichtiges Thema lassen!*

Ich wollte sagen, daß ich jetzt auch ein schönes Haustier habe. Und ich kann mit ihm reden. *Da werden Deine Freunde eifersüchtig werden!*

Ja, es ist ein Meerschweinchen. Eine weißes Meerschweinchen mit roten Augen. Na ja, manchmal denke ich, mit jemand muß ich mich aussprechen, und natürlich am besten mit meinem Meerschweinchen

---

8 Gemeint ist die Geschichte von den beiden Fröschen, die in ein Glas mit Sahne fallen. Der eine gibt auf und ertrinkt, der andere bewegt in der Not seine Füße so lange, bis aus der Sahne unter seinen Füßen ein Klumpen Butter geworden ist, auf dem er stehen kann.
9 Damalige Klassenlektüre, die auch gewählt wurde, um die Jugendlichen über aufrechte Frauen in der Geschichte zu informieren.

(denken Sie nicht, daß ich doof bin). Ich weiß, daß es immer und unter allen Umständen schweigen wird. Ich verabschiede mich. Tschüß bis zum nächsten Brief.

9. 10. 1989

Liebe Setareh,
es ist eine Freude für mich, Deine Briefe zu lesen, auch freut mich, daß Du immer besser schreibst! Deutsch schreiben kann man lernen, üben, üben, üben! Heute wird der Brief dreifarbig –, Du hast mir heute beim Korrigieren geholfen, ganz schwierige Fehler hast Du herausgefunden!

9. 10. 1989

Liebe Frau Schubert
Dieses Mal haben Sie nicht so viel für mich geschrieben. Sie haben gesagt, daß Sie eine Frage gestellt haben, und ich sollte die Frage beantworten. Ich weiß nicht, welche Frage soll ich beantworten?

Sie haben geschrieben, ob es an Pierre und Jean liegt, daß ich keine Kinder haben will. Vielleicht liegt es an Pierre und Jean, weil ich früher Kinder gemocht habe, aber ich mag die Kinder jetzt nicht mehr so gern. Außerdem kann ich mir nicht vorstellen, daß ich eines Tages Mutter werde. Ich weiß es nicht so genau, aber bis ich mein Studium nicht fertig habe, will ich auch keine Kinder. Wenn man einen guten Mann hat, braucht man keine Kinder.

Jetzt, worüber denke ich nach? Ich denke über Iran nach. Ja, langsam muß ich mich mit jemand aussprechen, und Sie sind bestimmt die beste Frau, die ich kenne.

(Liebe Setareh, ich spreche auch sehr gern mit Dir.)

Ich weiß nicht, ob ich es schreiben soll. Ich schäme mich dafür. Denken Sie bitte nicht, daß etwas passiert ist, es ist gar nichts passiert, ich schreibe es für Sie im nächsten Brief auf, aber Sie müssen mich nicht auslachen. Ich traue niemanden. Bitte helfen Sie mir! Aber, was ich im nächsten Brief schreibe, muß immer unter uns bleiben! O. K., weil ich es nicht gern habe, daß alle meine Geheimnisse kennen. Versprechen Sie mir bitte, daß Sie es niemandem sagen! Dann schreibe ich alles im nächsten Brief. Und Sie müssen einen langen Brief für mich schreiben, weil ich wissen will, was ich machen soll. Gut.

Ich freue mich schon auf den nächsten Brief, weil ich mich aussprechen muß, und meine Meerschweinchen oder mein Tagebuch mir keinen Ratschlag geben können. Ich hoffe, daß Sie mir am Dienstag während des Unterrichtes die Antwort für mich schreiben, weil ich für den

Brief, den ich schreiben will, einen Tag brauche. Danke schön für alles! Tschüß bis zum nächsten Brief!

11.10.1989

Liebe Setareh,

ich bekomme sehr gerne Post von Dir und freue mich so, daß Du fast fehlerfrei schreibst. Du kannst sehr gut schreiben – und ich bekomme Post von Dir, habe Gelegenheit, an dem teilzunehmen, was Dich bewegt, welch ein Glück!

Weißt Du, über Deine Beziehung zu Pierre und Jean können wir am Montag mal sprechen. Wir suchen zusammen einen Weg, wie Du klar kommen kannst, wenn sie so frech sind. Die andere Frage, die mit dem Kinderkriegen, sollten wir auch mal in Ruhe besprechen, das ist eine sehr wichtige Lebensfrage. Einen Punkt sehe ich genauso wie Du: An erster Stelle steht Deine Schulausbildung mit dem anschließenden Studium. Du sollst zuerst einen sicheren und guten Platz in der Gesellschaft finden, von dem aus Du Dich dann so entfalten kannst, wie es Dir richtig erscheint und Dir gefällt.

Ich freue mich, daß Du mir Dein Vertrauen schenkst und Dich mit mir aussprechen möchtest. Ich werde gut damit umgehen. Wenn Du nicht willst, daß ein anderer davon erfährt, wird auch kein anderer davon erfahren – Ehrenwort.[10] Ich verstehe auch gut, daß es Dinge oder Gedanken gibt, deren Du Dich schämst. Das kommt, weil wir Menschen oft ohne »natürliche Beziehung« aufwachsen. Es ist schwer für mich zu erklären, wie ich das meine: Wir haben Angst voreinander, Angst, uns so zu geben, wie uns zumute ist, Angst, der andere könnte uns verurteilen und als Mensch ablehnen, wenn wir über geheime Gedanken und Impulse sprechen. In unserem Kulturbereich ist dieses Schamgefühl auch sehr ausgeprägt. Aber in einer wirklichen Freundschaft geht jeder gut mit dem anderen um und versucht ihn zu verstehen, – man versteht und mag einander mit allen Gefühlen und Ängsten, mit Stärken und Schwächen. Wir können das miteinander ausmachen, wie wir miteinander umgehen. Und: sollte es vorkommen, daß einem von uns etwas nicht gefällt oder gar wehtut, dann klären wir das miteinander. Wirkliche Beziehung und Freundschaft entsteht dort, wo man miteinander spricht und zusammen auch Probleme aus dem Weg räumt. Ich freue mich auf Deinen nächsten Brief. Wenn es Dir aber lieber ist, mit mir zu reden, dann können wir auch miteinander reden.

10 Später entband mich Setareh von der Schweigepflicht.

Es gibt auch Geheimnisse, die sollte man gar nicht aufschreiben. Mach'
es ganz so, wie Du möchtest.

P.S. Wie geht es Dir jetzt in der Großgruppe, Stammgruppe und im
Unterricht, nachdem alle wieder zurückgekommen sind?[11] In Geschichte und Deutsch finde ich, solltest Du versuchen, in jeder Stunde 2
bis 3mal mitzusprechen. In der Gymnasialen Oberstufe ist es auch un-
erläßlich, daß jeder mündlich mitarbeitet. Wie denkst Du über diesen
Vorschlag?

Wie ist es Dir in der VZ am Montag gegangen, Antifa oder Filme zur
Geschichte?[12] Ich fand, wir hatten eine sehr interessante und wichtige
Diskussion. Ich habe mich sehr gefreut, Deine Freundin Anita kennen-
zulernen.

Liebe Frau Schubert
Ich schreibe meinen Brief am 13.10.1989 im 2. Block. Wir haben eine
Vertretung, weil Frau T. nicht in der Schule ist. Ihr Brief hat mich sehr
gefreut, und ich freue mich, daß ich so eine gute Lehrerin habe. Ich
danke Ihnen, daß ich die Gelegenheit bekam, mich bei Ihnen auszu-
sprechen, das finde ich toll. Was ich schreiben will, ist ein bißchen kindisch, aber ich muß mich aussprechen.
(Ich finde Dich nicht kindisch, noch nie habe ich das gefunden.)
Ich fange jetzt an zu erzählen. Als ich im Iran war, hatte ich einen
ganz netten und lieben Freund, der war wirklich super. Ich habe ihn mit
meinem ganzen Herzen geliebt. Er war der einzige, der mich verstanden hat. Unsere Freundschaft war ganz toll. Wissen Sie, was ich meine?
Wir sind immer zusammen rausgegangen, haben miteinander telefoniert, und das war unsere Freundschaft. Und ich habe mir versprochen,
daß ich mich in niemanden sonst verliebe. Im 1. und 2. Monat in
Deutschland hatte ich von ihm Briefe gekriegt, aber plötzlich hat er
keinen mehr geschickt. Ich war mit meinen Nerven ganz am Ende. Ich
habe immer gedacht, hatte ich so wenig Wert für ihn. Dann hat er mich
angerufen und gesagt, daß es für uns beide besser ist, wenn wir keinen
Kontakt mehr zueinander haben. Ich fragte, aber warum? Er sagte, wir
lieben uns sehr, aber es dauert zu lange, bis er nach Deutschland kommen kann. Wann ich kommen kann? Das waren seine Worte.

---

11 Nach einer Reise der Großgruppe, an der sie wegen Bedenken der Pflegemutter und des
  Bruders nicht teilnehmen durfte.
12 Ich bot in diesem Schulquartal im Mittagsblock der Verfügungszeit (VZ) einen Kurs an
  »Filme zur Geschichte«; parallel tagte die Antifa–AG, es war die Frage, ob man die beiden
  Gruppen zusammenlegen soll.

Ich habe viel darüber nachgedacht. Ich habe mich dann entschieden, daß ich warten will, bis wir uns nochmal sehen. Ich hoffe auch jetzt noch, da ich diesen Traum 12 Monate geträumt habe. Aber ich habe mich jetzt in jemanden verliebt. Ah, ist das komisch, ich liebe meinen Freund noch, und ich mag einen Deutschen sehr. Es ist mir ganz peinlich, daß ich so wortbrüchig bin.

(Wieso bist Du wortbrüchig? Wem hast Du ein Wort gegeben, wieso glaubst Du, es gebrochen zu haben?)

Der Deutsche, den ich mag, weiß davon auch gar nicht, und ich weiß, daß es niemals klappt. Ich werd' ihn auch nicht ansprechen, weil ich dazu zu stolz bin, da kann ich nichts tun. Außerdem habe ich vor deutschen Jungs Angst, weil sie die Freundschaft nicht so wie wir Iraner sehen. Sie wollen etwas, daß ich ihnen nicht geben kann, weil ich eine Iranerin bin, und ich denke, deutsche Jungs wollen nur eines, mit… Das war etwas Unmögliches in unserem Land. Ich bin auch so erzogen worden. Ich finde es nicht altmodisch oder peinlich. Ich bin auch sehr stolz darauf, daß ich so erzogen bin, deshalb glaube ich, daß ich niemals einen deutschen Freund haben kann. Der Deutsche, den ich mag, ist ganz verständnisvoll, ganz nett und lieb zu mir, und er weiß gar nicht, daß ich ihn mag. Soweit ich weiß, ist er 25 Jahre alt. Bitte denken Sie nicht, daß er zu alt ist, weil ich Jungs in so einem Alter mag. Ich kann Jungs im Alter von 16 bis 20 nicht leiden, weil sie zu jung für mich sind. Was denken Sie über mich? Ich finde mich ganz doof, weil ich zwei Jungs mag: Von dem, der in Deutschland ist, weiß ich, daß es nicht klappt, und von dem, der im Iran ist, habe ich nur eine ganz kleine Hoffnung, daß er eines Tages nach Deutschland kommen kann. Ich weiß nicht, was ich machen soll. Bitte schreiben Sie Ihre Meinung für mich auf! Vielen Dank für alles. Tschüß bis zum nächsten Brief.

16.10.1989

Liebe Setareh,
erst mal zum *Wie* Deines Schreibens: Wer hat Deine ganzen Fehler geklaut? Ich finde fast keine mehr. Toll!

17.10.1989

Nun ist schon Dienstag, und ich bin noch nicht zum Schreiben gekommen, obwohl ich Deinen Brief schon mehrmals gelesen habe und viel an Dich denke. Es gäbe soviel zu reden, vieles weißt Du gar nicht, z.B. wie das ist mit dem Verlieben und wie sich eine wirkliche Beziehung entwickelt. Du weißt nicht, daß ein Mensch – ein Mädchen, eine Frau, ein Junge, ein Mann, wenn er liebesfähig ist, viele Menschen mag und liebenswürdig findet. Gerade wenn die eigene Liebe keine Antwort beim anderen findet, kommt es oft vor, daß man spürt, daß auch viele andere Menschen sehr liebenswürdig sind. Mit Deutschen oder Iranern hat das nichts zu tun. Es ist sehr schwer, wenn ein Mensch, den man liebt, weit weg ist. Die Sehnsucht bleibt oft allein, es fehlt der gemeinsame Alltag, die Stimme des anderen, sein Anblick. Jedermann (jedefrau) sucht Freundschaft und auch Liebe, in Deinem Land, in unserem Land, in den Ländern der Erde, in der Gemeinschaft der Völker, das gehört zum menschlichen Leben. Für solche Gefühle kann sich kein Mensch mit Recht schämen, – denn das hieße, er müßte sich dafür schämen, Mensch zu sein. Muß man sich dafür schämen? Was meinst Du? Es gehört auch Mut dazu, einem anderen zu sagen, daß man ihn mag. Aber man kann es auch anders machen, z. B. ihn anlachen. Vieles kann man sagen, z. B. Ich finde Dich liebenswürdig. Oder man sagt: Ich spreche sooo gern mit Dir. Er versteht das dann schon...

Nein, mit den Freundschaften in unserem Land ist es nicht so, wie Du vermutest. Wirkliche Freundschaft oder Liebe braucht auch bei uns viel Zeit, Behutsamkeit, Achtung, gemeinsame Erfahrungen aller Art. Im übrigen wird sich im Aidszeitalter ohnehin kein kluger Mensch so verhalten, daß er sich in Gefahr begibt oder andere gefährdet. Darüber sprechen wir noch einmal.

Daß Dir jemand über 20 gut gefällt, kann ich sehr gut verstehen. Du bist eine liebenswürdige und ernsthafte Gesprächspartnerin und willst natürlich ein Gegenüber, das auch im Gespräch mithalten kann, Dir etwas geben kann. Das ist doch klar und auch nicht zuviel verlangt!

Es wäre noch viel zu sagen und zu schreiben, ein anderes Mal. Viele Fragen sind, denke ich, noch offen. Ich freue mich auf Deinen nächsten Brief. Entschuldige die Schrift, ich war heute in Eile, ich habe leider sehr geschmiert!

Liebe Frau Schubert!
Ihr Brief hat mich sehr gefreut. Ich war heute gar nicht in Stimmung. Ich hatte einfach keine Lust etwas zu machen, dann ist mein letzter Block ausgefallen, ich bin nach Hause gekommen und habe viel nachgedacht, aber ich komme zu keiner Lösung! Wieso mag ich jemanden, der mich nicht mag. Oder denkt er auch, daß ich noch ein Kind bin, weil ich 16 Jahre alt bin. Ich weiß es nicht, vielleicht denkt er auch nicht, daß ich ihn mag.

(Wieso, woher weißt Du das? Dich öffentlich nicht bejahen heißt nicht, daß man Dich nicht mag! Du übertreibst!)

Na gut, lassen wir das. Mit ihm wird es nichts, aber ich hab ihn schrecklich gern, und komischerweise meinen Freund auch. Jetzt fragen Sie bestimmt, warum ich nicht an meinen Exfreund geschrieben habe, da ich noch denke, daß etwas aus uns werden kann, vielleicht spinne ich?

(Warum und was solltest Du ihm heute schreiben, Du weißt ja z. Zt. nicht, wie Du das sehen sollst und möchtest.)

Ja, Sie haben geschrieben, daß Mut dazu braucht, jemanden anzusprechen. Ich hab diesen Mut, aber ich bin ganz anders erzogen worden. Ich hab auch überlegt, ob ich ihn ansprechen soll, aber ich habe gedacht, wenn er Nein sagt, dann kann ich ihm nicht mehr in Augen sehen. Vielleicht hat er auch eine oder zwei Freundinnen, da er verdammt gut aussieht. Jetzt lassen wir das.

(Das »Ansprechen« meine ich anders, als Du mich verstanden hast, – indirekter. Dann kann man sich immer weiter in die Augen sehen.)

Denken Sie, daß ich es dieses Jahr schaffen kann, in die Oberstufe zu gehen?

(Nur wenn Du in jeder Geschichtsstunde 1–2x etwas sagst!)

Ah. Ich wollte sagen, unser schönes Buch wird langsam fertig. Ich kaufe Freitag ein neues Heft, und ich hoffe mit dem Anfang eines neues Heftes werden meine Fehler weniger werden. Ich weiß nicht, was ich jetzt schreiben soll. Das Buch, die Sie mir geliehen haben, war gut. Aber ich mag lieber Romane. Ich meine Liebesromane, wenn Sie einen Liebesroman haben, können Sie mir den ausleihen. Es wäre besser, wenn Sie das Buch schon am Freitag mitbringen, da ich nämlich Samstag und Sonntag nichts zu tun habe. Ich mache jetzt Schluß. Dann Tschüß bis zum nächsten Brief. Setareh 18. 10. 1989

20. 10. 1989

Liebe Setareh,

gerade schreibst Du die Normarbeit über Bettina von Arnim. Ich hoffe, Du wirst ein gutes Ergebnis haben.

Manchmal schreibst Du »Na gut, lassen wir das«. Das sind meist sehr wichtige Stellen, wo wir gerade erst anfangen sollten zu sehen, was wirklich ist. Es ist besser, sich darüber zu besprechen, statt es im Gefühl – scheinbar – beiseite zu schieben. Vieles, was mir zu Deinem Brief wichtig ist, habe ich nun schon an den Rand geschrieben.

Am Montag und Dienstag werden wir im Unterricht einen Auszug

aus dem Liebesroman von Hans Fallada lesen; der heißt »Kleiner Mann
– was nun«. Der ist in der Mediothek auszuleihen. Ein sehr guter Liebesroman, den ich gerade jemand anders ausgeliehen habe, ist der von
Ulrich Plenzdorf »Die Legende vom Glück ohne Ende«. Du bekommst
das Buch in der Schulbibliothek. Ein anderes Buch vom gleichen Autor
wird Dir auch gefallen: »Die neuen Leiden des jungen W«.

Ich freue mich auf unser neues Briefheft – unseren privaten Brief-
roman. Deine Zeichensetzung ist viel besser geworden, meist ist sie gut.
Einige Fehler bei »jetzt« und »vielleicht« wiederholst Du.

Was ist eigentlich los in Geschichte? Du gehst mit Dir viel zu scho-
nend um. Es ist dringend notwendig, daß Du Dich mit Anstrengung in
den Stoff verbeißt. Warum nicht so mitarbeiten in Geschichte wie Beate
K. oder Peter M.? Sogar bei den »Aktuellen 5 Minuten« am Anfang der
Stunde hast Du vergessen, etwas zu sagen.

Weil wir das Thema nun schon öfters hatten – und wegen »ihm« –
würde mich interessieren, was Du schreiben kannst zum Thema »Wie
schließt man Freundschaft?« oder »Was ist bei einer Freundschaft
wichtig?« Bis bald, Sb

21.10.1989

Liebe Frau Schubert!
Wie ich gesagt habe, habe ich heute ein neues Heft gekauft. Mein Heft
hat viele Blätter, weil ich dachte, wenn wir bis Ende des Schuljahres
Briefe schreiben, dann kaufe ich ein großes Heft.

Dann, wenn mein Heft fertig ist, kann ich es behalten, und wenn ich
eines Tages etwas werde, dann habe ich mein Heft, und denke nicht,
daß ich am Anfang Deutsch konnte. Ich kann später sagen, wenn meine
gute Lehrerin mir nicht geholfen hätte, könnte ich auch nicht so gut
Deutsch schreiben wie jetzt.

Gestern nacht waren wir alle zusammen in einer Disco, aber leider
hat es keinen Spaß gemacht, weil die Disco mir nicht gefallen hat. Ich
wollte in dieselbe Disco wie immer gehen, aber meine Mutter[13] und
mein Bruder wollten nicht, und so sind wir in eine andere Disco gegangen.

Heute morgen sind meine Mutter, meine Schwester und mein Bruder
einkaufen gegangen, und wir waren alleine zu Hause, die Kinder und
ich. Wir sind auch raus gegangen, und es hat viel Spaß gemacht. Wir
waren von halb 11 bis 12 Uhr draußen. Ich habe das Heft und eine

13 Setareh nennt ihre Pflegemutter in dieser Zeit mir gegenüber Mutter.

Geburtstagskarte gekauft, weil meine Freundin im Iran in zehn Tagen Geburtstag hat. Ich möchte die Geburtstagskarte Montag in den Iran schicken. Gerade hat das Telefon geklingelt. Anita war am Apparat und wollte mit mir rausgehen, aber ich konnte nicht mitgehen, weil wir noch alleine zu Hause sind.

Ich hoffe, daß ich für meinen Aufsatz zwölf Punkte kriege, da ich mindestens zwölf Punkte für das Abitur brauche.

(Abitur heißt die Abschlußprüfung am Ende der 13., Du meinst für die Gymnasialqualifikation am Ende dieses 10. Schuljahrs.)

Ich habe immer noch Angst, was ist, wenn ich die Punktzahl dafür dieses Jahr nicht schaffe. Ich kann nächstes Jahr nicht nochmal wiederholen! Meine Zeit hat viel Wert für mich. Ich will nicht ein Jahr meiner Zeit vergeuden. Ich hoffe, daß ich dieses Jahr schaffe!

Wir schreiben Donnerstag eine Geschichtsarbeit, wenn Sie Zeit haben, können wir auch am Dienstag 20 Minuten zusammen Geschichte arbeiten, weil ich allein nicht viel verstehe. Wenn Sie Dienstag Zeit haben, würde ich sehr dankbar sein, weil ich nicht will, daß ich eine schlechte Note kriege. Ich mache jetzt Schluß. Ich freue mich auf den nächsten Brief Setareh!

21. 10. 1989

Liebe Setareh,

ich habe mich sehr über Deinen Brief und unser großes neues Schreibheft gefreut. Du denkst ja wie Bettina von Arnim, die sagte: »Der Mensch ist nicht, er wird.« Ja, das gilt für die Sprache wie für alles andere. Jeder, der das weiß, kann Erfolg im Leben haben: Er lernt einfach das, was er noch nicht weiß. Indem er vom Wissen anderer profitiert und fragt, wird *er* klug und klüger. Es ist wirklich so, wie Du schreibst: Du weißt dann, wie *Du* selbst Dich (im Dialog) entwickelt hast. Das ermutigt auch. Viele Menschen vergessen, daß sie sich entwickeln, vergessen, daß sie mal klein und hilflos, ohne Wissen waren. Sie bleiben dann stehen, – es ist wie Mottenfraß an ihrer Persönlichkeit.

Dein Aufsatz über Bettina von Arnim ist Deine beste Arbeit bisher geworden, mit viel Wissen und großem Engagement hast Du geschrieben, – eine *gute* Arbeit!

23. 10. 1989

Liebe Frau Schubert.

Ihr Brief war sehr gut, weil er mich gefreut hat. Erstens, weil ich die Antwort am selben Tag bekommen habe, und zweitens freut mich, daß ich einen guten Aufsatz (mit vielen Fehlern) geschrieben habe.

Ich bin gerade von der Volkshochschule gekommen. Ich besuche einen Englischkurs. Am Samstag habe ich einen Brief aus dem Iran gekriegt, mit 40 Seiten. Schön, nicht wahr? Und ich wollte gerade die Antwort weiter schreiben, dann dachte ich, es ist besser, wenn ich zuerst den Brief an Sie schreibe. Es hat kein Sinn, daß ich zuerst den anderen Brief schreibe.

Ich habe nur zehn Seiten geschrieben, und noch sind 30 Seiten geblieben.

(Muß man denn genausolang antworten, wie geschrieben wurde?)

Als ich Ihren Brief gelesen habe, habe ich gedacht, daß Sie in meinen Brief etwas falsch verstanden haben, weil Sie geschrieben haben, die Zeit, in der man lernt, ist keine Verschwendung. Ich weiß das, aber ich hab gemeint, wenn man die 10. Klasse nochmal wiederholen soll, ist das eine Zeitverschwendung. Und ich will nicht so meine Zeit verschwenden, ich muß es wirklich versuchen.

Es ist herrlich, wenn man Briefe schreibt. Ah, meine Freundinnen haben auch viel von meinem Freund erzählt. Sie haben geschrieben, wenn er mit der Armee fertig ist, und wenn er im Iran keine gute Arbeit kriegt, kommt nach Schweden. Leider nicht nach Deutschland, aber er hat recht, weil schon sein Bruder in Schweden ist.

Ich akzeptiere, auch wenn er nach Schweden kommt, weil wir auch nächstes Jahr nach Schweden fahren möchten. Ich muß mir aber auch soviel Hoffnung machen, weil sie im Iran schwer ein Visum geben. Aber ich hoffe es! Weil ich ihn noch sehr liebe.

Ich wollte noch sagen, das Buch, das Sie ausgewählt haben, ist ganz toll. Ich habe das Buch von der Bücherei ausgeliehen. Ich werde es am Wochenende lesen. Ich mach' jetzt Schluß. Ich hab soviel geschrieben, und Sie haben auch viel zu tun, mein Fehler zu verbessern.[14] Ich freue mich schon auf nächsten Brief.

26. 10. 1989

Liebe Setareh,

das ist mein letzter Brief vor den Herbstferien. Wir werden uns erst am 6. 11. wiedersehen, eine lange Zeit. – Ich denke, Du hast aus meinem letzten Brief genau die Stelle herausgefunden, wo wir wirklich einen verschiedenen Akzent setzen: Schule – Zeit – Lernen – Zeitverschwendung?

---

14 Ich korrigierte in diesem Brief wie immer alle Fehler und notierte dazu dreimal an den Rand: Wiederholungsfehler.

Ich bin der Ansicht, Du sollst in Ruhe und jeden Tag lernen und Deine eigene Lernentwicklung freundlich betrachten. Manchmal hast Du eine schiefe Brille auf: Du schreibst eine inhaltlich »gute« Deutscharbeit. Dann bist Du ein bißchen unzufrieden und sagst: »Andere haben eine *Eins*.« So lernst Du nicht gut, alles geht dann um den Vergleich, nicht um den Inhalt. Stell Dir einen Schnelläufer vor, der sehr schnell sein möchte. Wenn der sich immer umschaut und auch vorausschaut nach den anderen, und noch dazu manchmal auf die Uhr, dann wird er nicht besser, sondern vertut seine Zeit. Er sollte seine Zeit für die Verbesserung seines Laufstils verwenden, seine Technik, Körperhaltung, Ernährung usw. verbessern. So lernt er für sich, aber nicht aus dem Vergleich mit anderen, mit deren Laufzeit!

Ich sage Dir ja jedesmal ein / zwei Punkte, wo Du Dein Deutsch oder Deine Schulleistung verbessern kannst. Wie wäre das, wenn Du i. d. S. mit Deiner Deutschtrainerin Deinen Stil verbessertest? Das wird schon werden, – Du brauchst für die Oberstufe ein sehr solides Sprach- und Wissensfundament. Dieses Fundament legst Du Dir heute, morgen, übermorgen und in den Herbstferien zu. Das ist mein Vorschlag. Also, ohne Selbstschonung täglich trainieren, so gut Du kannst. Du wirst Deinen Weg machen. Gern helfe ich Dir dabei. Soviel wie Du in einem Jahr hat keiner gelernt! Vielleicht trägst Du manchmal die »Brille« des kleinen Mädchens Setareh. Alle sind groß und können alles so gut, nur ich bin klein und mache noch so viele Fehler. Dann stolperst Du beim »Laufen«, weil Du vor Schreck und Kleinmädchenstimmung wirklich einen Fehler gemacht hast.

Und was ist mit Geschichte? Gelingt es Dir, in jeder Stunde etwas zu fragen, zu beantworten, wiederzugeben? – Daß Du in der Kommasetzung so gut warst, liegt schlicht daran, daß Du das in einigen Wochen in der Sprachschule gelernt hast. So kann das mit jedem Fach gehen.

Wenn Du mir jetzt von Deinen Freundinnen erzählst, freue ich mich, weil ich sie mir vorstellen kann, seitdem ich sie auf den schönen Fotos gesehen habe. – Ich freue mich übrigens sehr auf Deinen nächsten Brief. Und: Danke auch für Deinen Botendienst zu Azeddin, das war eine wichtige Hilfe.[15]

---

15 Setareh hatte den kurdischen Mitschüler, der ihr bei der Integration behilflich war, auf einen Hinweis von Sb angerufen. Er schwänzte damals viel und gefährdete so seinen Schulabschluß. Sie hat ihm mitgeteilt, daß Sb ihn vermisse und jetzt viel wichtiger Stoff behandelt werde. Er solle wieder zur Schule kommen. Ihre Bemühungen hatten Erfolg.

Liebe Frau Schubert!

Ich habe Ihren Brief gelesen. Ihre Briefe machen mir immer mehr Hoffnung in mir. Manchmal denke ich, daß ich dieses Jahr die Zulassung in die Oberstufe schaffen kann, wenn ich mir viel Mühe gebe.

Ja, Sie wollen, daß ich etwas über meine Freundinnen schreibe. Hoffentlich meinen Sie die Freundinnen, die im Iran sind. Wenn nicht, dann schreibe ich im nächste Brief über die, die in Deutschland sind.

Meine Freundinnen sind Geschwister. Eine heißt Fachryn, und die andere heißt Rahna. Ich denke, sie sind meine besten Freundinnen, die ich im Iran gehabt habe, weil sie die einzigen sind, die zu mir ehrlich sind. Ich hatte mit ihnen eine ganz schöne Zeit gehabt, durch sie habe ich auch meinen ersten Freund kennengelernt.

Vor den Herbstferien hatte ich einen Brief aus dem Iran gekriegt. Wie ich vorher erzählt habe, war dieser Brief wirklich gut. Ich habe vor fünf Tagen die Antwort geschrieben und in den Iran geschickt. Ich muß sagen, daß meine Freundinnen zwei kluge Mädchen sind.

(Gleich zu gleich gesellt sich gerne.)

Und Sie sind auch ganz nett. Wenn ich jetzt ein Problem habe, schreibe ich es für Sie auf, und Sie antworten mir. Aber Rat von Freunden nutzt nicht soviel wie der Rat einer Lehrerin. Ich hoffe, daß ich immer mit Ihnen und meinen Freundinnen in Kontakt bleibe. Ich will nicht nochmal die Leute, die ich gern habe, verlieren. Jetzt mache ich Schluß.

Hoffentlich habe ich nicht so viele Fehler. Ja. Ich wollte noch etwas schreiben. Ich habe Sie in den Herbstferien vermißt. Dann bis zum nächsten Brief.

6. 11. 1989

Liebe Setareh,

ja, ich habe auch oft an Dich gedacht und mich gefreut, Dich heute wiederzusehen. Ich habe gern mit Dir zu tun, ich freue mich, daß es Dich gibt und Du gerade in meinen Kurs gekommen bist.

Ich denke, daß Du von Deinen Freundinnen sehr viel lernen kannst, auch bei Problemen. Und von mir kannst Du auch etwas erfahren, weil ich viel gelernt (auch von anderen Menschen) und viele Erfahrungen gemacht habe. Ich habe auch viele, viele Fehler gemacht. Am Anfang, als ich mit dem Studium begann, habe ich mich nicht getraut, in den Kursen mitzusprechen, ich hatte Angst, mich zu blamieren. So wie Du! Aber das Lernen geht nur mit Fehlermachen, bei mir war das so, und bei Dir wird es auch so sein.

Wenn Du magst, so schreibe doch für mich einen Text über das Schweigen oder darüber, warum und wozu Du schweigst. Es würde mich sehr interessieren, was Du darüber denkst.

Wir werden unsere Beziehung so lange haben, wie es uns beiden gefällt, o. k.? Sb

Liebe Frau Schubert! Ihr Brief hat mich sehr gefreut. Heute ist der 11.11.1989. Und ich bin allein zu Hause. Ich bin ganz enttäuscht. Ich habe nicht soviel Punkte, wie ich für das Gyminiveau brauche.[16] Ich habe 8 Punkte in Erdkunde, das bedeutet, daß ich 6 Punkte in der Fächergruppe eins habe, und in Fächergruppe zwei ist auch so. Ich habe in Mathe 10 Punkte und in Englisch 5 oder 6 Punkte.[17]

Ja. Ich weiß. Ich habe mich zu wenig bemüht, aber wenn man nicht mündlich mitmachen müßte, hätte ich das geschafft. Ich versuche jetzt, mündlich mitzumachen. Ja, ich habe heute schon ganz viel geweint. Wir waren bei einem Fest eingeladen, aber ich hab gesagt, ich hab keine Lust, und bin ich zu Hause geblieben. Ich muß sagen, ich habe schon viel Angst, daß ich dieses Jahr nicht schaffe. Jetzt muß ich mich beeilen, mündlich mitzumachen.

Bitte sagen Sie mir, wenn ich mündlich mehr mache und in jedem Fach mehr Punkte bekomme, schaffe ich es dann?

Heute ist der 16.11.1989, und wir haben mit der Frau T. ein Essen gekocht. Das war unser Abschiedsessen, weil Frau T. ins Krankenhaus gehen muß, und sich operieren lassen muß. Ich hoffe, daß sie gesund zurück kommt. *(fast alles richtig geschrieben)*

Vielleicht kriegen wir morgen die letzten zwei Blöcke frei, weil alle zur Mauer gehen möchten. Heute war nichts in der Schule los.

(Aber Du erlebst doch was mit den anderen Schülern, oder?)

Morgen fällt unser erster Block aus. Heute ist 17.11.1989. Ich bin heute um halb zehn zur Schule gekommen. Unser Direktor hat die letzten zwei Blöcke nicht frei gegeben.

(Bestimmt würdest Du beim erneuten Lesen solche Flüchtigkeitsfehler merken! 6 Flüchtigkeitsfehler in diesem Absatz.)

16 Es gab Quartalsnoten in der Schule, aus denen jeder Schüler seinen Stand, z. B. Realschul- oder Gymnasialniveau, ablesen kann.
17 Die an der Schule gültige Notenskala von 20–0 Punkte integriert Schüler aller Schulniveaus. Die Noten entsprechen folgenden Punktzahlen: 1 = 20–19, 2 = 18–16, 3 = 15–11, 4 = 10–6, 5 = 5–3, 6 = 2–0. Die Fächer werden in Fächergruppen zusammengefaßt, z. B. gehören zur Fächergruppe 1 Deutsch, Geschichte, Erdkunde, zur Fächergruppe 2 Mathematik und Englisch usw. Je nach Punktanzahl in einer Fächergruppe entspricht die Leistung eines Schülers dem Haupt-, Real- oder Gymnasialniveau. Welchen Stand sie haben, können die Schüler jeweils bei den Quartalsnoten errechnen.

Alle sind ganz schön sauer. Wir haben geplant, selber zur alten Mauer hinzugehen. Und wer mitkommen wollte, konnte um 12 Uhr bei der Bushaltestelle warten. Das bedeutet, daß wir die letzten drei Blöcke geschwänzt haben. Wir waren 50 oder 60 Personen, die mitgegangen sind. Leider kriegen wir drei Fehlblöcke, aber unsere Schule ist daran schuld. Sie mußten die letzten drei Blöcke freigeben, weil alle anderen Schüler auch frei gekriegt haben.

(Ist das Dein Ernst?)

Aber es hat viel Spaß gemacht, viele Leute waren da. Ich denke, man muß diese Zeit miterleben. Bestimmt müssen unsere Kinder oder unsere Enkel diese Sache als Geschichte im Unterricht lesen.

(Und was wirst Du darüber erzählen?)

Wir waren um eins da. Es war wirklich schön, aber ich denke, die Mauer muß nicht weg. Die Leute wollen, daß sie unsere Freiheit kriegen und reisen können.

Ich hatte Mittwoch Zeit gehabt, und ich habe vier oder fünf Gedichte geschrieben. Ich schreibe drei für Sie auf. Das letzte Gedicht habe ich auf Deutsch übersetzt. Ich will es in den Iran schicken.

Ich wünsche mir:
Frieden,
daß niemand mehr hungert,
daß jeder einen Platz hat,
an dem er zu Hause ist.
Und daß die Menschen sich
wieder lieben und einander helfen.
Ich bin klein – zu klein,
um das alles zu ändern,
doch ich werde dafür kämpfen.
Helft mir.
Dann haben wir es alle
leichter und besser.

(In diesem schönen Gedicht ist kein Sprachfehler.)

Für das Auto meines
Lebens habe ich kein
Führerschein.
Meine Zukunft sitzt am
Steuer, und ich daneben.
Aber nie war ein Beifahrer

so wichtig wie jetzt.
Ich muß versuchen selbst
zu fahren.
Und nicht alles an mir
vorbeifahren zu lassen.
Irgendwann werde
auch ich es
schaffen.
(Ja!)

Trennung!

Als wir uns getrennt haben, es war Stille,
Trauer und die zerbrochenen Herzen.
Wir wußten, daß wir für Jahre
getrennt sein müssen.
Dein Gesicht war voll Schmerz,
blaß und kalt wie Eis.
Dein Kuß war kälter geworden.
Wir haben uns geheim getroffen,
und in der Stille gelitten.
Wenn das alles dein Herz
vergessen konnte, dann hat
Dein Geist Dich betrogen.
Wenn ich Dich besuchen
will, wie kann ich nach
so langer Zeit zu Dir Hallo
sagen!
Mit der Stille und Träne?
Du hast versprochen, aber
Du hast Dein Versprechen
nicht gehalten.
Deine Zukunft ist klar.
Ich höre jeden Tag Deinen
Namen von den Leuten.
Alle reden bei mir über
Dich.
Es ist wie ein Hammer,
der an mein Ohr
schlägt, und ich muß zittern.

Warum warst Du so gut
und so verständnisvoll?
Niemand von den Leuten,
weiß, daß ich Dich kenne!
Ich hab Dich besser als
alle anderen gekannt.
Ich werde immer es
bereuen
Mein Schmerz ist so
tief, ich kann es nicht
beschreiben, oder dazu
etwas sagen.
(Auch dieser eindrucksvolle Text ist fast fehlerfrei.)

Das waren meine Gedichte. Es tut mir leid, daß ich Montag das Heft nicht mit hatte. Ich freue mich auf Ihre Antwort. Auf Wiedersehen! Setareh, 20.11.1989.

23.11.1989

Liebe Setareh,
als ich Dich am Montag im Flurbereich auf den Stufen sitzen sah, habe ich mich sehr gefreut. Öfters mal in Amsterdam[18] dachte ich an Dich. Als wir dann später miteinander sprachen, merkte ich, wieviel es gibt, das uns beide interessiert. Aus Deinem langen Brief las ich, daß es Dir ähnlich ergangen war.

Nun ist Donnerstag, und ich habe Deinen langen Brief noch nicht beantwortet. Bevor ich einen Brief beantworte, denke ich viel an den anderen. Manchmal geht es mir so, daß mir soviel durch den Kopf geht, ich aber noch nicht die Worte finde.

Über Deinen Brief habe ich mich gefreut. Mit der Schule, das wird Dir gelingen. Du hast nicht gewußt, wieviel Punkte Du brauchst. Du hast die Bedeutung der mündlichen Mitarbeit nicht erkannt. Es war auch noch nicht so sehr Deine Sache. Als Du klein warst, haben sich alle um Dich gekümmert, damit alles richtig läuft. Jetzt wirst Du erwachsen, übernimmst selbst das Steuer Deines Lebenswagens. Selbst zu lenken steht Dir gut.

Mit der mündlichen Mitarbeit hast Du auch angefangen am Dienstag.

---

18 *Besuch einer einwöchigen Lehrerfortbildung unter dem Thema »Multikulturelle Erziehung in den Niederlanden«.*

Wenn man anfängt, Verantwortung für das eigene Leben zu übernehmen, ist das ein großer Schritt. Beim ersten Muskelkater bloß nicht stehenbleiben! Du bist nicht mehr klein, sondern wirst erwachsen, und Du wirst für Deinen Platz in der Gesellschaft kämpfen und auch sehen, daß andere um Dich herum ihren Platz finden.

Du kannst sehr gut schreiben. Deine Gedichte gefallen mir im Inhalt und in ihrer bildhaften Sprache. Ich glaube, es sind kaum Sprachfehler darin. Im Text davor sind noch einige, auch Wiederholungsfehler.

Ich habe keine Zeit, um sie diesmal zu korrigieren. Und – hat es Sinn, wenn ich sie korrigiere? Was meinst Du? Je nach Antwort nehme ich mir die Zeit. Hätte ich heute mehr Zeit, würde ich viel lieber weiter an Dich schreiben.

Ich bin ganz sicher, Dir wird es gelingen, Dich an das Steuer Deiner eigenen Zukunft zu setzen. Übrigens: Autofahrer reden miteinander über die Strecken und ihre Erfahrungen. Ist Dir das klar? Von Auto zu Auto, sei gegrüßt! Sb

23. 11. 1989

Liebe Frau Schubert!
Ihr Brief hat mich sehr gefreut. Aber ich bin ein bißchen traurig, weil Sie geschrieben haben: »Es hat keinen Sinn, die Fehler zu verbessern.« *(nana!)*

Bedeutet das, daß ich immer schlechter schreibe? Ich hoffe, es ist nicht so. *(NEIN)*

Aber ich lese immer die Texte, die Sie verbessert haben, einmal durch. Ich lese ab jetzt alle zwei- oder dreimal, weil diese Sprachfehler endlich weg müssen. Aber wenn Sie mal Zeit haben, bitte ich Sie darum, das Gedicht »Trennung« zu verbessern.

Heute war gar nichts in der Schule los. Ich bin zu Hause und habe meine Physik-Hausaufgaben gemacht und muß noch Mathe-Hausaufgaben machen, aber eigentlich verstehe ich nichts mehr von Mathe.

Meine Mutter ist mit den Kindern spazierengegangen. Sie wollten mich auch mitnehmen, aber ich hatte keine Lust dazu gehabt. Schade, wir haben morgen Erdkunde. Sonst könnte ich das Heft Ihnen abgeben. Aber es ist besser, am Wochenende schreibe ich auf, was ich gemacht habe. Ich muß auch meine Deutsch-Hausaufgaben machen. Aber es gefällt mir, was wir im Deutschunterricht machen.

Ich wollte auch sagen, wenn Sie Zeit haben, können Sie mir Bescheid sagen. Ich wollte Sie zum Abendessen einladen. Hoffentlich haben Sie

Zeit? Bitte antworten Sie im nächsten Brief. Ich habe am Wochenende ein bißchen gelesen.

Wir haben auch heute einen Gast gehabt. Ich mache jetzt Schluß. Ich habe nichts mehr zu sagen. Ich warte auf Ihren nächsten Brief. 26.11.1989. Setareh

27.11.1989

Liebe Setareh,

gern korrigiere ich weiter, wenn Du das möchtest. Deine Reaktion zu Anfang Deines Briefes zeigte mir, daß Du zu schnell aufzugeben bereit bist! »Doch, Sie sollen weiter korrigieren, ich will doch lernen, – wie kommen Sie auf so eine komische Idee« – so eine Reaktion hatte ich erhofft. Bitte, liebe Setareh, gib Dich nicht schnell zufrieden, sondern sage, was *Du* willst. Das gefällt mir gut.

Mit Mathe bin ich erschrocken. Du hast da Mühe? Wer könnte Dir helfen? Du kannst es Dir nicht leisten, etwas nicht zu verstehen. Aber vielleicht habe ich Dich ja mißverstanden?

Es hat mich auch sehr gefreut, daß Du die Deutsch-Hausaufgaben so ausführlich gemacht hattest. Du hast Dich sehr gut in die Weber eingefühlt. Ich habe gemerkt, daß Du Dir viel Mühe mit dem Inhalt gegeben hast.

Sehr gerne nehme ich Deine Einladung an, vielleicht geht es noch vor Weihnachten, gerade dann, falls die Schule früher aufhört, z. B. am 20.12. Aber Deine Familie wird dann sicher mit Weihnachtsvorbereitungen sehr beschäftigt sein. Vielleicht wäre es im neuen Jahr 1990 günstiger? Was meinst Du? Welches Buch liest Du zur Zeit?

Ich hab im Augenblick sehr viel mit der Schule zu tun, vor Weihnachten muß ich noch in zwei Klassen je ein Diktat und einen Aufsatz schreiben lassen. Das muß alles korrigiert werden. Dazu kommen noch die Oberstufenklausuren, die sind noch viel länger. Aber gleich zu Beginn des neuen Jahres müssen die Noten fertig sein. Ich weiß noch gar nicht, wie ich das schaffen soll.

Liebe Frau Schubert!
Ihr Brief hat mich sehr gefreut. Ich bin heute in der Pause in die Bücherei gegangen und habe einen Duden gekriegt.

Zuerst wollte mir die Frau E. den Duden nicht geben. Sie hat behauptet, daß alle in der 8. Klasse einen Duden gekriegt haben.[19] Aber endlich

19 *Die Schüler bekommen die Duden im 7. Jahrgang übereignet.*

habe ich den Duden gekriegt. Jetzt ist es besser, und ich kann besser mit dem Duden arbeiten, weil unserer Wörterbuch zu groß ist. Ich hatte vor, nächsten Monat einen Duden zu kaufen. Jetzt habe ich 32,– DM gespart.

Heute ist der 27., und ich bin gerade in der Volkshochschule. Ich lerne hier Englisch. Unser Lehrer ist noch nicht gekommen. Ich dachte, es ist gut, wenn ich ein paar Zeilen schreibe. Morgen haben alle anderen Stammgruppen Wandertag, außer uns. Wie Sie wissen, ist Frau T. im Krankenhaus, deshalb kann ich morgen zwei oder drei Stunden mehr schlafen. Es hat auch keinen Sinn, bei so kaltem Wetter einen Wandertag zu machen.

Heute ist der 29., und Anita und ich wollen ins Kino gehen. Wir haben »Der Friedhof der Kuscheltiere« gesehen. Ich muß sagen, der Film war gräßlich und ganz gefährlich. Aber er hat mir gefallen. Dann bin ich zu Anita hingegangen und war bis 10 Uhr dort. Ich mach jetzt Schluß, weil ich Ihnen morgen das Heft geben will.

2.12.1989

Liebe Setareh,
vielen Dank für Deinen lieben Brief, es freut mich, aus Deinem Alltag zu hören.

Heute ist Samstag. Weißt Du, daß es mich freute und mir gut gefiel, als Du in Geschichte eine Frage zu dem Referat stelltest? Jetzt höre ich Dich jede Stunde einmal mitmachen, außer Freitag, hat Dich etwas betrübt? Du gehst vorwärts! Auch Dein Protokoll im Klassenheft war gut.

Ich hatte angenommen, am Freitagmorgen in den ersten beiden Stunden würde der Unterricht ausfallen, aber es blieb bei der Smogvorwarnstufe. Bei Warnstufe 1 hat die Mittelstufe erst zum 2. Block, die Oberstufe beginnt um acht. Sicherheitshalber hörte ich um sechs das Radio, – kein Smogalarm, trotz der schlechten Luft! So hatte ich keine Zeit mehr für unser Briefheft. Im Moment habe ich zu viel zu tun. Für das, was ich gerne mache – wie Dir zu schreiben – fehlt die Zeit. Schon am frühen Morgen bin ich todmüde, ich glaube, ich bin sehr ferienreif. Wieso hat Dir der Film, der doch »gräßlich« war, gefallen? War es, weil Du mal mit Anita ins Kino gegangen bist?

Vor mir liegt ein Wochenende mit Korrekturen. Ich lese sehr gern Schülerarbeiten, aber ich korrigiere nicht gern. Oft nützt es so wenig, – das ist ein allgemeines, großes Problem. Gerade habe ich auch Deine Interpretation zu Ludwig Pfau gelesen. Du hast den Inhalt gut formuliert. Auch sprachlich ist Dein Text fast fehlerfrei. Achte bei dem Schreiben einer Interpretation unbedingt darauf, Deine Aussagen am Text zu belegen, d. h. Vers und Zeile zu nennen. Vor Deiner Meinung solltest Du *unbedingt* auf die Absicht eingehen, die der Autor mit diesem Gedicht hat.

Unser Briefwechsel in diesem Heft ist jetzt einen guten Monat alt, und so viel ist Dir und mir und unserer Stadt in diesem Land passiert! Es geschehen Dinge durch die beteiligten Menschen, die fast 50 Jahre kein Mensch für möglich gehalten hätte. Niemals seit den 20er Jahren hätte jemand auf der Welt geglaubt, daß Kommunisten auf einmal erlangte Machtpositionen verzichten. Als ich ein kleines Kind war, wurde Deutschlands Teilung immer mehr durchgesetzt. Es wurde behauptet, die »Russen« seien schuld, und die DDR mache, was die UdSSR wolle.

Heute erfahren wir, daß *alle* Alliierten sich darin einig waren, Deutschland auf immer zu teilen. Das war vor 41 Jahren. Dann wurde die Grenze immer mehr verfestigt. Über Jahrzehnte konnten sich Verwandte nur unter sehr erschwerten Bedingungen treffen. Viele konnten sich nicht sehen. Als ich sieben war, wurde ich zufällig die letzte Passantin an einem Grenzdurchgang in Besenhausen / Nordhessen, dann wurde dieser Übergang geschlossen. Vor zwei Wochen ist er wieder eröffnet worden. Die Leute aus den Nachbardörfern kannten sich nur noch, wenn sie über 50 waren, zufällig als Kinder, junge Menschen miteinander gespielt hatten. Und was wird werden?

Das »Neue Forum« warnt in Karl-Marx-Stadt vor dem Generalstreik, der am kommenden Donnerstag nach Meinung der meisten Mitglieder des Neuen Forums sein soll. Diese Gruppe sagt, so ein Streik würde die Wirtschaft in der DDR, die ganze gesellschaftliche Entwicklung nur schädigen. Das große Problem, wie man eine Gesellschaft gestalten soll, in der alle Menschen leben können, sich entwickeln und in Frieden miteinander auskommen, steht zur Diskussion.

Einige glauben, es ginge um ihre Freiheit, Bananen, Apfelsinen und Pornos zu kaufen. Andere wollen reisen und alle Bücher lesen, die gedruckt werden. Wieder andere sagen, es geht um die Freiheit für alle Deutschen, sie sprechen von Wiedervereinigung. Einige sprechen sogar von einer Wiederherstellung Deutschlands in den Grenzen von 1937 – das macht vielen Deutschen und unseren Nachbarvölkern verständlicherweise angst.

Wie ist diese Zeit für Dich, was erlebst Du, was hörst Du, was beobachtest Du? Du wirst, weil Du nicht so viel von der deutschen Geschichte weißt, manches genauer sehen, es wird Dir anders auffallen als einem, der hier geboren ist. Mit »genauer sehen« meine ich, Dir wird anderes auffallen. Ich zwar z. B. ganz überrascht, als Du sagtest, wenn die Mauer nicht mehr sei, würden weniger Touristen kommen, ich wäre nie auf so eine Idee gekommen. Ich kann mir auch aus verschiedenen Gründen nur schwer vorstellen, daß Menschen wegen der Mauer hierherkommen, obwohl es eine Tatsache ist.

Nun werde ich erst Deinen ersten – unkorrigierten – Text und dann den zweiten mit roter Farbe, soweit nötig, beschriften. Was Du wohl jetzt machst? Montag sehen wir uns wieder. Bis bald. Sb

P. S. Wem willst Du das Reden überlassen? Du darfst nicht verstummen, gerade Du mit Deinen Überlegungen! Du bist wichtig mit dem, was Dir durch den Kopf geht. Auf meine Bitte, einen Text über das Schweigen zu schreiben, bist Du noch nicht eingegangen. Hat das einen tieferen Grund?

Noch zu einer anderen Textstelle von Dir: Meines Erachtens führt die Schuldfrage im Zusammenhang mit den Fehlzeiten in der Schule, z. B. anläßlich des unerlaubten Mauerbesuches, fast nie weiter. Weiter führt, wenn man gemeinsam die Lösung für das sachliche Problem sucht.

Wie wäre es, wenn wir über »Die Trennung«, Dein Gedicht – und die Tatsache der Trennung – einmal miteinander sprechen? Ein sooo langer Brief und viele Korrekturen an Deinen langen Texten, nun ist der Samstagnachmittag vergangen. Ich denke, Du machst weniger Fehler als früher. Ciao – bye bye – so long. Sb.

Nach den Sommerferien

Nach den Sommerferien schreibt Setareh erstmalig einen Brief mit der persönlichen Anrede »Liebe Frau Schubert«. Sie teilt mir mit, sie habe »doofe« Halsschmerzen und fühle sich deshalb nicht so gut. Sie erzählt von zu Hause und vom Fernsehprogramm. Dann schreibt sie noch einige Sätze zu dem von mir angeregten Thema »Meine Probleme beim Lernen«.

Ihr Thema ist ein anderes als meins. Wo ich mit meinem Konzept von Hilfe beim Lernen komme, bietet sie einen Einblick in ihre Welt. So beginnen wir einander kennenzulernen, das ist der Anfang unseres Briefwechsels.

In den folgenden Monaten lerne ich durch die Briefe ihre »Geschwister«, die Kinder ihrer Pflegemutter, und ihren Alltag näher kennen, in dem sie sich manchmal ausgeliefert fühlt. In Augenblicken von Einsamkeit gäbe es nur die weißen Meerschweinchen, mit denen sie sich aussprechen könne. Die Zuflucht in der passiven Rolle gefällt ihr wenig: Sie erzählt von ihrer Angst, fernsehsüchtig zu werden. Sie möchte sehr gern etwas Spannendes erleben, hat aber Angst vor einer Abhängigkeit von einem Ersatzstoff, dem Fernsehangebot.

In unsere Beziehung überträgt sie Hoffnungen, die in der engen Mutter-Kind-Beziehung entstanden, es sind zunehmend deutlich Wünsche nach Nähe, Schutz und Geborgenheit. In manchen Phasen unserer Beziehung werde ich zur Klagemauer ihrer Beschwerden über die Welt. Es erscheint ihr als eine gleichgültige Welt, in der die Menschen ihr nicht wie in der Kindheit entgegenkommen. Sie ist auf diese Begegnungen gefühlsmäßig nicht ausreichend vorbereitet. Wie schmerzlich das für sie ist, wird deutlich, wenn sie davon spricht, daß manche Menschen in Deutschland kalt seien wie Eis. Sie genießt die Möglichkeit, in ihren Briefen über ihren Alltagskummer zu sprechen.

In der persönlichen Begegnung einmal in der Woche geht es meist um konkrete Fragen, die im Unterricht auftauchen. Ich korrigiere dann ihre Fehler, eine Situation, die für sie in Anwesenheit anderer Schüler zunächst kaum zu ertragen ist. Einmal lasse ich sie an einem Übungsdiktat einer ihr unbekannten Lerngruppe mitkorrigieren, wobei sie feststellt, daß andere Schüler, obwohl Deutsch ihre Muttersprache ist, auch Fehler machen und am Lernen sind. Immer wieder weise ich sie auf die drängende Realität schulischer Anforderungen hin. Sie besucht das letzte Schuljahr der Mittelstufe. Der Notendurchschnitt des Jahres ist entscheidend für die Frage, wer in die gymnasiale Oberstufe gehen kann. Wird sie ihr Ziel erreichen können?

Auch sie thematisiert, was sie bedrängt, jeden Tag beschäftigt. Sie hat sich in einen Deutschen verliebt und gerät in innere Not wegen ihres Freundes im Iran. Sie gerät in einen Loyalitätskonflikt, will ihre offen erwachten Wünsche nach Nähe und Geborgenheit aus Scham verbergen. Als sie die Bejahung dieser Sehnsucht bei sich erlebt, weitet sich ihr Blick und ihr Interesse für das Leben über ihre bisherige Erfahrung hinaus.

Unser erstes Briefheft geht zu Ende. Von sich aus kauft sie ein Heft mit mehr als 150 Seiten für die Briefe im nächsten Halbjahr. »Statt mit Kaninchen rede ich lieber mit Ihnen«, faßt sie ihre bisherige Erfahrung zusammen. Jeder von uns beiden schreibt von dem, was ihm für sich und den anderen wichtig ist, und der andere nimmt es interessiert an.

Immer wieder versuche ich in dieser Zeit, ihr den grundlegenden Gedanken der Entwicklung eines jeden Menschen zu vermitteln: »Der Mensch ist nicht, er wird.« Sie will das fertige Ergebnis haben, sei es nun in der Freundschaft, Liebe oder auch im Bereich der schulischen Leistung. Sie ärgert sich sehr, wenn sie in Deutsch schlechter benotet wird als ihre Mitschüler.

Ihre unrealistische Beurteilung der Schwierigkeiten, in eine neue Sprachwelt hineinzuwachsen, entstammt einer grundlegenden Unkenntnis bzw. Fehleinschätzung von Lernprozessen, woraus insgesamt eine tiefgreifende Entmutigung resultiert. Statt die konkreten Fehler zu verstehen, zu korrigieren und künftig zu vermeiden, verliert sie Zeit, indem sie sich darüber ärgert. Es geht ihr wie vielen Schülern: Sie möchte am liebsten eine Eins haben, aber die Schritte dazu sind ihr unklar, offenbar handelt es sich um ein ihr völlig unbekanntes Feld. Sie wird es nur kennenlernen, wenn sie es betritt. Ich lasse sie wissen, daß ich die Angst vor der Blamage bei einem falschen Beitrag, z. B. von meinem Studienanfang, auch kenne und daß ich diese überwunden habe. Auch der heute unterrichtende Erwachsene war und ist kein »Übermensch«, sondern – so mein Selbstverständnis – ein Lernender, der Fehler macht und sich damit auseinandersetzt. Warum soll sie nicht lernen, was ich auch mit Hilfe anderer gelernt habe?

Ich versuche sie also auch ganz konkret anzuleiten: Wenigstens einmal in jeder Geschichtsstunde soll sie sich melden. Warum nicht beginnen mit dem Fragen, wenn sie nicht versteht, oder mit Vorlesen, wenn etwas zu lesen ist. Wie sehr ich damals das Problem unterschätzte, wie wenig ich mir vorstellen konnte, von wo ich sie für diesen gemeinsamen schulischen Spazierweg durch die (überwiegend) deutsche Geschichte abholen muß, erfahre ich später. Nach ihrer Darstellung ging es im Iran im Fach Geschichte darum, Texte – gleichgültig ob mit oder ohne Verständnis – einfach auswendig zu lernen. Dafür bekam man eine Eins.

Wir bewegen uns beide auf dem Neuland unserer Beziehung, einer persönlichen und kulturellen Begegnung, in der uns fast nichts vertraut ist. Wir sind beide neugierig und schauen uns an und gemeinsam im Alltag um. Zwischen uns wächst in der Zusammenarbeit in der Schule, auch schreibend und im persönlichen Gespräch beim Lernen einmal in der Woche, ein solides Arbeitsbündnis.

Heute frage ich mich, wie sollte sie das, was sie mit mir erlebte, verstehen? Meine Denkweise, mein Umgang mit Fehlern und unser »Gespräch« sind ihr neu. Es entsteht in diesen Monaten allmählich eine enge Kooperation: Wir sind durch den Unterricht und den Briefwechsel zwei- bis dreimal in der Woche im Dialog über alle Fragen ihres Alltags und des Lernens. Nach diesem Modell könnte sie ihr Denken, das oft nur zwischen Können und Nichtkönnen unterscheidet, erweitern um die Dimension der Entwicklung. Ginge sie wohlwollender mit ihren Fehlern um, könnte sie viele Hürden im Schul- und Beziehungsalltag leichter nehmen.

Um ihr dies zu vermitteln, versuche ich also, ihr die Bedeutung unseres Dialogs für ihren Lernprozeß bewußtzumachen. Wenn sie unsere gemeinsame Vorgehensweise als Modell der Entwicklung versteht, trägt sie das Werkzeug gegenseitiger Verständigung mit sich, kann es als Werkzeug zu ihrer Entwicklung in allen Lebensbereichen nutzen. Ihre Angst, mich eines Tages zu verlieren, wie sie ihre Eltern verlor, suche ich zu beruhigen, indem ich ihr versichere, unsere Beziehung werden wir so lange haben, wie es uns beiden gefalle.

In Berlin wird die Mauer am 9.11.1989 geöffnet. Sie ahnt pragmatisch aus erster verstehender Erfahrung mit lebendiger Geschichte die historische Tragweite: »Bestimmt müssen unsere Kinder und unsere Enkel diese Sache im Geschichtsunterricht lesen.«

Angesichts dieser damals kaum faßbaren Ereignisse in Berlin, welche die ganze Bevölkerung im Ost- und im Westteil der Stadt wie in einen Taumel bringen, spürt sie im Wunsch nach Veränderung ein Kleinsein. Sie will kämpfen, alles ändern, was in der Welt, in der noch immer gehungert wird, zu ändern wäre. Dazu sucht sie Hilfe. Ihr Herz öffnet sich weit in ihren Gedichten. Frieden soll es geben für alle Menschen, »daß jeder einen Platz hat, an dem er zu Hause ist«. Sie glaubt, ihre Zukunft am Steuer ihres Autos sitzend zu sehen, sie jedoch ist ohne Führerschein. Aber wie selbst den Führerschein erwerben, damit das Leben nicht an ihr vorbeifährt?

Wie Setareh stehe ich mitten in der Zeit kaum faßbarer Veränderungen. Die Ereignisse dieser Tage, überbracht von den Nachrichten jeder Stunde, verändern die Welt der letzten Jahrzehnte der Nachkriegszeit unwiderruflich. Meine Schülerin Setareh hat zur deutschen Geschichte unseres Jahrhunderts, das Thema des Unterrichts ist, keinen Zugang. Ich möchte sie mitnehmen, indem ich mir Geschichte und Gegenwart im Brief an sie zu vergewissern versuche; es ist meine eigene Geschichte, und heute ist das, was geschieht, Teil ihrer Lebensgeschichte.

Noch nicht verstehend, was ich sehe, fällt mir an einem Morgen im Unterricht bei ihr eine große Traurigkeit und innere Abwesenheit auf. Es ist, als sei nur noch ihr Körper da. Sie ist wie leblos darin. Auch für sie wendet sich die Zeit unwiderruflich.

»Ich hab viel auf meinem Herzen«

Liebe Frau Schubert!
Ihre Brief hat mich sehr gefreut. Sie haben ganz viel für mich geschrieben. Es war ganz nett von Ihnen. Es tut mir leid, daß ich Freitag gar nicht mitgemacht und Montag verschlafen habe.

Ja, ich habe viel auf meinem Herzen. Ich bin ganz anders geworden, als ich Donnerstag etwas Schreckliches gehört habe. Aber ich bitte Sie darum, niemand etwas zu sagen. Niemand weiß etwas davon, außer Anita und Ihnen. Ich habe am Donnerstag einen Anruf aus dem Iran gehabt; mit diesem Anruf ist meine ganze Welt zerstört. Es war schrecklich, so etwas zu hören. Mein Vater ist tot.

Können Sie verstehen, was ich durchmache. Ich denke, ich träume. Es ist ein schrecklicher Traum. Wann werde ich von diesem Alptraum aufwachen? Ich, ich weiß nicht, was ich sagen soll. Ich kann es einfach nicht glauben. Unser letztes Zusammensein war vor zwei Jahren. Ich habe mich immer auf seinen Schoß gesetzt, und er hat zu mir gesagt: »Setareh, du bist doch kein Kind«, und dann hat er mich umarmt.

Wissen Sie, ich denke, er war der einzige, der mich verstanden hat. Er war der einzige, der mich mit meinen Eigenschaften akzeptiert hat. Wenn ich mal schlecht gelaunt war, hat er mich akzeptiert. Er war der einzige, der mich mehr als alle anderen geliebt hat. Ich war ein Lieblingskind. Ach, ich kann es einfach nicht glauben.

Wir haben wie verrückt 40 Plätze angerufen, und alle haben gesagt, es ist wahr. Ich bin fertig. Ich kann im Unterricht gar nicht zuhören.

Jeden Tag frage ich mich, was Tod bedeutet? Sehe ich ihn nicht mehr? Ich kann die ganze Nacht nicht schlafen.

Heute morgen bin ich um 5 Uhr früh eingeschlafen und habe geträumt, daß er hier ist, und habe gesagt: »Pappa, ich wußte, daß du nicht tot bist, ich wußte, daß alles ein Alptraum ist.« Und er sagte zu mir, »Setareh, bleib immer ein gutes Mädchen.« Ich wollte ihn umarmen, er hat nicht gelassen und sagte, ich muß jetzt gehen. Ich sagte; »Wohin? Bleib bitte bei mir,« und er sagte: »Ich kann es nicht.« Ich hab gesagt: »Bitte, nimm mich mit, laß mich nicht allein.« Und er sagte: »Wo ich jetzt hingehöre, gehörst Du nicht hin,« und ist gegangen. Ich hab geschrien: »Bitte warte.«

Dann bin ich aufgewacht und habe gesehen, es ist 9 Uhr. Es tut mir schrecklich leid, daß ich heute an Deutsch nicht teilnehmen konnte. Ich kann wirklich nicht nachts schlafen. Ich weine die ganze Zeit. Können Sie mir bitte helfen?

Ich bin fertig. Ich kann nicht mehr im Unterricht zuhören. Wenn jemand tot ist, bedeutet, daß man ihn nicht mehr sehen kann! Ich habe viel geschrieben. Aber ich mußte mich aussprechen. Ich freue mich auf den nächsten Brief. Berlin, den 3.12.1989, von einem sehr unglücklichen Mädchen!

6.12.1989

Liebe Setareh,

tief betroffen habe ich Deine Zeilen gelesen, und ich trauere mit Dir. Dein Leid betrifft mich sehr, und ich möchte Dir mein tiefes Mitgefühl, mein Beileid, ausdrücken.

Ich sah Deine Betroffenheit am Freitag, verstand sie aber nicht. Heute verstehe ich, was Dein Leid ist. Du hast einen sehr wichtigen, lieben Menschen aus Deinem Leben für immer verloren, die Hoffnung auf ein Wiedersehen ist ausgelöscht durch einen Anruf, den Du nicht glauben mochtest. So gern hättest Du ihn wiedergesehen, das war Deine Sehnsucht all die Zeit.

Dein Vater hat Dich sehr geliebt, und er hat gewußt, Du bist kein Kind mehr, Du wirst erwachsen. Du hast Dich ihm anvertraut, und so hat er Dich verstanden. Du hast Vertrauen erlebt, das wird zum Grundstock Deines Lebens werden. Dieses Vertrauen wirst Du als Zuversicht in andere zwischenmenschliche Beziehungen mit Dir tragen, das kannst Du nie mehr verlieren. Das hat Dir Dein Vater gegeben.

Du wirst Freunde finden – Du hast schon solche gefunden, die Dich mit all Deinen Eigenschaften akzeptieren. Und Du wirst einmal jemand finden, der Dich mehr als irgendeinen anderen Menschen liebt. Das wird eine andere Beziehung als zu Deinem Vater werden, eine Beziehung von Mann zu Frau.

Ich verstehe gut, daß Du immer wieder an alles denkst, mit Deinen Gedanken oft woanders bist. Um so mehr habe ich mich gefreut, daß Du Dich in Deutsch – als Du wegen des Arztes verspätet kamst – hingesetzt und gleich zum Thema geschrieben hast, daß Du ernsthaft, trotz der schweren Situation, Deinen Weg weitergehst.

Ich denke, das wäre im Sinne Deines Vaters, in Liebe zu ihm weiterzuschreiten und Deinen Weg zu finden und zu gehen, zusammen mit Menschen, die Du magst und die Dich unterstützen. Das ist der richtige Weg, auf dem Du bist, auch wenn er oft steinig und manchmal ein bißchen dornig ist. Du bist nicht allein, auch wenn Du Dich jetzt manchmal sehr allein fühlst. Wenn Du weißt, wie ich Dir helfen kann – vielleicht hast Du einen Wunsch –, dann laß es mich wissen.

Ich würde mich sehr freuen, wenn Du mir im nächsten Brief mehr von Deinem Vater und Eurem Zusammensein schreibst, damit ich diesen Menschen, der Dir soviel bedeutet und der so eine liebe und kluge Tochter hat, besser kenne, wenn Du magst... So long, Sb

Warum meinst Du, soll niemand von Deinem tiefen Verlust erfahren? Alle werden Dich in Deinem Schmerz verstehen und Dir gern zur Seite stehen – viele Herzen schlagen für Dich. Bis bald einmal.

Berlin, den 7.12.1989

Liebe Frau Schubert!

Ihr Brief hat mich getröstet. Aber wieso haben Sie geschrieben, ich kann ihn nicht wiedersehen? Sagen Sie bitte nicht, daß es wahr ist. Ich kann es nicht glauben und werde es auch nicht glauben. Mein Vater war doch gesund. Er konnte doch nicht sterben! Aber ich weiß, daß ich ihn wiedersehen werde. Es kann doch alles nicht wahr sein? Habe ich recht?

Sie möchten etwas über meine Beziehung zu ihm wissen. Ja, es war so eine nette und schöne Beziehung. Ich hab ihn so geliebt, er war alles für mich. Wenn er einmal krank war, bin ich die ganze Zeit neben seinem Bett gesessen, und wir haben uns unterhalten. Es war so schön, wenn er mich verstehen konnte. Oder ich habe immer für ihn aus der Zeitung vorgelesen, und er hat immer gesagt, Du liest gut. Wenn ich Probleme hatte, hat er es ganz schnell gemerkt, und wir haben uns darüber unterhalten.

Sie haben geschrieben, daß ich bestimmt jemanden finde, der mich wirklich lieben kann. Aber ich denke nicht so, wenn ich jemanden liebe, entweder verliere ich ihn, oder jemand anderes liebt ihn! Mein Vater war eine Person, die sich immer mit mir unterhalten hat. Er hat mir auch immer seine Probleme erzählt. Und meine Mutter hat oft zu ihm gesagt: Setareh ist doch ein Kind. Sie kann nicht alles verstehen, und mein Vater hat immer zu ihr gesagt, Setareh kann alles gut verstehen.

Ja, ich denke, ich kann besser als alle anderen mit den Schwierigkeiten umgehen, aber das bedeutet nicht, daß ich keine Liebe von Eltern brauche und keinen Vater mehr haben darf. Ich kann es einfach nicht glauben. Ich möchte es nicht, wenn alle darüber Bescheid wissen. Ich kann das Mitleid von allen nicht ertragen, außerdem wollen alle bestimmt wissen, wie mein Vater war und so.

Wenn ich über ihn rede, oder an ihn denke, bin ich total in einer anderen Welt. Und ich kriege auch einen tiefen Schmerz in meinem Herz. Ich kann es nicht ertragen. Bitte sagen Sie es niemandem. Ich versuche, es selber zu sagen.

Ich weiß nicht, was ich noch schreiben kann, aber ich werde am Wochenende an Sie schreiben. Mein Wochenende ist langweilig wie jedes Wochenende. Noch zehn Tage müssen wir zur Schule. Morgen schreiben wir einen Englisch-Aufsatz. Hoffentlich versaue ich nicht den Aufsatz. Ich mach jetzt Schluß. Ich hab viel geschrieben. Tschüß bis zum nächsten Brief. Berlin, den 10.12.1989.

11.12.1989

Liebe Setareh,

vielen Dank für Deinen Brief, aus dem ich viel über Deine Beziehung zu Deinem Vater erfahren habe, vielen Dank für Dein Vertrauen. Ich werde gut damit umgehen. Natürlich ist es ganz Deine Sache, ob und wem Du von Deinem Verlust erzählen möchtest. Wie nahe wir Menschen an uns heranlassen, ist unsere Sache.

Unsterblich ist das, was wir mit einem Menschen erleben, wir tragen es weiter, lassen es fortleben in unserer Erinnerung und unserer Tat. Indem Du einmal einem anderen Menschen gibst, was Du von Deinem Vater erlebt und erfahren hast, lebt seine Liebenswürdigkeit weiter. Verstehst Du das ein bißchen? Ich freue mich, daß Du mit Deiner Mutter telefoniert hast, weißt, daß sie am Leben und zu Hause ist.

Dein Deutsch im letzten Brief ist sehr gut, ich hatte fast nichts, was zu korrigieren war. Deine Mitarbeit in Deutsch heute war auch erfreulich. So wird es werden.

Ich habe von einer Freundin von einem sehr interessanten Buch gehört. Es lohnt sich, glaube ich, Erich Hackel: Abschied von Sidonie, da geht es um das reale Leben eines Zigeunermädchens im Dritten Reich. Dieses Mädchen wird, um vor den Nazis gerettet zu werden, von einer Frau an Kindes Statt angenommen. Vielleicht kannst Du es Dir heute ausleihen. Du kannst dann am Donnerstag bei Eurem Geschichtsreferat noch etwas Konkretes von einem Schicksal erzählen. Auch in Jean-Paul Cleberts (Taschenbuch) »Das Volk der Zigeuner« finden sich wichtige Informationen zu der deutschen Politik gegenüber den Zigeunern. Ich würde mich freuen, wenn Dir ein gutes Geschichtsreferat gelingt. Laß es Dir gutgehen, bis bald einmal. Sb

Liebe Frau Schubert!

Ihr Brief beruhigt mich, wenn ich ihn lese, denke ich: »Sie können mich ganz gut verstehen, und Sie wissen, was ich durchmache.« Ich muß sagen, ich vermisse ihn sehr. Ich hab einfach keine Lust. Ich möchte zu Hause gar nichts reden, weil niemand mich verstehen kann. Ich bin einfach von dem Leben satt geworden. Ich bin zu müde, etwas zu machen. Hat eigentlich das Leben einen Sinn? Ich finde es nicht.

(Diese Frage ist sehr wichtig.)

Ich habe zwei Jahre auf einen Anruf gewartet, aber was war dieser Anruf? Der Anruf hat mein ganzes Leben zerstört. Ich rede mit allen, ich lache, ich unterhalte mich mit allen. Aber ich bin kalt geworden. Am liebsten möchte ich allein auf einer Insel sein, um über alles nachzudenken. Irgendwo, wo niemand mich finden kann, wo ich in Ruhe schlafen kann.

Alles zu Hause ärgert mich. Alles, was ich sehe und was ich höre. Ich will nur für vier Monate oder für zwei Wochen von zu Hause weg! Ich muß morgen Geschichte vorlesen. Hoffentlich mache ich es nicht kaputt. *(Was meinst Du damit?)* Berlin, den 13.12.1989

16.12.1989

Liebe Setareh,

gleich sehen wir uns in der Schule. Darauf freue ich mich. Es ist wirklich ein guter Zufall gewesen, daß Du gerade in diese Lerngruppe gekommen bist.

Wie ist es Deiner Schwester und Deinem Bruder mit der Nachricht aus dem Iran ergangen? Sprecht Ihr miteinander darüber, wie es Euch damit ergeht? Was sagen sie zu Deinem Gefühl, so müde zu sein von dem Schmerz? Laß uns zusammen über alles nachdenken, laß uns am Montag darüber sprechen. Das Gefühl der Müdigkeit und der Kälte entsteht, wenn alles zuviel ist, um es zu fassen. Ich möchte gern mit Dir sprechen. Den Schutz, den Du mit dem Versteck suchst, die Ruhe, die Du Dir erhoffst, wirst Du eher mit einem Menschen finden, der Dir nahe ist. Allein ist es in so einer Situation oft sehr kalt. Bis bald sei von Herzen gegrüßt. Sb

Was würde Dein Vater von Dir heute erwarten? Wenn Du magst, kannst Du mich am Wochenende jeweils um 12 Uhr mittags telefonisch erreichen.

Liebe Frau Schubert!

Ihr Brief hat mich sehr gefreut. Ich freue mich, daß Sie mich verstehen. Ich bin froh, weil ich so eine gute Lehrerin habe. Es geht meiner Schwester und meinem Bruder besser. Naja, sie waren auch nicht das Lieblingskind von meinem Vater. Aber sie haben auch viel gelitten. Mein Bruder war sehr traurig, und meine Schwester auch. Wir reden nicht über meinen Vater.

Ich will auch nicht mit ihnen reden. Meine Geschwister können mich nicht verstehen. Wissen Sie warum? Weil ich nie darüber rede, weil ich nicht zeige, wie es mir geht. Ich rede mit ihnen, lache und mache alles mögliche! Ich will es einfach nicht zeigen. Ich finde, es ist besser, wenn ich mit *Ihnen* darüber spreche. Ich denke, wenn ich Sie nicht hätte, was würde ich machen.

Ich freue mich schon auf Montag! Aber nicht auf das Diktat, sondern auf Sie. Ich werde Sie bestimmt in den Weihnachtsferien vermissen. Verreisen Sie? Eigentlich wollte ich Sie anrufen, weil alle zu Hause waren, habe ich nicht angerufen. Ich freue mich auf die nächste Antwort. Berlin, den 17.12.1989.

19.12.1989

Liebe Setareh,

das wird in diesem Jahr mein letzter Brief in diesem Heft, der nächste folgt dann einige Seiten weiter im neuen Jahr 1990. Viel Zeit haben wir schon miteinander gehabt, und im nächsten Jahr werden wir uns noch besser kennenlernen. Sooo viele Fragen sind noch offen. Es gefällt mir immer gut, wenn wir miteinander sprechen.

Du wirst einmal die selbständige junge Frau werden, als die Dein Vater Dich schon gesehen hat. Ich und viele andere werden Dich gern auf diesem Weg begleiten, in ein Leben mit vielen Freunden. Über den Sinn des Lebens gibt es noch viel zu reden. So freue ich mich auf die Fortsetzung unserer Gespräche im Januar.

Bis zum 26.12. frühmorgens bin ich in Berlin, dann bin ich bis zum 2.1. in X. Post, so habe ich ausgerechnet, wird mich nur erreichen, wenn Du sie noch am 22.12. in den Kasten steckst, sonst ist es zu knapp durch die Feiertage, und sie erreicht mich nicht mehr. Ich wohne dort bei Dr.F. Ich lege Dir die Adresse bei. Besser erreichen mich Deine Briefe in Berlin bei mir zu Hause. Über Post von Dir würde ich mich sehr freuen. Mit Andrea habe ich kurz am Telefon gesprochen, ich glaube, sie wird mitmachen, wenn Du sie fragst. Sie ist ein sehr lieber und kluger Mensch, und eine gute Geschichtsstudentin dazu. Wenn Du in den Ferien immer mal eine halbe Stunde mit ihr Geschichte lesen würdest, würde Dir das viel bringen. Ich denke, Du solltest sie fragen, wann sie in den Ferien Zeit für Dich hätte. Weißt Du noch, wie gut Du Geschichte mit mir gelernt hast, als die Großgruppe verreist war?[20] Das hat mir damals sehr imponiert. Ich hatte Dir heute kurz von einer Bera-

---

20 *Anmerkung: S. durfte nicht mit auf die Reise des Jahrgangs und wurde einer anderen Gruppe zugewiesen für den Unterricht. Sie ließ sich krank schreiben, kam aber zu den Terminen mit Sb jeweils in die Schule*

tungsstelle erzählt, wo man Kindern und vor allem Jugendlichen in schwierigen Lebenssituationen hilft. Ich kenne dort Herrn Sch., er ist ein liebenswürdiger, feinfühliger und sehr verschwiegener Mensch. Für alle Fälle habe ich Dir deren Adresse und Telefon und Öffnungszeiten hinten in dein Heft geklebt. Man kann da einfach anrufen und etwas ausmachen, um sich zu bereden.

Übrigens habe ich heute unser altes Lerngruppenbuch hervorgekramt. Am 11. 8. (1988) steht, daß wir eine neue Schülerin in der Lerngruppe haben. Gleichzeitig mit Dir kam Michael neu auf die Schule und in die Lerngruppe. Am 30. 8. 1988 hast Du zum erstenmal etwas in unser Buch geschrieben. Deine kalligraphisch so schöne Schrift habe ich sehr bewundert. Nun hast Du noch unsere Schrift dazugelernt, das war ein langer Weg, den Du bis heute gegangen bist, manchmal mit Blasen an den Füßen, manchmal müde von der Anstrengung. Für das neue Jahr wünsche ich Dir und mir neue Aussichten und Einsichten auf diesem Weg. Darauf freue ich mich.

Ich würde mich freuen, wenn Du in den Ferien auch in unserem Heft weiterschreibst. Ich weiß auch gar nicht, wie man in Persien Weihnachten feiert, ob überhaupt? Was gibt es in Eurem Land für Festtage, und wie feiert man diese?

(In den Weihnachtsferien erhalte ich an meine Ferienadresse einen Brief. Sie schrieb ihn unmittelbar nach unserem letzten Gespräch, in dem ich sie direkt auf Selbstmordgedanken anspreche. Sie bestätigt diese, ist sehr aufgebracht, erregt, es hätte ja keinen Sinn mehr. Sie habe bereits einmal einen Versuch unternommen, damals als die Eltern verschwanden, mit Schlaftabletten – sie schreibt:)

»Ich danke Ihnen für heute, weil ich viel über Selbstmord nachgedacht habe. Aber ich werde es schaffen. Die Weihnachtsferien werde ich durchhalten. Wenn ich nicht mit Ihnen heute darüber geredet hätte, wäre es schlimm, weil ich dachte, es ist besser, wenn es mich nach den Weihnachtsferien nicht mehr gibt. Aber ich werde diese Zeit durchhalten. Ich verspreche es Ihnen. Ich versuche in dieser Zeit zur Beratungsstelle für Jugendliche zu gehen.«

Tod des Vaters

Unfaßbar ist für Setareh die telefonische Nachricht vom plötzlichen Tod ihres Vaters. Ihre ganze Welt ist zerstört. Es soll nicht wahr sein, jemand soll ihr sagen, daß es nicht die Wahrheit ist. Wenn wir mit einem gestorbenen Menschen nicht fertig sind, träumen wir von ihm, setzen uns so mit ihm auseinander, schaffen im Traum ein Gespinst aus Wunsch und Wirklichkeit. Noch ist sie der Unwiderruflichkeit seines Todes näher, als ihre Vorstellung, es sei vielleicht nur ein Alptraum, andeutet. So läßt sie ihn im Traum die von ihr geleugnete Wahrheit von der Unwiderruflichkeit seines Todes sagen: »Wo ich jetzt hingehöre, gehörst du nicht hin.«

Die Chance, daß sie innerlich mit dieser Krise fertig wird, liegt in ihrem Wunsch nach Gesprächen. Noch ist ihr die Schule als Ort ihres Beziehungsalltags und ihres Lebens wichtig, denn sie bedauert, nach einer schlaflosen Nacht den Unterrichtsbeginn verschlafen zu haben.

Es ist für Schüler in großen Krisen oftmals eine Hilfe, sie zu ermutigen, regelmäßig am Unterricht teilzunehmen. Dies kann ihnen eine wichtige innere Stütze sein, weil in der meist Angst auslösenden familiären Trauersituation alles ins Wanken kommt, manchmal nichts aus ihrem bisherigen Leben Gültigkeit zu behalten scheint. Wenn der schulische Alltag jedoch wenigstens weitergeht, ist dies unter Umständen der einzige Ort, wo keine ungewohnten Anforderungen an sie gestellt werden, wo sie sich einfach auf ihren Stuhl setzen können, ohne Erwachsene trösten zu müssen. Entbindet man solche Schüler vom Unterricht, liefert man sie möglicherweise einer familiären Situation aus, deren Totalität sie überfordert.

Der Tod des Vaters trifft Setareh auch deshalb so schwer, weil sie sein Lieblingskind war. Die als Paradies erlebte Zeit der Kindheit und Jugend, wo er alles für sie zurechtrückte, ist nun endgültig zu Ende. Viele Eltern ahnen nicht, daß die Liebe der Kinder zu ihnen auch eine tiefe Angst einschließt, sich allein in der Welt nicht zurechtzufinden. Wüßten sie das, würden wohl viele von ihnen versuchen, einen weiteren Bezug zu der die Familie umgebenden mitmenschlichen Welt herzustellen. Setareh kann und will das Ende dieser nahen Beziehung nicht wahrhaben. Sie ahnt, daß sie für das Leben nicht genug ausgerüstet ist.

»Er war der einzige, der mich verstanden hat, der mich mit meinen Eigenschaften akzeptiert hat.« Wer in seinem Leben das Glück hatte, sich von einem Menschen rundum akzeptiert zu wissen, wird den Verlust nachfühlen können. In späteren Krisen treten bei Setareh immer wieder Gedanken an den verstorbenen Vater in den Vordergrund. Ich gebe ihr Gelegenheit, mir vom Vater und ihrer Beziehung zu ihm zu erzählen, so allmählich und in Würde von ihm Abschied zu nehmen, ihn mitzunehmen in ihr gegenwärtiges Leben, indem sie realisiert, lebt, was er für wichtig hielt.

Tage, Wochen, Monate braucht Setareh, um sich auf die veränderte Lebensperspektive einzustellen, sich damit zurechtzufinden.

Ich versuche, sie auf die Mutter und Geschwister zu verweisen. Aber in ihr wächst das Gefühl, zu Hause verstehe sie niemand. Sie weist in ihrem Brief auf das hin, was sie beschäftige. Sie frage sich nach dem Sinn des Lebens, sie finde keinen. »Ich bin einfach von dem Leben satt geworden.« Sie rede mit allen, lache, aber innerlich sei sie kalt, wolle allein sein, auf einer Insel, und schlafen. Unvermittelt zwischen anderen Sätzen zum Geschichtsunterricht findet sich ein mich zutiefst beunruhigender Satz: »Hoffentlich mache ich es nicht kaputt«, es, das Leben? Ein Alarmsignal! Im Unterricht sitzt sie totenbleich, abgekapselt von den anderen mit tiefen Ringen unter den Augen. Sie ist seit der Nachricht schwarz gekleidet. In ihrer Familie spricht sie mit niemandem, schottet sich ab. Der Tote und der Tod sind ihr jetzt deutlich näher als das Leben. Noch freut sie sich auf unsere Gespräche, darin liegt eine Hoffnung, daß sie etwas im Leben hat, das ihr wichtig ist, ihr etwas bedeutet.

Zunächst zögere ich, sie auf ihre Sinnlosigkeitsgefühle und deren für mich denkbare Konsequenz anzusprechen. Aber ich muß etwas unternehmen. In wenigen Tagen sind Ferien, ich bin zehn Tage nicht in Berlin. Was wird sie tun? Wie könnte man ihr in dieser gefährdeten Situation helfen? In einem dringenden Schreiben wende ich mich zunächst an ihre mir bekannte junge Pflegemutter Frau T. und bitte sie dringend um einen telefonischen Rückruf in der Schule oder bei mir zu Hause in den nächsten Tagen, ich sei beunruhigt über Setarehs Gefühlssituation nach dem plötzlichen Tod des Vaters und wolle mit ihr sprechen, damit wir miteinander beraten, wie Setareh behilflich sein. Diese weiß von meinem Schreiben. Die letzte Schulwoche verstreicht, meine Bitte bleibt ohne jede Antwort, Frau T. meldet sich nicht.

Ich suche nun zunächst über das Wochenende, die zwei Tage ohne Schule, eine Brücke zu bauen, in ihr Alleinsein hinein, sie könne mich anrufen. Zunehmend selbst in Bedrängnis durch ihre Notlage, hole auch ich mir Hilfe: Nach Rücksprache mit einem Kollegen von der Beratungsstelle für suizidgefährdete Kinder und Jugendliche, »NeUhland«, ist mir klar, die Hilfe für sie liegt darin, mit ihr offen über ihre Gedanken und Pläne zu sprechen. Ist sie damit nicht mehr allein, bietet dies die Chance, mit ihr alles gemeinsam abzuwägen. Mich entlastet die Aussicht, daß sie sich während meiner ferienbedingten Abwesenheit dorthin wenden kann. Im kollegialen Gespräch entwickle ich selbst Ideen: Ich werde ihr zusätzlich meine Ferienadresse geben, damit sie mich erreichen kann. Ich bitte sie im letzten Brief vor Schulschluß, mir von der persischen Weihnacht zu erzählen. Zudem, fällt mir ein, könnte sie in Berlin mit einer ehemaligen Schülerin von mir, die in ihrer Nähe wohnte und die sie zufällig kennenlernte, jeden Tag etwas lesen. Sie hätte so einen Menschen außerhalb der Familie, wo die persönliche Beziehung momentan eher schwierig zu sein scheint. Ich teile Setareh auch genau mit, wann ich wieder da bin und wann wir uns wiedersehen. Ich weiß, daß sie sehr verläßlich ist und eine Verabredung immer einhält.

Es ist noch immer ein weitverbreiteter Irrtum zu glauben, wer von Selbstmord andeutend spreche, unternehme ihn nicht. Setareh z. B. hatte, wie ich nun erfuhr, schon vor anderthalb Jahren, beim ersten Verlust ihrer Eltern, einen Selbsttötungsversuch mit Tabletten unternommen. Sie reagierte damit unmittelbar auf die Situation des Verlustes und der Ausweglosigkeit. Irrig ist auch die Annahme, wer Selbstmordgedanken erwäge, sei frei in diesem Entschluß. Es sei seine Sache, ob er leben wolle oder nicht. In der Regel befindet er sich keineswegs im Vollbesitz seiner Kräfte, sondern in einer sehr eingeengten konkreten Situation, der er sich nicht gewachsen fühlt, in der er einsam ist und aus der er einen Ausweg sucht.

Weitere Irrtümer sind, man solle nicht darüber sprechen, um denjenigen nicht erst auf den Gedanken zu bringen. Setareh sprach auf meine Frage dazu sehr erregt, es war, als sei ein Staudamm gebrochen, ihre ganze Verzweiflung kam zum Ausdruck, auch die Wut auf das Leben, die Sinnlosigkeit des Lebens.

»Etwas besseres als den Tod findest Du allemal«, sagten die Bremer Stadtmusikanten, als sie sich schließlich aus ihrer Einsamkeit zusammenfanden. Eine große Gefahr für den allein Verzweifelten liegt bei dem Gedanken, kein Mensch braucht ihn. In solchen Zeiten kann der nächste Tag und können die vielen folgenden, an denen man nicht verabredet ist, die ohne Ziel sind, zur unerträglichen Last werden. Es ist also wichtig, die vorhandenen Bindungen bewußt werden zu lassen, Brücken zum folgenden Tag, zur kommenden Woche, zur nächsten Verabredung zu bauen. Über den Sinn des Lebens ist in einer verzweifelten Verlustsituation nur schwer nachzudenken. Noch ein Irrtum liegt in der Hoffnung des möglichen Selbstmörders auf Unsterblichkeit, und sei es die in Schuldgefühlen naher Angehöriger. Diese Sehnsucht ist ein Trugschluß. Wer die Lebenden so zurückläßt, erlebt keine Liebe mehr. Er wird beerdigt, und das Leben geht auch ohne ihn weiter.

»Zurück in die Zukunft«

Liebe Frau Schubert! Ihr Brief war ganz schön, und ich hab mich sehr darauf gefreut. Sie sind so gut, und so nett, und ich weiß nicht, wie ich mich bei Ihnen bedanken soll. Ich hab zwei oder dreimal Andrea angerufen, aber ich hab sie nicht erreicht. Außerdem, wenn ich sie erreicht hätte, dürfte ich nicht jeden Tag rausgehen. Ich hoffe, ich kann Andrea in den Winterferien erreichen und sie drum bitten.

Ich muß sagen, die Weihnachtsferien waren für mich zu langweilig. Ich bin zweimal oder dreimal rausgegangen. Ich hab mit Anita Weihnachten gefeiert. Es war schön.

Wir waren auch einmal im Kino. Der Film war ganz schön. Ich denke, Sie haben bestimmt den Namen gehört »Zurück in die Zukunft«. Ich hab mich nicht viel zu Hause mit den anderen unterhalten. Jaja, wenn die anderen keine Lust haben, dann habe ich auch keine Lust. Sie wollten wissen, wie bei uns gefeiert wird.

Unser neues Jahr ist in den Osterferien, und dann sind wir im Jahre 1369. Wir haben zwei Wochen Ferien, und wir gehen alle Bekannten und Familien besuchen. Wir haben keinen Baum. Wir decken einen Tisch mit sieben Sachen, die mit »s« anfangen, und vorher kriegt man Geld und kann neue Kleidung für das neue Jahr kaufen. Dann, im Neuen Jahr kriegt man von den Eltern viel Geld oder Geld in Form von Geschenken. Das ist unser Neues Jahr.

Ah, ich hab Ihre Postkarte Samstag gekriegt, Sonntag arbeite ich, und als ich nach Hause gekommen bin, habe ich die Postkarte gesehen, und es war zu spät, Sie anzurufen. Ich wollte Sie anrufen, aber vielleicht schlafen Sie schon, und ich möchte nicht stören.

Ich freue mich schon auf morgen, weil ich Sie wieder sehe und mit Ihnen reden kann. Ich wünsche Ihnen ein frohes Neues Jahr!
Setareh, 7.1.1990

8.1.1990

Liebe Setareh,
nun beginnen wir ein neues Jahr. Es war schön, Dich heute wiederzusehen. Zum Reden war noch nicht so viel Zeit, weil Du das Diktat noch einmal geschrieben hast. Aber bald ist wieder Zeit.

Wozu speziell danken? Ich lerne gern mit Dir, und der »Dank« ist, daß Du Dein Leben lebst und Deinen Weg findest. Später einmal hilfst Du jemand und hast Deine Freude dabei. Mir haben auch viele Menschen geholfen. Was man Positives erlebt hat, wächst und beginnt zu blühen, wenn man es weitergibt.

Wahrscheinlich hast Du Andrea nicht in der genannten Zeit angerufen. Ich weiß, es ist sonst sehr schwer, sie zu erreichen. Sie lernt sehr viel für die Universität. Ich weiß nicht, ob sie in den Winterferien kann, denn dann ist an der Universität noch Hochbetrieb. Aber wenn Du ihr schreibst, wird sie sicher versuchen zu ermöglichen, was irgend möglich ist.

Nein, den Film kenne ich nicht. Ich finde keine Zeit, ins Kino zu gehen, lasse mir aber gern Filme erzählen.

Es war für mich sehr interessant, vom Jahr 1369 zu hören, und wie man das feiert. Es ist bei Euch das wichtigste Fest am Jahresende? Wenn Du nun hier lebst, hast Du ja ein Fest dazugewonnen! Mit den Geldgeschenken gibt es sicher auch große Unterschiede zwischen den Armen und den Reichen? Ich bin überrascht, wie lange die Karte gebraucht hat, die ich Dir geschrieben habe – eine Woche im 20. Jahrhundert mitten in Europa. Vielleicht kam sie mit einem Pferd?

Wenn ich Deinen Brief lese und mich an das erinnere, was Du von den Ferien erzählt hast, ist aber doch einiges gewesen, nicht zuletzt hast Du viel gelesen, telefoniert, gearbeitet, bist im Kino gewesen.
Ödön von Horvath hast Du leider nicht gelesen.[21] Weißt Du eigentlich, daß jeder Tag unseres Lebens unwiderruflich ist, wir verwenden ihn oder versäumen ihn. Es ist ein Tag unseres Lebens. Ich versuche für mich selbst aus jedem Tag etwas zu machen, so daß ich am Abend denke: »Ach, das war ein guter Tag.«

Heute war ein guter Tag, ich habe viele Schüler wiedergesehen, wir haben uns wiedergesehen, Dein Diktat war viel besser als das letzte Diktat, 14 Fehler weniger. In Deinem Brief waren weniger Fehler als bisher. Nach der Schule fand ich eine günstige Mitfahrgelegenheit, denn ich hatte das Auto wegen der angekündigten Eisglätte zu Hause gelassen. Und für die VZ[22] habe ich auch pünktlich den Film bekommen, den ich wollte. Weil Mario[23] fehlte, haben den auch viele Schüler gesehen, da hat sich das Vorspielen gelohnt. Was meinst Du zu dem Film? Hat es einen Sinn, solche Schrecklichkeiten vom Völkermord der Nazis im Dritten Reich zu zeigen? Wie ist so ein Film für Dich?

Ich glaube, Du kannst auch lernen, Deine Tage trotz der Widrigkeiten zu lohnenden Tagen zu machen. Wir selbst haben ja vor allem die

---

21 »Jugend ohne Gott« von Ö. v. Horvath, die derzeitige Deutschlektüre.
22 »Verfügungszeit«, ein Kurs, in der Mittagszeit von Sb veranstaltet, mit dem Thema »Filme zur Geschichte«.
23 Einzelfallhelfer, der einen Parallelkurs leitet.

Verantwortung für das, was wir einmal sind und werden. Oder wie siehst Du das?

Laß es Dir gutgehen, spare Dir Umwege und Wiederholungsfehler und bleib so eine liebe und kluge und feinfühlige Setareh. Sb

Liebe Frau Schubert!
Ich muß sagen, heute war ein schöner Tag für mich. Es hat viele Gründe. 1. habe ich von Ihnen so schnell Post erhalten, 2. habe ich Frau T. etwas gefragt, das für mein ganzes Leben wichtig war oder ist: Ich habe dieses Mal auch in der Fächergruppe zwei zu wenig Punkte, und ich dachte, wenn jemand zu wenige Punkte hat, kann er nicht seinen Kurs tauschen, aber als ich sie heute gefragt habe, sagte sie, daß es nicht stimmt, und ich muß mich nun für dieses Quartal ganz schön anstrengen. Ich muß es schaffen. Diese Antwort hat mir nochmal viel Mut gegeben. Ich werde es schaffen. Eigentlich ist komisch. Ich hab mir nie im Iran über meine Noten Gedanken gemacht.

(Du wirst erwachsen.)
Aber jetzt ist diese Zeit zu Ende. Und ich werde meinen Weg finden. Es ist ein unheimlich schönes Gefühl, wenn ich denke, daß ich alles schaffen werde, aber ich hab manchmal Angst, vielleicht schaffe ich es auch nicht? Eigentlich wollte ich Sie fragen, ob Sie auch Deutsch und Geschichte in der Oberstufe unterrichten? Ich muß mich in der Rechtschreibung sehr bemühen.

Ich wollte wissen, wie dieses Buch hieß, daß Sie mir gegeben haben, und ob man es ausleihen kann?

(Welches Thema?)
Sie haben nach unserem Neuen Jahr gefragt. Ja, das wichtige Fest genau am Ende des Jahres. Ja, es ist unterschiedlich, bei den Reichen und den Armen. Aber das ist unsere Sitte. Und weil die Armen weniger Geld haben, darum schenken sie ihren Kindern weniger Geld. Ich war auch ganz überrascht, weil Ihre Postkarte nicht kam. Ich dachte, vielleicht ist mein Brief nicht angekommen. Ich denke manchmal, daß die Briefe in andere Länder mit dem Pferd transportiert werden. Was denken Sie, wie viele Tage es dauert, bis die Briefe im Iran ankommen? Mindestens 20 bis 30 Tage.

Montag war ganz gut, Sie mal wieder zu sehen. Ich hab Sie wirklich vermißt. Es war ganz schön, daß Montag so viele dabei waren. Der Film zeigte die Wahrheit. Ich kriege manchmal Angst, vielleicht passiert sowas nochmal. Wie Sie wissen, gibt es noch viele Nazis in Deutschland. Aber der Film hat echt die Wahrheit gezeigt, und wie die Leute das alles überlebt haben, sie haben von ihren eigenen Erfahrungen gesprochen.

Ich möchte Sie etwas fragen, was für mich wichtig ist. Aber ich kann es Ihnen einfach nicht sagen oder schreiben. Lassen wir es! Aber vielleicht habe ich den Mut und kann am Montag mit Ihnen darüber reden. Nein, ich weiß es noch nicht. Ich muß nochmal überlegen.

Schön, morgen ist Mittwoch, und wir haben bis 12 Uhr 40 Schule. Ich hab morgen Mathe. Ich habe mir vorgenommen, ganz gut zuzuhören. Das erste Mal ist das ganz gut gelaufen. Ich hoffe, das zweite Mal wird es auch so. Heute ist Mittwoch. Ich hab einen Punkt weniger als letztes Quartal in Mathe gekriegt, aber ich hab in der Englischarbeit 12 Punkte geschrieben.

Ich hoffe morgen sehen wir uns bei der Ausstellung. Ich werde mir viel Mühe geben und mehr lesen. Vielen Dank für Ihren Rat. Dann bis zum nächsten Brief. Setareh, 10. 1. 1990.

12. 1. 1990, 6 Uhr 30

Liebe Setareh,
heute kommt nur kleine Post und keine Korrektur, sonst käme keine. Es ist schon so spät, und ich muß gleich losfahren. Schau noch mal Deinen Brief an, vielleicht findest Du selbst einen Fehler, bevor ich es ansehe, nimm ruhig Farbe, dann sehe ich es auch.

Es hat mich sehr gefreut, daß Du so einen schönen Tag hattest und eine Ahnung von Deiner eigenen Kraft. Wenn Du ein Ziel hast, nicht nur einen vagen Wunsch, werden viele Dich gern unterstützen.

Ich freue mich auf unser Gespräch. Hast Du Angst, etwas zu verlieren können, daß Du so zögerst? Oder (und?) hängt es mit meiner Postkarte zusammen? Der gerade Weg ist manchmal der kürzeste. Erfreulich ist Deine Notenentwicklung, von der Du berichtest. Was willst Du mehr lesen, Horvath? Das wäre gut. Mühe geben, das ist auch gut, aber sehr wichtig ist, mit jemand offen zu sprechen, wenn man zaghaft wird und der Weg nach vorn neblig wird und beschwerlich. Hier liegt für die meisten Menschen ein wichtiges Problem. Es liegt nicht am guten Willen, sondern an mangelnder Wegkunde – wie also soll man mit Schwierigkeiten umgehen, wie die üblichen Steine aus dem Weg räumen? Jetzt ist die Tintenpatrone alle. Bis bald. Sb

Liebe Frau Schubert!
Ihr Brief hat mich dieses Mal nicht sehr gefreut. Sie haben keinen langen Brief geschrieben. Ja, ich weiß, Sie haben keine Zeit. Aber lange Briefe

gefallen mir sehr viel besser als kurze Briefe. Naja, morgen ist Montag, und wir sehen uns wieder.

Mario fehlt morgen. Und wir werden daher zehn oder zwölf Leute sein.

Gestern habe ich bei McDonald an der Kasse gearbeitet. Es war schön. Aber gestern habe ich auch meinen Gehaltscheck gekriegt, und alles war falsch. Sie haben einfach zwölf Stunden nicht gerechnet. Heute war ich nochmal dort. Unser Personalchef wollte es gar nicht zugeben, daß er für zwölf Stunden kein Geld bezahlt hat, dann nach einer Stunde hat er es endlich zugegeben. Naja, aber ich war nicht die einzige, die sich beschwert hat. Ich weiß nicht, was ich schreiben soll. Dann bis morgen.

15. 1. 1990

Liebe Setareh,

es war wirklich so, daß ich nur wenig schreiben konnte. Als ich Deinen Brief las, Du habest Dich nicht gefreut, dachte ich: Dann kann ich es mir das nächste Mal auch sparen, mich so abzuhetzen. Wozu schreibe ich einige Gedanken und Hinweise, wenn sie sich dann beschwert? Vielleicht nimmst Du mich so, wie ich bin? Umgekehrt will ich es auch so machen. Oder was meinst Du?

Eine wichtige Frage läßt Du unbeantwortet. Ob ich wieder lange schreibe? Wenn Du immer längere Briefe erwartest, habe ich keine Lust, viel zu schreiben. Es geht doch um den Inhalt, oder? Ich freue mich auf unser Gespräch heute. Gerade habe ich noch alle Fehler korrigiert. Schön, daß so viele kommen zur VZ! Sb

Beste Grüße – und gute Besserung für Deine Rechtschreibung. Noch eine Buchempfehlung »DDR – 50 Geschichten aus dem Alltag«, es kostet etwa 2,50 Mark. Wie der Teufel hinter der armen Seele – so könntest Du Geschichtskenntnissen hinterherlaufen. Oder bist Du dafür zu zart? Du wolltest den Buchtitel zum Diktatüben, er lautet Diktatbuch »Orthographie«, es ist in der Mediothek.

Heute haben wir uns sehr gut unterhalten. Du hast mir vom geplanten Besuch Deiner Mutter erzählt und dem Problem, wer für sie gegenüber den Behörden bürgt.

Du hast von der Fragwürdigkeit des Wissens gesprochen, das heute jungen Menschen vermittelt wird, z. B. habe Anita über Maria gelernt, sie sei verheiratet gewesen, und ihr habt gelernt, sie sei Jungfrau gewesen, die ein Kind vom Heiligen Geist empfangen habe. Bei uns erfahren die wenigsten Schüler etwas über die islamische Religion. – Ich wußte auch nicht, daß Du außer Persisch auch noch Arabisch kannst. Ich erfuhr von Dir von den Eseln und Kindern im Minenfeld, von acht Jahren Krieg des Onkels. – Bis bald. Sb

Liebe Frau Schubert!
Es war schön, mich mit Ihnen zu unterhalten. Ich muß sagen, wenn ich mich mit Ihnen unterhalte oder Ihre Briefe lese, werde ich ganz froh.

Ich muß sagen, daß ich es mit dem Brief nicht so gemeint habe. Ich meine, ich lese gern lange Briefe. Ich weiß, wieviel Mühe es ist, am Morgen früh Briefe zu schreiben. Ich hab es wirklich nicht so gemeint. Ich lese gern Ihre Briefe, ob sie lang sind oder kurz. Ich hab mich sehr gefreut, daß ich mit Ihnen über die Einladung reden konnte.[25] Ich hab eine Einladung gefunden, ich lasse sie in meinem Heft. Ich hoffe, es geht. Aber ich hab mir vorgenommen, wenn es nicht klappt, werde ich bei allen Leuten nachfragen. Ich möchte sehr gern meine Mutter wiedersehen. Ich wollte sagen, wenn Sie wollen, gibt mein Bruder Ihnen eine Unterschrift, daß er für alles verantwortlich ist, und wenn man 1000 DM oder 2000 DM da lassen muß, daß diese Frau nicht in Deutschland bleibt, gibt er Ihnen das Geld bar. Wenn sie wieder in den Iran zurückgeht, dann kriegen Sie das Geld wieder von der Polizei zurück.

(Du hast Dir alles ganz genau überlegt.)
Wie Sie wissen, in Deutschland gibt es nur Papiere. Man hat für alles mit den Papieren zu tun. Aber wenn alles nicht klappt, dann muß ich versuchen nach dem Iran zu fahren, um meine Mutter wiederzusehen. Seit mein Vater tot ist, hab ich jeden Tag Angst, daß vielleicht meine Mutter auch stirbt. Es ist ein komisches Gefühl.

Ich denke, wenn ich nicht in Ihrem Kurs wäre, hätte ich Sie auch nicht kennengelernt, und könnte mich mit niemanden unterhalten. Ich hab hier ein großes Glück gehabt.

(Ich auch.)
Schön, morgen haben wir Deutsch. Ich freue mich, daß wir vielleicht einen Aufsatz schreiben werden. Ich schreibe gern, und ich will versuchen, daß ich ganz wenig Grammatikfehler schreibe. Ich muß dieses

---

25 Es geht um eine formelle Einladung an die Mutter aus dem Iran: Damit sie ausländerrechtlich als iranische Staatsbürgerin zu Besuch kommen kann, muß es einen deutschen Bürgen geben. Alle Bekannten hatten abgelehnt, für das Kommen der Mutter zu bürgen, weil das zu unterschreibende Formular der Fremdenpolizei so bedrohlich klingt, als habe man selbst möglicherweise finanziell oder im Hinblick auf das Verhalten in einem allgemein diffusen Umfang zu bürgen. Sb hatte sich bereit erklärt, diese Bürgschaft eventuell zu übernehmen.

Jahr alles schaffen. Wir haben heute einen kleinen Mathetest geschrieben, und ich hab 12 Punkte gekriegt. Es ist wenig, aber für dreimal zuhören ist es gut.

(Das verstehe ich nicht.)

Ich muß nach den Winterferien meinen Mathe- und Englischkurs wechseln. Es ist schade. Nochmal neue Gesichter von anderen Mitschülern zu sehen, aber ich kenne jetzt mehrere Leute.

Ich hab heute dieses Diktatbuch ausgeliehen und werde die ganzen Seiten üben und jede Seite einmal schreiben, und wenn es nötig ist, zwei oder dreimal. Ich muß im nächsten Quartal mehr mitmachen.

(Wichtig! Urgent!)

Ich hoffe, daß es für nächsten Dienstag klappt. Dann bis zum nächsten Brief.

16. 1. 1990

Liebe Setareh,

Dein Brief machte mich fröhlich, weil ich das Gefühl habe, Du hast mich gut verstanden. Ich habe wieder richtige Lust zum Schreiben bekommen, ob nun lang oder kurz, gerade wie mir zumute ist.

17. 1. 1990 Gern unterstütze ich Dich mit der Einladung Deiner Mutter. Die rechtlichen Verhältnisse sind so, wie sie sind. Zufällig erfülle ich offenbar die rechtlichen Voraussetzungen. Du würdest an meiner Stelle auch so handeln. Also, trage den Namen Deiner Mutter und die Zeit des Aufenthaltes ein, schreibe mir die Adresse auf, an die dieses Formular beim Senat geschickt werden muß. Ich fülle dann den Rest aus und schicke es gleich weg, damit alles gutgeht. Herzlich willkommen für Deine Mutter!

Mit dem Diktatüben, das finde ich gut. Übe bitte die Diktate, die mehr als 200 Wörter haben. Das ist das Anforderungsniveau der 10. Klasse. In den *Sommer*ferien kannst Du auch andere Diktate üben.

Ich finde es auch einen glücklichen Zufall, daß Du gerade in meinem Kurs angekommen bist. Andererseits bin ich überzeugt, jeder andere Lehrer/in hätte auch sehr gern mit Dir zu tun gehabt. Wenn *Du* das möchtest, wenn Dir daran liegt und Du nicht bei der ersten kleinen Entmutigung aufgibst, sondern die Klippen, die in jeder Beziehung auftauchen, überwindest, wirst Du viele liebenswürdige Menschen als Gesprächspartner und Freunde kennenlernen. Sehr gern bin ich Dir auch bei der »Klippenkunde« – das Wort habe ich gerade für uns gefunden – behilflich.

Deinen Aufsatz über das friedliche Zusammenleben habe ich gern gelesen, er enthält sehr wichtige Gedanken. Wie gefielen Dir die Gedanken der anderen? Mir ging es so: Ich freute mich sehr, welch erwachsene und freiheitliche, einfühlsame Überlegungen sich die Schüler/innen machten. Eine erfreuliche Entwicklung in den vier gemeinsamen Schuljahren. Es braucht manchmal einen sehr langen Atem, um ein Ziel zu erreichen. Manchmal liegt es noch so weit entfernt, daß man meinen möchte, es wäre unerreichbar. Du selbst hast ja in den ersten Deutschstunden in der Lerngruppe erlebt, daß es nicht immer so war. Du hast das ja noch auf Persisch in unser Lerngruppenheft notiert mit wunderschöner Kalligraphie.

Jeder von uns braucht auch Geduld und Wohlwollen mit sich selbst, sonst gelingt alles viel schwerer, oder man verliert den Mut. Wenn man merkt, daß man den Mut verliert, ist es gut, sich diesen wieder bei einem Menschen, dem man vertraut, zu holen. Manchmal sieht jemand von außen genauer, was sich gerade abspielt. Während man selbst durch tiefe Täler oder weite Ebenen geht, hat der andere aufgrund seines Abstandes manchmal den besseren Überblick.

Deswegen bringt es auch so viel, mit anderen (Lehrern, Schülern, Freunden) zusammenzuarbeiten. Wir helfen einander und sind so weniger allein. Du merkst, heute habe ich lauter grundsätzliche Gedanken...

Zu Deinen Bedenken zum Kurswechsel in Mathematik und Englisch: Im neuen Kurs, auch in seiner personellen Zusammensetzung, liegt auch eine gute Chance. Du machst so einen Schritt voran – aus der Geborgenheit in verschiedenen anderen Zusammenhängen. Du wirst auch andere Schüler kennenlernen, andere Lehrer. Wenn Schwierigkeiten auftreten – wie in jedem normalen Leben –, wirst Du eben lernen, damit umzugehen. Du wirst die Hindernisse und Klippen überwinden. Dazu sind die da. Die Steine auf unserem Weg sind dazu da, weggeräumt zu werden! Ok?

Im Augenblick führe ich Abituraufsicht. Wenn ich abgelöst werde, fahre ich nach Oranienburg/Sachsenhausen, um mir alles für unseren Ausflug am Dienstag schon einmal anzusehen. Hoffentlich klappt alles, vor allem muß ich sehen, pünktlich zum Geschichtsblock wieder da zu sein, um Euch etwas über die deutsche Geschichte aus dieser Zeit beizubringen.

Ich darf nicht vergessen anzusagen, daß sich alle warm anziehen und gute Laufschuhe tragen sollen beim Ausflug. Wir werden viel im Freien sein. Erinnerst Du mich daran? Einmal habe ich es schon vergessen. Danke! Bis bald. Sb

P.S. Soll ich die Fehler nach Typen sortieren, z. B. Grammatik, *Aus*druck, *R*echtschreibung, Zeichensetzung?

Erste Belastungsprobe

Ihr Brief aus den Ferien hatte den Ernst der Situation, in der sie sich vor Weihnachten befand, bestätigt. Nach den Winterferien scheint sie über den Berg zu sein. Sie sieht entspannter aus, spricht wieder mit Banknachbarn, sitzt in den Pausen mit den anderen zusammen. Es ist, als lasse sie sich jetzt mehr auf ihr Leben hier ein, assimiliere sich auch kulturell, indem sie sich mit den Gemeinsamkeiten und Unterschieden auseinanderzusetzen beginnt. So vergleicht sie die Art, das Weihnachtsfest in ihrem Land und in Deutschland zu feiern. In einem Brief setzt sie sich mit der Religion auseinander. Ob es stimme, was sie in ihrer islamischen Heimat über Religion erfahren habe, oder das, was ihre christliche Freundin gehört habe?

Nachdem für sie vor Weihnachten jedes Unterrichtsthema weit weg war, beginnt sie nun in der Schule wieder zu lernen. Nahm sie früher mangelhafte Arbeitsergebnisse sehr schwer, so hört sie nun den Fortschritt, wenn ich ihr sage, daß sie bei einem Deutschdiktat, das mit »Ungenügend« (6) zensiert werden mußte, immerhin 14 Fehler weniger hat als beim letzten. Sie orientiert sich aktiv fragend bei der für sie zuständigen Lehrerin im Rahmen der Schullaufbahnberatung über ihre weiteren Möglichkeiten. Sie freut sich, als sie von der Möglichkeit des Kurswechsels erfährt. Damit sieht sie offenbar eine Chance, ihre alten Schulpläne wieder aufzugreifen. Sie erkundigt sich daher, ob ich auch in der Oberstufe unterrichte. Ihr Blick geht nach vorn.

Mein Eindruck ist, sie beginnt sich wieder in ihrem Leben zurechtzufinden. Da gibt es einen ersten Konflikt zwischen uns, eine Belastungsprobe unserer Beziehung. Sie ist sauer, weil ich nur einen kurzen Brief – morgens um 6.30 vor der Schule! – geschrieben habe. Ihr paßt nicht, daß ich ihren letzten Brief nicht sorgfältig und pünktlich wie bisher korrigiert habe. Ihre selbstverständliche Erwartung gefällt mir nicht, ich fühle mich gezwungen. Ich weiß, sie freut sich über lange Briefe. Auch ich lese ihre Briefe gern. Etwas anderes schwingt da mit, es klingt beleidigt, wenn sie schreibt: »Ja, ich weiß, Sie haben keine Zeit.« Das ist keine Zusammenfassung ihrer bisherigen Erfahrung mit mir, das ist eine Verhaltensweise, die nur aus ihrer persönlichen Erwartung an ihr nahestehende Menschen stammen kann. Sie hat Appellcharakter, offenbar den Sinn, den anderen zu mehr, zu dauernder Zuwendung zu veranlassen. Sie wird noch nicht ahnen, daß sie in der Außenwelt eine andere, gegenteilige Wirkung als bei Vater und Mutter hervorruft. Diese wandten sich ihr, anscheinend veranlaßt durch Kritik, mit besonderer Bemühung zu. Ihre Reaktion lähmt jede Spontaneität bei mir. Ich will und werde diese Rolle nicht spielen, es wäre Beihilfe zu einer Lebenslüge.

Ich thematisiere also die Wirkung dieser eher kindlichen Haltung auf mich offen, sie gewinnt so den anderen nicht wirklich für sich. Vielleicht reagiert er in ihrem Sinn, aber es kommt nicht von Herzen und nützt ihr nichts, wenn er sich unterzieht. Es kann ihr überall im Leben passieren, daß sie den anderen so gegen sich einnimmt. Ich wehre mich gegen ihren Anspruch, freundschaftliche Zusammenarbeit und wirkliche Beziehung geht nur auf der Basis der Freiwilligkeit. Sie erschrickt, sie will mich nicht verlieren. Dann, bedauernd, aber doch verstehend, zieht sie die erwachsene Konsequenz: Sie gewährt mir die Freiheit, ihre Briefe so lang oder kurz zu beantworten, wie ich das möchte.

Nach meiner Erfahrung entsteht Beziehung erst in der Auseinandersetzung. Dies gilt für Beratungen und natürlich auch in Therapien. Eine vertrauensvolle Beziehung entsteht gerade dann, wenn solche Erfahrungen miteinander auch thematisiert werden. Der große Schreck vor dem Beziehungsabbruch erwächst aus der früheren Erfahrung in vielen Familiensituationen; er ist verständlich. Aber er ist nicht zu umgehen. Gelingt es, die zwischenmenschliche Dynamik verständlich zu machen, kann dies entscheidende, emotional korrigierende Erfahrung werden. Der Hilfesuchende kann sich dann aufgrund seiner eigenen Erfahrung in einer solchermaßen gleichwertigen Beziehung darauf verlassen, auch schwierige Konflikte sind zu bewältigen, sie werden nicht unter den Tisch gekehrt – eine Erfahrung, die nur wenige aus ihrer Kindheit mitbringen.

Die erste Auseinandersetzung hat unsere Beziehung gefestigt.

»Wenn ich eines Tages meinen Weg finde...«

Liebe Frau Schubert!
Wir hatten heute Geschichte gehabt, aber leider war niemand in der Stimmung. Es war ein Schock, so etwas zu hören.
(Die Schüler wurden über den Selbstmord einer Lehrerin, Frau B. – Mutter zweier Kinder – informiert, bei der sie am Tag zuvor noch Unterricht hatten. Sie war Stammgruppenlehrerin in diesem Jahrgang.)

Ich freue mich auf Montag und Dienstag. Wissen Sie, was ich gedacht habe, als ich das Heft aufgemacht und die Einladung gesehen habe? Ich dachte, Sie haben auch »Nein« gesagt. Aber als ich Ihren Brief gelesen habe, war ich überglücklich. Ich möchte mich bei Ihnen bedanken.

Ich weiß nicht, wie ich Ihnen danken soll. Tausendmal Danke. Ich schreibe den Namen und die Adresse auf. Ich denke, es ist besser, wenn Sie alles selbst ausfüllen.

Wenn Sie alles ausgefüllt haben, dann muß das Einwohnermeldeamt einen Stempel darauf machen, daß die Unterschrift die Ihre ist. Ich denke, man muß in diesem Amt zehn oder 20,– DM – oder wieviel es ist – wegen des Stempels bezahlen. Wenn Sie das gemacht haben, dann können Sie das bitte sagen, und ich bezahle Ihnen das Geld. Ich wollte eigentlich, daß sie zu Ostern kommt, aber im Iran muß man vier Monate für den Termin von der Botschaft warten. Und so schafft sie es nicht für den Ostertermin. Dann können Sie die Zeit von 1. 7. 1990 bis 1. 10. 1990 schreiben. Wenn man drei Monate beantragt, dann kann Sie für einen Monat ein Visum kriegen. So ist das Leben im Iran.

Ich muß mich nochmal bei Ihnen bedanken. Können Sie sich vorstellen, wie glücklich ich bin? Wenn ich auch eines Tages meinen Weg finde, werde ich auch allen Leuten helfen, wie Sie das machen.

Morgen habe ich den letzten Block Mathe, nun nicht mehr bei Frau B. Wie schrecklich ist es, wenn man jemanden verliert. – Sie war doch eine gute Lehrerin. Gott sei Dank habe ich auf Sie gehört, sonst hätte ich auch das gleiche getan.

Heute ist Samstag, der 20. 1. 1990. Es ist 22 Uhr, und ich bin noch wach. Ich bin gerade von der Arbeit gekommen. Heute war es nicht so toll, wie ich mir alles vorgestellt habe. Ich hatte heute 25 DM zu wenig in der Kasse. Jetzt muß ich das ganze Geld bezahlen. Naja, aber deswegen mache ich mein Wochenende nicht kaputt. Aber ich bin auch ganz schön entsetzt. Wieso habe ich 25 DM zu wenig? Ich rechne immer ganz genau.

Montag kommt Mario auch nicht, und wir sind bestimmt elf Leute in der VZ. Ich wollte Sie etwas fragen, wenn wir Dienstag einen Ausflug machen, kann jemand mitkommen? Anita und Christian wollen gern mitkommen, weil ihre Lerngruppe keinen Ausflug macht. Ich freue mich schon auf Montag.

(Du machst kaum noch Fehler, vor allem viel weniger Grammatik-fehler. Das finde ich sehr gut.)

Liebe Setareh,

vielleicht bekomme ich heute nachmittag noch die Bestätigung meiner Unterschrift auf dem Polizeiabschnitt – je nachdem, wie lange heute die Deutsch-Gesamtkonferenz für die 10. Klasse geht. Sonst gehe ich Donnerstag hin. Sobald ich den Stempel habe, schicke ich den Brief per Einschreiben an Deine Mutter, mit dem Flugzeug hoffe ich – nicht mit dem Maulesel.

Noch mal etwas zum Lokalbesuch in Oranienburg im »Gesellschaftshaus« – das war nicht so ein Tempo wie bei McDonald oder Burger King. Das ging ruhiger zu. Beim Essen Ruhe zu haben, überhaupt im Leben, das hat auch viel für sich, wenn man ein aktives Leben in Auseinandersetzung mit der Umwelt führt. Einige aus dem Kurs waren mit der Bedienung, dem Lokal und dem Essen dort unzufrieden.

Azeddin meinte dazu: Haben die vergessen oder nicht verstanden, was sie gerade in Sachsenhausen gesehen haben? Es war auch schwer, das aufzunehmen, was da zu sehen und zu erfahren war. Den meisten war es zuviel, von der Ausstellung »Vom Befreiungskampf der europäischen Völker« noch etwas zu sehen. Am Donnerstag in Geschichte wird es um die Frage gehen, wie das möglich war und vielleicht vermeidbar wird.

25.1.1990

Mit der Wartenummer 313 sitze ich im Warteraum meines zuständigen Polizeiabschnitts und habe gerade versucht, in Deinem letzten Brief ein paar Fehler zu finden. Gerade war die Nummer 298 dran, nun springt die Zahlenanzeige auf 301 um. Ich bin auch froh, Dir behilflich sein zu können. Hoffentlich klappt alles so, wie wir das hoffen, und nichts kommt dazwischen.

Gestern auf der Deutsch-Gesamtkonferenz (es ging sehr lange!) haben wir darüber gesprochen, daß viele Schüler nicht so gut auf die Arbeitsweise in der Oberstufe vorbereitet sind. Sie erhalten z. B. hohe Punktabzüge bei jeder Arbeit wegen Zeichensetzungs- und Grammatikfehlern. Ich habe vorgeschlagen, im kommenden Halbjahr einen VZ-Kurs anzubieten: »Vorbereitung auf die Oberstufe«. Nun will ich sehen, ob sich das in der Großgruppe machen läßt und ob es genügend Interessenten gibt. So ein Kurs würde mir viel Arbeit machen – mehr als die VZ – »Filme zur Geschichte« – aber ich würde das gern machen und mir viel davon versprechen. Auch reizen mich neue Vorhaben, die schwierig sind. Ich mache mir gern Gedanken zu solchen Problemen. –

Ich habe mich gefreut, daß Anita und Christian mit in Sachsenhausen waren und daß Azeddin auch gekommen ist.

Jetzt haben wir schon viele gemeinsame Lern- und Wissenserlebnisse, auf die wir in unseren Gesprächen zurückgreifen können. Die Fotos sind auch schon fertig.

Jetzt ist die Nummer 308 dran, und bald werde ich an der Reihe sein.

Liebe Frau Schubert!
Als ich Ihren Brief las, bin ich ganz froh geworden. Ich weiß nicht, wie ich Ihnen danken soll. Ihre Idee mit diesem Kurs finde ich ganz gut. Ich denke, alle wollen ein bißchen Informationen über die Oberstufe haben. Ich weiß, daß dieser Kurs Ihnen viel Mühe macht.

Letzte Nacht habe ich mit meiner Mutter gesprochen, sie hat die Einladung gekriegt. Sie hat gesagt, daß sie Sie gern sehen würde, wenn sie nach Deutschland kommt, und hat sich bedankt.

Die Winterferien waren gut. Ich war meistens zu Hause und habe viele Bücher gelesen. Vor den Ferien habe ich acht Bücher von der Bücherei ausgeliehen und habe alles zu Ende gelesen.

Ich habe Sie am 27., 28. und 30. angerufen. Niemand war zu Hause. Ich wollte mich bei Ihnen bedanken. Ich bin todmüde. Heute haben wir den Geburtstag von meiner Schwester gefeiert. Es hat Spaß gemacht. Ich möchte Sie einmal zum Abendessen einladen. Können Sie bitte schreiben, wann Sie Zeit haben?

Bitte schreiben Sie im nächsten Brief. Meine Schwester will in einem Monat heiraten. Ich denke, wenn sie geht, dann bin ich ganz alleine. Glücklicherweise habe ich eine so nette Lehrerin. Hoffentlich feiert sie eine Hochzeit, und ich kann Sie einladen.

Eigentlich waren die Winterferien ohne Streit. Nur am ersten Tag habe ich mich ganz ernst mit meinem Bruder gestritten. Hoffentlich hört er mit seinen Befehlen einmal auf. Ich rede nicht so viel mit ihm. Als nach zwei Tagen der Streit fertig war, habe ich mich bei ihm entschuldigt. Ich weiß nicht, wieso habe ich das gemacht? Manchmal denke ich, ich bin ein bißchen verrückt. Ich hatte recht gehabt. Ich kann nicht sehen, wenn jemand traurig ist. Deswegen habe ich mich bei ihm entschuldigt. Aber diesmal bin ich ganz tapfer geblieben und habe nicht geweint. Aber seine Worte haben meine Herz gebrochen. Lassen wir das!

Ich hoffe, Sie haben einen guten Urlaub gehabt. Ich freue mich schon auf morgen. Ich freue mich, daß ich Sie wiedersehen kann. Setareh

11.2.1990. Heute ist Montag, und ich bin in der Bücherei. Sie sind nicht gekommen, und Deutsch ist ausgefallen. Ach, ich habe mich so gefreut, Sie wieder zu sehen. Wenn ich zu Hause bin, rufe ich Sie an.

Jetzt bin ich zu Hause und habe Sie angerufen. Hoffentlich können Sie Donnerstag kommen. Ich wünsche Ihnen gute Besserung. Ich lasse das Geld von dem Brief hier, weil ich Sie bis Montag nicht allein sehen kann.

Ich muß viele Englischwörter raussuchen. Heute ist Mittwoch. Ich weiß nicht, was ich machen soll. Ich hab meine Hausaufgaben gemacht. Ich hoffe, daß ich Sie morgen wiedersehen kann. Setareh, 14.2.1990

16.2.1990

Liebe Setareh, vielen Dank für Deine beiden Briefe. Schreibst Du eigentlich lieber mit Kugelschreiber als mit Füller? Ich habe gerade neue Patronen in meinen Füller gelegt, in den Füller mit der roten Tinte.

Wir hatten uns ja lange nicht gesehen und gesprochen. Auch geschrieben hatten wir uns lange nicht. Ich habe mich gefreut, daß der Brief an Deine Mutter angekommen ist – offenbar wurde er doch mit dem Flugzeug und nicht mit dem Esel transportiert. Gern lerne ich Deine Mutter kennen, wenn sie Dich in Berlin besucht. Wartet Deine Schwester mit der Heirat bis zu dem Besuch oder heiratet sie vorher?

Als ich Deinen Brief las, sind mir viele Fragen gekommen, z.B. als erste Frage: Welche acht Bücher hast Du gelesen? Du machst mich neugierig, und dann erfahre ich nicht, welche Bücher Dich erfreuten und was Dir daran gefiel.

Ebenso erging es mir, als Du von dem Streit mit Deinem Bruder schriebst, der Dein Herz betrübte. Womit hattest Du recht? Was tat Dir so weh? Es wird andere Lösungswege geben, als tapfer zu sein, es wird einen Lösungsweg geben, der Dir weniger weh tut. Wir könnten darüber sprechen, wenn Du magst.

Du hast mich telefonisch nicht erreicht. Das war Zufall an den beiden ersten Tagen, denn ich war fast immer zu Hause. In den Ferien war ich ziemlich erkältet. Das begann schon am letzten Schultag, jetzt hört es langsam auf. Nun komme ich wieder in die Schule.

Dein Deutsch wird immer besser. In vielen Sätzen ist kein Fehler. Einige Fehler sind Flüchtigkeitsfehler. Immer wenn ich Deine Texte lese, fällt mir auf, wie oft im Deutschen ein Artikel verwendet wird. Vorher wußte ich das nicht. Wenn man eine Sprache als Muttersprache lernt, ist man sich ihrer Sprachstruktur nicht so bewußt. Durch Dich lerne ich mehr über die Eigentümlichkeiten der deutschen Sprache. Bis bald. Sb

Liebe Frau Schubert!

Endlich konnte ich einen Brief von Ihnen kriegen. Wir haben uns genau seit dem 25.1.1990 nicht mehr geschrieben. Es war schön, Sie wiederzusehen. Heute bin ich nach Hause gekommen, dann bin ich einkaufen gegangen und habe viel eingekauft.

Ich hab ein Mittel gegen gespaltene Haarspitzen gekauft, hoffentlich klappt es, weil nämlich mein Haar viele solche Haarspitzen hat, und ich will sie unter keinen Umständen nochmal abschneiden lassen.

Dann habe ich ein Englischwörterbuch gekauft und viele andere Sachen. Sie haben gefragt, ob ich gern mit Kugelschreiber schreibe. Ja und nein. Aber weil der Kugelschreiber immer bleibt – wenn man mit Füller schreibt und wenn etwas darauf tropft, dann ist alles weg – und weil dieses Heft viel Wert für mich hat, möchte ich es für immer haben. Darum schreibe ich lieber mit Kugelschreiber.

Meine Schwester wartet, bis meine Mutter nach Deutschland kommt.

Die Bücher, die ich gelesen habe: Der Düstere See, Ich glaubte, es wäre Liebe, Seit wir beieinander sind, Armes, reiches, kleines Mädchen, Anne auf Green Gabler, Anne in Avonlea, Anne in Kingssport, Anne in Windy Willows.

Ich werde das Buch, das Sie mir empfohlen haben, auch ausleihen. Morgen feiern wir die Abrißfete. Werden Sie auch kommen? Der Junge, den ich mochte, mag ich noch. Heute hörte ich, daß er mit seiner Freundin Schluß gemacht hat. Ich wollte eigentlich die Hoffnung aufgeben. Denken Sie, ich habe eine Chance bei ihm? Natürlich möchte ich mit Ihnen über meine Probleme reden. Hoffentlich reden wir nächsten Montag darüber. Morgen haben wir Deutsch. Ist das nicht schön? Dann bis morgen, Setareh!

Realität des Todes und des Lebens

Ende Januar hat sich eine Lehrerin, die in Setarehs Jahrgang verantwortlich eine Schülergruppe betreute, selbst getötet. Die Schüler erfahren es vom Hausmeister, Details werden bekannt. Ich bin in großer Sorge, ob nicht die betroffene Aufmerksamkeit, die diese Verzweiflungstat in der ganzen Schule auch unter den Kollegen zur Folge hat, Nachahmungstäter animieren wird. Ich kenne unter den Schülern aus Beratungs- oder auch Unterrichtsgesprächen einige, die Selbsttötung als Ausweg erwogen haben. Häufig ist dies dann mit der Vorstellung verbunden, wie alle Familienmitglieder (Mitschüler, Lehrer) mit Bedauern am Grab stehen und sich Vorwürfe über ihr Versagen machen. Viele Schüler weinen in diesen Tagen, und später, bei der Beerdigung, verfallen einige in heftig anhaltendes Weinen und Schluchzen. Eigene Ängste und Erfahrungen sind angesprochen, müssen verarbeitet werden.

In meinem Kurs spreche ich über den Ausweg, den die Kollegin suchte, würdige das Bemühen der Verstorbenen, die zwei Kinder im Grundschulalter hinterlassen hat. Ich thematisiere kurz die mit der Selbsttötung verbundene Konfliktlösungsabsicht, um dann ausführlich auf andere Lösungsmuster in ausweglos erscheinenden Lebenssituationen einzugehen. Setareh, mitten zwischen den anderen, scheint die Schwelle zum Leben überschritten zu haben, sie ist froh zu leben.

Im Gespräch mit mir später reflektiert sie ihre Beziehung zur Lehrerin. Sie habe aufgrund eines kleinen Vorfalls im Unterricht geglaubt, diese sei eingebildet. Sie habe nicht gesehen, daß sie Probleme habe. Sie erkenne ihre Ansicht nun als Vorurteil und nehme sich vor, nie wieder aus einem Vorurteil heraus einen Menschen zu beurteilen, den sie nicht näher kennengelernt habe.

Setareh und ich schreiben und informieren einander über das für uns Wesentliche: Da ist der Film zur deutschen Geschichte, der geplante Besuch der Mutter, ein Buch, das zu lesen sich lohnt, ein Kurs in der »Verfügungszeit« (VZ) zur Vorbereitung auf die Oberstufe... Bewußt lasse ich sie ein Stück weit an meiner Arbeit teilhaben. So informiere ich sie über die Ergebnisse der Deutsch-Gesamtkonferenz, sie soll mir helfen herauszufinden, ob in dem Jahrgang Interesse an einem solchen Vorbereitungskurs auf die Oberstufe besteht. Sie soll wissen, mit welchen Problemen andere zu tun haben. Ich kümmere mich um die Einladung für ihre Mutter. Auch auf mich wirkte das Einladungsformular der Behörde bedrohlich. Wozu die Frage nach dem Verdienst? Das Formular erweckte die Sorge, ob man nicht eines Tages den Einladenden für ein Verhalten des Besuchers verantwortlich machen könnte, wenn sich der »nicht richtig« verhält. Ich verstand die Absagen der anderen. Mich persönlich hatte erst die Auskunft eines kompetenten Juristen so beruhigt, daß ich die Einladung unterschrieb.

»Ich hab vor vielen Dingen Angst«

22.2.1990

Liebe Setareh,

in der Zeitung steht, gestern sei es so warm gewesen wie noch nie um diese Jahreszeit seit 1830. Wie mag es den Leuten damals ergangen sein? Vielleicht hatten sie den Frühling im Herzen, so wie Du heute.

Wie war die »Abrißfete«? Ob Du Chancen bei dem Jungen hast? Wie findest Du ihn denn? Es ist schwer, jemand zu finden, der einem rundum gut gefällt, entscheidend ist bei so einer freundschaftlichen Beziehung, ob es einem selbst rundum gefällt! Es gibt so viele! Und Du wirst jemand finden, der Dir in jeder Hinsicht gefällt. Der hat dann eine Chance bei Dir.

Ich freue mich auf unser Gespräch am Montag, da werde ich dann genau hören, was gewesen ist und wie es Dir ergangen ist. Vielleicht höre ich auch schon was im nächsten Brief? Es freut mich, daß es Dir gelingt, im Unterricht – in Deutsch und auch ein bißchen in Geschichte – mitzusprechen.

Dein Text über die Aufgabe der Klasse bei der Verwirklichung eines freiheitlichen Lernprozesses hat mir sehr gut gefallen. Da waren wichtige Gedanken drin, die alle aus der eigenen reflektierten Erfahrung stammten, kluge Beobachtungen, z. B. zum Vertrauensverhältnis zwischen Lehrern und Schülern. Einige aus der Klasse haben durch Dich ganz neue Gedanken erfahren zur Angst und zur Bedeutung des Vertrauens. Hast Du die Stunde auch so interessant gefunden für Dich?

Wie fühlst Du Dich eigentlich jetzt in der Lerngruppe? Ich freue mich auch auf die VZ-Oberstufe. Am kommenden Montag kommen drei Oberstufenschüler, zwei aus der Einführungsphase (das ist das erste Oberstufenjahr) und ein Abiturient (3. Oberstufenjahr), sie berichten von ihren Erfahrungen. In einem Abiturkurs habe ich die Schüler aufschreiben lassen, was für sie in der Oberstufe die größte Umstellung war und welche Arbeitstechniken sie am wenigsten kannten. Wenn wir uns gemeinsam mit diesen Oberstufenerfahrungen auseinandersetzen, werdet ihr Umwege und Enttäuschungen vermeiden können.

So, jetzt muß ich Eure Geschichtsarbeiten zur »Erziehung zum Autoritarismus oder zur Freiheitlichkeit« noch korrigieren, sonst bin ich nachher nicht gut vorbereitet. Auch den Unterricht bei Euch und für die Oberstufe werde ich noch vorbereiten. In Geschichte sprechen wir heute über die Ausstellung »Soviel Anfang war noch nie«.

In diesen Wochen haben wir – gesellschaftlich gesehen – auch ungeheuer viel Anfang. Wie geht es Dir damit? Liest Du die Zeitung oder/und diskutierst mit anderen über die Ost-West-Entwicklung?

Liebe Frau Schubert!
Ihr Brief war so schön. Jedesmal, wenn ich einen Brief von Ihnen kriege, werde ich ganz froh.

Die Abrißfete war eigentlich gut, aber es waren viele Schüler von anderen Schulen da. Ich habe einen Ohrring gewonnen, und ich behalte ihn als ein Andenken an unsere Schulfete.

Als ich sah, was Sie über Jungs geschrieben haben, dachte ich, daß Sie recht haben. Aber ich bin jetzt in ihn verliebt, und ich weiß nicht, was ich machen soll! Ich habe gerade gedacht, wenn ich Ihnen schreibe, wer der Junge ist, werden sie staunen, weil Sie ihn auch kennen. Ich denke gar nicht daran auf andere Jungen zu warten.

(Das verstehe ich inhaltlich nicht.)

Manchmal denke ich, ich muß ihn kriegen. Aber ich werde ihn niemals fragen. Ich habe ihn verdammt gern, aber dafür kann ich nichts machen. Ich bin fast seit zwei Jahren in Deutschland und habe noch keinen Freund. Ich meine nicht, daß man unbedingt ein Freund haben muß, aber es ist schön, wenn man einen hat.

Ich möchte Ihnen schreiben, wer er ist, weil ich es Ihnen nicht mündlich sagen kann. Ich schäme mich so dafür. Ich habe immer meine Gefühle versteckt. Aber Sie sind so gut und so verständnisvoll, daß ich Ihnen alles anvertrauen kann. Wenn Sie erfahren, wer es ist, was werden Sie von mir denken? Aber, als ich ihn zum erstenmal gesehen habe, dachte ich: Das ist Liebe auf den ersten Blick. Ach, alles ist mir so peinlich. Ich habe niemals gedacht, daß es mich auch treffen kann.

(Amors Pfeile?)

Er ist Mario! Lieber schreibe ich über andere Themen...

Es macht mir auch viel Spaß, daß ich mich manchmal melden kann. Ich versuche es häufiger zu tun. Ich möchte dieses Jahr nicht wiederholen. Ich freue mich jetzt schon auf die VZ. Ist das nicht schön? Wir haben morgen Deutsch. Ich freue mich schon auf morgen.

Wußten Sie, daß viele Leute im Osten Rechte sind? Haben Sie gestern gehört? In einer Sendung hat man mit einem Ostler geredet. Sie fragten ihn, was seine Meinung über die Wiedervereinigung ist, und er meinte: Ich möchte, daß eine Wiedervereinigung kommt, weil Deutschland den Deutschen gehört, und das muß auch so bleiben. Naja, so ist das Leben. Manchmal macht das Leben mich krank. Dann bis morgen! 22.2.1990, Setareh

P.S. Haben Sie schon daran gedacht, wenn in zehn Jahren das Jahr 2000 ist, wie will man dann das Datum schreiben? 22.2.00?

25.2.1990

Liebe Setareh,

vielen Dank für Deinen ausführlichen Brief. Obwohl ich öfters an Dich dachte, ist mir gar nicht nach Schreiben zumute, ich bin sooo müde.

Samstag und Sonntag besuchte ich von 10 bis 17 Uhr, jeweils mit einer Stunde Pause, einen Computerkurs. Das war sehr informativ und äußerst anstrengend diese Arbeit am Bildschirm. Ich brauchte jeweils drei bis vier Stunden, um mich auch nur ein bißchen zu erholen. – Aber ich möchte es gerne lernen, diese Entwicklungen an Textverarbeitungssystemen sind bereits in unserer Zeit sehr wichtig, und in Zukunft wird es ohne deren Kenntnis gar nicht mehr gehen.

Vielleicht sprechen wir mal über die »Peinlichkeit«, was es damit auf sich hat. Das ist, denke ich, ein wichtiges Thema. Wir Menschen verlieben uns, so ist das nun eben mal. Ist doch schön! Oder? Was heißt »muß ihn kriegen«? Also, was meinst Du, wie soll ich über Dich denken? Wovor hast Du Angst? Was hoffst Du? Wenn man Wichtiges versteckt aus Scham, ist man damit immerzu allein…

Es freut mich, daß Du gern zum Unterricht kommst und Dich auch auf die VZ freust. Es wird noch sehr spannend werden.

In der DDR wurde das autoritäre, nationale Erbe des Dritten Reiches nicht aufgearbeitet, das hätte die amtierende Regierung möglicherweise gefährdet. Sie haben auch viele Probleme nicht realisiert. So erkläre ich mir das z.T. geradezu faschistisch-autoritäre Gedankengut, z.B. die Angst und Abwehr von allem »Fremden«, d.h. Unbekannten, die erhalten blieb. Laß Dich davon nicht krank machen, auch wenn es kränken kann. Es gibt viele Menschen in unserem Land, drüben und auf der ganzen Welt, die für ein besseres Zusammenleben der Menschen eintreten und arbeiten. Wenn Du zu denen gehörst, wird es Dir bessergehen, mit anderen zusammenarbeiten, mindert die Angst. Bis demnächst.

Liebe Frau Schubert!

Ihr Brief war ganz nett. Wissen Sie, daß ich sehr froh bin, weil Sie mich verstehen können. Ich war heute sehr schlecht gelaunt, aber als ich mit Ihnen über meine Probleme geredet habe, war ich wieder wie immer in der Stimmung zu lachen, und mich mit den anderen zu unterhalten.

Sie haben geschrieben, es ist schön, wenn man sich verliebt. Ja, es ist schön, wenn man aber weiß, daß man keine einzige Chance hat, tut es schrecklich weh. Ich wollte sagen: »Ich möchte ihn für mich haben«, und habe falsch geschrieben: »Ich muß ihn kriegen«!

Ich bin jetzt in meinem Zimmer und schreibe an Sie. Na ja, ich dachte, wenn ich schreibe, wer derjenige ist, den ich liebe, vielleicht denken Sie, daß ich verrückt geworden bin.

Ich habe vor vielen Dingen Angst. Ich hab Angst, weil ich dieses Jahr vielleicht nicht schaffe, weil ich jemanden liebe, der gar nichts davon weiß, weil ich vielleicht niemanden finde, der mich sehr gern haben kann, und…

Ich habe mich sehr verändert, wissen Sie wie? Manchmal will ich gar nicht leben, oder manchmal macht das Leben mich krank. Ich war niemals im Iran so. Ich habe mir immer gewünscht, wie gut es wäre, wenn der Tag 30 oder 40 Stunden hätte, aber jetzt denke ich, wieso? Und: Muß man eigentlich leben? Wieso denke ich so über das Leben?

Morgen schreiben wir einen Aufsatz. Ist das nicht schön? Ich freue mich schon auf morgen. Hoffentlich sind die Themafragen nicht sehr schwer. Ich muß Ihnen sagen, die VZ hat allen gut gefallen. Ich möchte jetzt für den Aufsatz üben. – Ich bin mit meinen Übungen fertig. Wissen Sie, was ich gerade erfahren habe?

Ich muß sagen, das Leben ist auch nicht so toll, wie ich es früher gefunden habe. Ich habe mich heute mit meinem Bruder unterhalten, als ich mit meinen Übungen fertig war. Ich bin total enttäuscht, andererseits auch froh, jetzt sehe ich, daß meinen Bruder ganz wenig Schuld trifft. Na ja, er war auch nicht unschuldig. M. *(die Pflegemutter)* sagte zu meinem Bruder, daß wir von hier ausziehen müssen!

Mein Bruder sucht dringend eine Wohnung, und er meinte, daß wir ausziehen werden. Aber wo kann man eine Wohnung finden? Es war auch die Rede davon, daß ich nie mithelfen wollte. Ich bereue es nicht, weil ich nicht ihre Putzfrau bin. Gott sei Dank, daß mein Vater tot ist, wenn er so was gesehen hätte, wäre er bestimmt vor Wut gestorben.

Wie toll er mit uns umgegangen ist, und was er alles für uns getan hat! Wenn er jetzt noch lebte, wäre ich bestimmt nach dem Iran zurückgekehrt, aber ich weiß, wenn ich jetzt zurückkehre, dann werde ich seinen leeren Platz sehr vermissen. Und das kann ich nicht aushalten. Ich habe sehr viel geschrieben. Dann bis morgen. Datum 26.2.1990, Zeit: 20.40 Uhr

3.3.1990

Liebe Setareh,
Du hast am Donnerstag angerufen wegen der Entscheidung für den Profilkurs in der Oberstufe nächstes Jahr. Ich denke, mit der Schwer-

punktsetzung auf Deutsch und Biologie wirst Du viel Interessantes erfahren, was Dir auch für Dein späteres Leben für das Studium eine gute Grundlage mitgibt.

4.3.1990. Ich freue mich immer, Dich zu sehen. Es ist gut, daß es Dich gibt! Du erlebst sehr viel, auch sehr viel Schweres. Und trotzdem: Es gibt einen Weg, und Du wirst ihn finden! Und Du findest eine Liebe.

Am liebsten würde ich eine Wohnung »zaubern«. Ich habe mich schon umgehört, aber das ist sehr schwer, etwas zu finden.

Zu Deiner Enttäuschung zu Frau T. *(Melanie T., die Pflegemutter)* möchte ich Dir gerne etwas sagen. Sie hat Dich genommen, und das geschah aus ihrem Herzen. Du hast lange dort gewohnt. Nun gibt es offenbar eine veränderte Situation zwischen Deinem Bruder und ihr. Dennoch gilt das, was war. Wir müssen genau darüber sprechen, das ist mir sehr wichtig.

Ich verstehe gut, daß Du zur Zeit so über das Leben denkst. Es ist alles sehr viel, Du mußt mit vielem fertig werden. Und: Du hast schon viele gefunden, die Dich sehr gern haben. Das ist wichtig.

Liebe Frau Schubert!
Ihr Brief hat mir sehr gefallen. Ach, ich bin so stark erkältet. Ich weiß nicht. Wieso werde ich jeden Monat krank? Meine Ärztin meinte, daß ich bestimmt viel Kummer habe, und wollte zu Hause anrufen und sagen, daß ich zwei Wochen im Bett bleiben muß; und ich mußte sie überzeugen, daß ich bestimmt bis Ende dieser Woche gesund werde, weil ich nicht zwei Wochen zu Hause bleiben wollte.

In dieser Woche, als ich zu Hause war, dachte ich immer, daß ich gerade Deutsch, Mathe, Englisch oder Geschichte habe. Diese Woche war ganz schön langweilig. Aber Montag bin ich wieder in der Schule. Ich werde niemals mehr zu Hause bleiben. Ich habe mich zu Tode gelangweilt. Ich habe auch viel gelesen.

Montag war zu schade, daß ich nach Hause gehen mußte. Ich wollte eigentlich bleiben, aber dann dachte ich, vielleicht kriegen Sie auch eine Erkältung, wie letztes Mal. Deswegen bin ich nach Hause gegangen. Ich muß sagen, ich habe kaum geschlafen, ich weiß auch nicht, wieso.

Ich konnte einfach nicht schlafen, wenn ich geschlafen habe, habe ich ständig vom Iran geträumt. Wissen Sie, was ich von Herzen machen möchte? Nach dem Iran fahren, um das Grab von meinem Vater zu besuchen. Ich muß etwas unternehmen. Mein Bruder ist dagegen, daß ich einen persischen Paß will, aber ich meine, daß ich in meinem persischen Paß auch eine Aufenthaltserlaubnis kriegen kann, wie im Fremdenpaß. Viele Leute haben es auch so gemacht. Ich werde mich heute abend mit ihm unterhalten. Aber wenn er Nein sagt, dann ist es sein Problem, nicht meines.

Ich habe mich gestern mit meiner Schwester unterhalten, und sie ist der gleichen Meinung wie ich. Ich denke, daß ich im Jahr einmal nach dem Iran fahren kann, um meine Mutter zu besuchen, denn wird sie sich auch nicht so allein fühlen. Ich schreibe Ihnen, was heute abend mein Bruder sagt.

Leider hatte er heute keine Zeit, außerdem war er auch schlecht gelaunt. Naja. Ich freue mich, Sie am Montag zu sehen. Dann bis morgen!

12.3.1990

Wie gut, daß Du so weit gesund warst, wieder in die Schule zu kommen. Es passiert hier jeden Tag sehr viel, und wir behandeln wichtige Themen, da entgeht Dir vieles. Es freut mich immer, wenn wir zusammen sprechen können:
– über das, was Dir durch den Kopf geht,
– über die Themen im Unterricht,
– über das, was wir in der Schule jeden Tag erleben,
– über das, was in unserer Welt geschieht.

13.3.1990

Es ist ein bißchen viel in diesen Tagen – gestern abend war Elternsprechtag. Von den Eltern Eurer Großgruppe waren nur ganz wenige da. Abends kam ich müde nach Hause.

Was träumst Du vom Iran, was denkst Du, wenn Du nachts wach liegst? – Im Sommer wird ja Deine Mutter kommen, dann kannst Du auch mit ihr über Deine Pläne und Gedanken sprechen. Sagt oder schreibt sie Dir, daß sie sich allein fühlt?

Gestern in der VZ habe ich gedacht, wenn Du magst, könntest Du schreiben lernen – ich meine das so: Wenn Du Zeit hast, lernst Du es, richtige Texte zu Themen zu verfassen, und ich helfe Dir dabei, daß Du eine noch bessere »Schreiberin« wirst. Mich würde persönlich übrigens auch sehr interessieren, was Du zu dem anderen Aufsatzthema denkst. Ich hatte sicher vermutet, daß Du dieses Thema wählst. Es hieß: »Läßt sich eine angstfreie Lerngemeinschaft in einer Kursgruppe unserer Schule verwirklichen?« Ich denke, Du hast jetzt – mit wachem Herzen und kritischem Verstand – ein Jahr, ein gutes Jahr in unserer Schule verbracht, Deine Gedanken und Beobachtungen sind für mich sehr interessant.

Ich habe mich nach einer Wohnung für Euch umgehört an verschiedenen Stellen, aber es ist schwer. Wie steht es um Eure Bleibe zur Zeit – wie will Dein Bruder etwas finden?

Ich lege Dir noch das Blatt vom Geschichtsunterricht bei. Am Donnerstag soll jeder Schüler in Geschichte die 4 Ds erklären können, was es mit *D*enazifizierung, *D*emilitarisierung, *D*emontage, *D*emokratisierung auf sich hatte in der Folge des Potsdamer Abkommens.

Partei für den Jugendlichen – nicht gegen die Erwachsenen

Frau T., die selbst zwei Kinder im Grundschulalter zu betreuen hatte, lud ihren Freund, Setarehs Bruder, zu sich ein. Was keineswegs selbstverständlich ist, tat sie auch. Sie räumte noch zwei weiteren Verwandten von ihm, seinen beiden Schwestern, bereitwillig und vorurteilsfrei in ihrer kleinen Wohnung Platz zum Leben ein. Bei meiner ersten Bekanntschaft mit Frau T. in der Schule lernte ich sie als eine Frau mit sozialem Engagement kennen. Sie hatte um einen Termin nachgefragt und erkundigte sich bei mir als Fachlehrerin damals, wie sie Setareh beim Deutschlernen behilflich sein könnte. Natürlich hatte sie auch eine altersgemäße angemessene Mithilfe in ihrem auf sieben Personen angewachsenen Haushalt erwartet. Eine solche Anforderung war für Setareh ganz ungewohnt. In ihrer Kindheit durfte sie wenig Erfahrung mit der eigenen Kraft, anderen Menschen zu helfen, sammeln. Man nahm ihr viel ab, bemühte sich um ihre Liebe, trat überall für sie ein. Dies hatte sie nicht wirklich stark werden lassen. Die ihr offenbar sehr viel abnehmende Haltung der Eltern hatte bei ihr eine hohe Anspruchshaltung und gleichzeitig ein tiefes Abhängigkeitsgefühl erzeugt.

Vor diesem Hintergrund hätte es bedeutet, ihr Schaden zuzufügen, wenn ich ihr in ihrem Gefühl, daß ihr von der Pflegemutter Unrecht geschieht, recht gegeben hätte. Es wäre mir zudem wie eine Bestätigung ihrer privaten Lebenslogik »Die anderen sind gemein zu mir« erschienen. Betroffen vom Konflikt zu Hause, stellte Setareh in kindlicher Weise alles Gewesene in Frage, sie verzweifelte in ihrem Gefühl. Ich hoffte, indem ich nüchtern realistische Aspekte der veränderten Wohnsituation benenne, werde sie aus einer zunächst selbstbezogenen Reaktion zu einer objektiveren Einschätzung der neuen Lage gelangen. Anstelle von Trost kann sachliche Information einem Jugendlichen zu einer selbstbewußten und verantwortlichen Lebensorientierung verhelfen. Kinder und Jugendliche sind oft sehr bereitwillig, zwischenmenschliche Probleme in ihre Überlegungen einzubeziehen, wenn man ihnen diese vermittelt. Da dies bei Setareh bislang nicht ausreichend geschehen war, begann ich vorsichtig damit. Ich hatte jedoch das Problem unterschätzt.

»Ich weiß nicht, was mit mir los ist«

Liebe Frau Schubert!
Es ist schön, endlich wieder einen Brief zu bekommen. – Ich war heute nicht gut gelaunt. Hoffentlich verzeihen Sie mir, aber ich hatte keine Lust gehabt. Ich mag die Schule, aber ich habe mich ganz anders entschieden.

Wollen Sie es wissen? Ich habe mich entschieden, wenn ich dieses Jahr meine Noten nicht zusammenkriege, werde ich nicht die 10. wiederholen. Die Enscheidung fällt mir auch sehr schwer, wenn ich denke, daß ich nächstes Jahr nicht mehr in dieser Schule bin, werde ich ganz traurig. Ich habe immer Pech gehabt. Jedesmal, wenn ich ein neues Leben anfangen wollte, hat etwas mein Leben kaputt gemacht.

Wissen Sie, ich kann es nicht mehr zu Hause aushalten. Ich brauche, wie jeder andere Mensch, ein bißchen Liebe. Ich bin doch nicht aus Stein gebaut. Zu Hause fühle ich mich wie eine Fremde. Wenn man mit soviel Liebe erzogen wird, kann man das hier nicht aushalten. Ja, ich habe fast zwei Jahre ausgehalten, aber ich werde heute selber entscheiden müssen.

Ich muß aus diesem Haus ausziehen. Mein Bruder hat es sich anders überlegt, aber ich habe es mir nicht anders überlegt. Ich fühle mich zu Hause so allein gelassen. Ja, ich werde die 10. nicht wiederholen. Der Gedanke allein tut so weh. Ja. Jeder hat ein Schicksal.

Ich kann doch nicht immer weinen oder mir Hoffnungen machen. Nein, jetzt ist alles für allemal fertig. Jede Nacht muß ich soviel weinen. Ich sage auch nicht, daß alle zu Hause mich sehr lieb haben müssen, aber ein bißchen können sie das machen oder zeigen. Aber ich bin da so allein gelassen worden. Ich kann doch nicht alles selber machen.

Zum Beispiel heute habe ich meinen Bruder und Melanie was gefragt. Ich wollte etwas über deutsche Grammatik wissen. Ich hatte was vergessen und wollte es noch mal lernen, aber was habe ich zur Antwort gekriegt? Was denken Sie? Sie können es sich doch gar nicht vorstellen.

Mein Bruder meinte, daß ich gar nichts in der Sprachschule gelernt habe, und jetzt lerne ich auch gar nichts. Jedesmal, wenn ich eine Frage stelle, kriege ich das gleiche zur Antwort. Ich bin einfach zu müde geworden. Ich möchte nicht mehr ihre dummen Sprüche anhören. Es reicht mir schon. Schade, ich könnte etwas werden, aber jetzt ist Schluß. Ich werde arbeiten gehen, und dann ausziehen, dann zur Nachtschule gehen.

Das Leben ist so schlecht. Wissen Sie, wie müde ich von dem Leben bin. Wenn ich mit der Ausbildung anfange, dann kann ich eine Einzimmerwohnung mieten. Danke für das Blatt für Geschichte, wissen Sie, ich schreibe Donnerstag eine Mathe- und Französischarbeit. Dann bis Donnerstag!

Ich muß sagen, daß ich von allem sehr enttäuscht bin, weil ich meine Träume nicht erfüllen kann. Setareh, den 14. 3. 1990.

16. 3. 1990

Liebe Setareh,

sowenig Fehler hattest Du noch nie, das gilt auch für Deinen letzten Aufsatz. Es ist gut, daß Du selbst Verantwortung übernehmen willst, aber was heißt das? Mach es so wie mit der deutschen Sprache…

18. 3. 1990

Liebe Setareh,

bleib in der Schule… Du wirst doch Deinem Leid nicht noch ein weiteres hinzufügen, nur um Dich wegen von Dir erlebter Ungerechtigkeit zu rächen! Du wirst Dir doch nicht selbst den Ort verbieten, wo Du so gern bist und am meisten Freunde hast? Was gibt es Wichtigeres für das Leben als das Lernen und so voranschreiten mit den anderen, *gemeinsam* bei Schwierigkeiten einen Weg suchen? Diese Jahre jetzt sind für Dich Schaltjahre, in denen Du die Weichen stellst für die Zukunft. Weißt Du, daß die Abendschule viel schwerer ist als die Normalschule? Im jetzigen Abiturjahrgang hat ein Drittel aufgegeben, an der Abendschule sind es mehr, und man lernt unter härteren Bedingungen.

Dein Brief hat mich sehr betroffen – ich habe ja einen ganzen Teil Deines Weges in Berlin begleiten dürfen. Und Du weißt auch, wie ich über Deine Deutschkenntnisse und die Entwicklung Deiner Sprache im Deutschen denke. Ich gebe es Dir ja auch immer rot auf weiß. Manche grammatische Frage könnte ich Dir wie Dein Bruder nicht erklären, obwohl ich Germanistik studiert habe. Manches müßte ich erst im Duden für Grammatik nachschlagen, weil die deutsche Sprache eine sehr

schwere Grammatik hat. Wer, glaubst Du, kann Deine Sprachkenntnisse und Deine Sprachentwicklung heute am besten beurteilen?

Kann das sein, daß zur Zeit jede kritische Bemerkung für Dich zuviel
ist, wie ein neuer Schmerz in einer alten Wunde? Oder wie ist das? – Ich
hoffe im übrigen, Du wirst am Montag ein gutes Diktat schreiben. Natürlich ist mir aufgefallen, daß Du traurig bist und nicht so mitmachst
wie früher. Rückschläge und Schwierigkeiten gehören zum Leben!
Noch nie habe ich jemand kennengelernt, der in einem Jahr sooo viel
gelernt hat. Und natürlich ist es dennoch so, daß Du eine solide Wis-
sensbasis für die Oberstufe brauchst. Du brauchst auch eine gute, solide, vertrauensvolle Situation außerhalb der Schule, damit Du in Ruhe
lernen kannst. Die gewinnst Du nicht durch Verzweiflung und noch
weniger durch unüberlegte Schritte, sondern durch Nüchternheit. Das
Wort mußt Du wahrscheinlich im Lexikon nachschlagen.

Das stimmt nicht, daß Du immer in Deinem Leben Pech gehabt hast,
und es stimmt auch nicht, daß das Leben so schlecht ist. Ich kann Dir da
nicht zustimmen. Ich müßte lügen. Gerade Dir gegenüber würde ich
das am allerwenigsten machen!

Das wirst Du auch nicht von mir erwarten. Dein Leben bringt Dir
auch Probleme, so wie jedes Leben Probleme bringt. Aus Deinem bisherigen Werdegang bist Du auf Probleme nicht gut vorbereitet. Du hast
nicht gelernt, mit allen Problemen angemessen umzugehen. Das ging
mir auch so, als ich 13, 14 Jahre war, wurde das deutlich. Da war ich
dann zu Tode betrübt. Was ich gelernt habe, wirst Du doch auch lernen, oder wie siehst Du das?

Das finde ich wie ein Schlag ins Gesicht Deines Vaters und Deiner
Mutter, die so viel für Dich taten, wenn Du – wo nun gerade ein kühler
und nicht so ein warmer Wind weht – aufgibst. Meinst Du, das wäre im
Sinn Deines Vaters? Ich kann mir das nicht vorstellen.

Du bist ein sehr lieber und kluger Mensch und ein hübsches Mädchen
dazu – keineswegs aus Stein. Aber es kann dennoch sein, daß sich nicht
jeder Mensch Dir so zuwenden kann wie Dein Vater. Der andere
Mensch hat auch mit sich zu tun, wie Du mit Dir. Er hat Sorgen,
Kummer, Probleme, auch mal schlechte Laune oder ist resigniert,
weil es ihm vielleicht in der Liebe nicht gut geht. Das ist aber nicht
gegen Dich.

Es ist für Dich möglich, einen guten Weg zu finden, warum suchst
Du ihn nicht? Das ist doch auch Deine Verantwortung. In der Kindheit
waren die Eltern für unser Wohlergehen da, und dann lernt man langsam selbst, sich die Steine aus dem Weg zu räumen und das Leben zu

leben. Du hast einfach zu wenig Training dabei. Und weißt Du auch, daß es geschwindelt ist, wenn Du sagst, Dich liebt niemand zu Hause. Hättest Du es manchmal lieber wie Dornröschen, kennst Du das deutsche Märchen von Dornröschen? Was ist eigentlich Dein Lieblingsmärchen? Schreib es mir mal auf!

Ich weiß, daß Du eine schwierige Situation zu Hause hast, aber wir werden einen Weg finden – es gibt einen Weg auch für Dich. – Worüber weinst Du nachts? Was geht Dir durch den Kopf?

Es wird auch eine Lösung in der Wohnungsfrage geben. Wir werden zusammen einen suchen, es gibt einen Weg für Dich, und Deine Träume wirst Du zum Leben erwecken. Wovon träumst Du?

Also bis Montag, ich freue mich auf unser Treffen. Was sagt Anita zu Deinen Gedanken? Sb

18.3.1990

Übrigens, liebe Setareh, das kann nicht sein, daß sie Dich zu Hause nicht mögen. Weißt Du, ich kenne das von vielen Eltern vom Elternsprechtag, daß sie denken, sie müßten ihre Kinder kritisieren, gerade damit sie gut lernen, sich einmal im Leben gut zurechtfinden. Diese Eltern haben Angst, wenn sie nur Positives sagen, daß die Kinder eitel werden und sich auf die faule Haut legen. Sie fürchten, die Kinder bewähren sich nicht im Leben, wenn man ihnen nicht jeden Fehler sagt. Sie sind dann ganz überrascht, wenn ich ihnen sage, wie das auf ihre Kinder wirkt. Warum, glaubst Du, wollte Dein Bruder Dich hier in Berlin haben, weshalb soll Frau T. Dich aufgenommen haben für so lange Zeit?

Natürlich glaube ich Dir, daß es eine schwierige Situation ist, Du fühlst Dich oft sehr allein gelassen. Wo brauchst Du Hilfe, wo am meisten?

Das war ein langer Brief. Am Dienstag bin ich nicht in der Schule, sondern auf einer Beerdigung. Donnerstag sehen wir uns wieder, die letzte Geschichtsstunde vor dem Quartalstest. Als ich jetzt am Wochenende auf meinen Kalender sah, merkte ich ganz überrascht, daß das Quartal bald herum ist und damit auch Osterferien sind.

Liebe Frau Schubert,
Ihr Brief war so lang und so schön. Ich habe den Brief fünf- oder sechsmal durchgelesen. Als ich heute mit Ihnen gesprochen habe, habe ich mich viel leichter gefühlt.

Wissen Sie, wie geschockt ich bin? Wie konnte das passieren, daß ich das Diktat nicht gefunden habe? Es ist mir so peinlich. Vielleicht denken Sie, daß ich es gar nicht gesucht habe, aber ich habe es gesucht, und konnte es nicht finden.

Ich weiß nicht, was mit mir los ist. Oft habe ich keine Lust, etwas zu machen, und ich kann auch nicht mehr so klar denken. Wenn jemand mit mir redet, verstehe ich überhaupt nicht, was er sagt, und ich muß immer sagen: »Ich habe nicht verstanden, was Du gesagt hast.« Ich habe Ihren Brief gelesen, und ich gebe Ihnen recht, weil das, was Sie geschrieben haben, richtig war. Ich weiß nicht, was ich machen soll.

Aber ich überlege mir alles nochmal.

Schade, daß Sie Dienstag nicht da sind. Sie haben geschrieben, daß Sie auf eine Beerdigung gehen. Ist jemand von Ihren Bekannten gestorben?

Heute ist Dienstag. Ich muß sagen: »Heute ist es sehr langweilig.« Der erste Block ist ausgefallen, weil Frau T. krank ist, aber die Schule konnte nicht vorher auf den Plan schreiben, daß der erste Block ausfällt. Ich war ganz müde, aber bin ich zur Schule gekommen! Der letzte Block ist auch ausgefallen, und im dritten Block hatten wir Vertretung.

Wem sagen Sie, daß das Leben schön ist? Ich habe seit zwei Jahre keine Schönheit von dem Leben gesehen. Ich schreibe Ihnen ein Gedicht auf, das zu mir paßt.

»Ich«

Ich bin in der Schule.
Ich rede, lache, und sehe glücklich aus.
Ich gehe durch die Stadt.
Ich sehe meine Freunde, und winke
ihnen fröhlich zu.
Doch dann bin ich zu Hause, und sitze
allein und traurig in meinem Zimmer.
Alle anderen denken, ich bin glücklich, aber ich bin
einsam und…
(Was bedeuten die Punkte?)

Sie haben gefragt, was mein Lieblingsmärchen ist.

Mein Lieblingsmärchen sind Aschenputtel, Tausend und eine Nacht, dann Dornröschen und Schneewittchen. Im Iran hatte ich jede Übersetzung von Aschenputtel Büchern gehabt. Aber ich muß sagen, unser Aschenputtel ist viel länger und viel schöner als das deutsche. Als ich im

Iran war, habe ich mir immer gewünscht, die Bücher, die ich mag, in anderen Sprachen lesen zu können; und ich habe jetzt ein großes Märchenbuch gekauft. Alle diese Geschichten stehen in diesem Buch. Es ist so schön, aber ich habe bis jetzt keine Zeit gehabt, um dieses Buch zu lesen.

Heute ist Mittwoch. Meine Schwester wollte ihre Ehe heute schließen. Ich denke, es heißt »Eheschließung«. Sie wollen, wenn meine Mutter nach Deutschland kommt, ihre Hochzeit feiern. Ich war heute dabei, alles vorzubereiten. Ich bin nicht zur Schule gekommen, mein Bruder und Melanie hatten auch Urlaub genommen.

Auf einmal klingelte das Telefon. Der Anruf war von meinem Freund. Ich habe mich so gefreut! Wir haben uns genau wie früher unterhalten.

Er hat viel über meine Mutter geredet. Und wir haben uns eine Stunde unterhalten. Er fragte mich die ganze Zeit, ob ich mich verändert habe, und ich meinte, nicht soviel. Und dann habe ich zu ihm gesagt, daß er meine Mutter anrufen kann.

Danach hat meine Mutter angerufen und hat viel geweint. Sie wollte hier bei uns sein. Aber hoffentlich kriegt sie das Visum, und sie kann zur Hochzeit hier sein.

Sie möchten wissen, was ich immer träume? Ich träume vor allem von meinen Eltern, meinen Freunden, und wie glücklich ich im Iran war. Ich kann auch mit offenen Augen träumen, aber es ist überhaupt nicht so gut.

Wenn ich träume, ist alles ganz anders, ich kann mir alles genau vorstellen und kann mich von meinen Träumen losreißen. Manchmal denke ich, ich darf nicht so oft träumen, aber meine Träume sind so schön, daß ich immer träumen muß, z. B. wenn ich von der Schule nach Hause komme, stelle ich mir vor, was ich denke oder was mir gefällt. Und der Weg wird ganz kurz. Aber was nützen die Träume eigentlich?

Morgen ist Donnerstag, und wir sehen uns. Ich bin so müde. Ich habe soviel gearbeitet. Gestern habe ich zum zweitenmal viel getrunken, aber ich bin nicht betrunken geworden. Dann bis morgen. 22.3.1990.

Ich bin so vergeßlich geworden. Ich habe soviel geschrieben und habe vergessen, das Heft mitzubringen. Aber es ist toll, daß wir morgen Deutsch haben.

Ich habe viel Mathe auf, aber keine Hausaufgaben, sondern ich will alles noch mal durchlesen. Ich freue mich schon auf morgen. Setareh

Liebe Setareh,

über Deinen Brief habe ich mich sehr gefreut, ich habe ihn schon in der Schule zu lesen begonnen und dann im Auto auf der Heimfahrt bei jeder roten Ampel bis nach Hause.

Heute wird mein Brief sicher kurz, weil noch so viel zu tun ist. Auch mir geht es so, daß ich Deine Briefe immer mehrmals lese.

Unser Briefwechsel gefällt mir sehr gut, es gibt immer viel Wichtiges zu schreiben, nun ist bereits ein kleines Buch entstanden, das mehr als hundert Seiten hat. Dieses Briefheft hatte ja auch schon einen Vorläufer. Wäre es Dir recht, wenn ich mir von all den Seiten Fotokopien mache? Ich werde sie mir als »unser Buch« binden lassen.

Auch freut mich sehr, wie gut Du inzwischen Deutsch schreibst, es ist fast fehlerfrei. Du hast viel Einfühlungsvermögen in unsere Sprachwelt und damit Sprache, Du hörst genau zu und sprichst mit Gleichaltrigen. Anders kann ich mir Deine guten Fortschritte nicht erklären. Wichtig, denke ich, ist auch Dein eigener Wunsch und Entschluß, diese Sprache gut zu lernen. Das hast Du ja auf Seite 1 genau dargelegt.

So viele Gedanken und Fragen kommen mir jedesmal, wenn ich Deine Briefe lese. Mit dem Diktat, das ist schade, aber nicht so schlimm. So wird der Aufsatz eben mit der Note noch wichtig werden. Und bitte: Versuche in den letzten Stunden vor den Quartalsnoten *sehr* aktiv mündlich mitzuarbeiten. Laß es Dir zur Gewohnheit werden, offen im Unterricht mitzureden.

Mit dem Vergessen oder Nichthören ist es so, daß einen eben etwas anderes beschäftigt. Weil für einen selbst etwas anderes wichtiger ist, einem durch den Kopf geht oder auf der Seele liegt, vergißt man anderes oder hört es nicht genau. Wir werden über das sprechen, was Dich bedrückt, gemeinsam sind auch schwierige Fragen besser zu lösen.

Zur Beerdigung: Das war eine sehr liebe Tante, die mit 78 Jahren an Krebs verstorben ist. Ich wußte vom bevorstehenden Tod und war in den letzten zwei Jahren oft bei ihr. Sie hat sehr viel Schweres erlebt und dennoch jeden Tag tapfer und für andere Menschen gelebt. Sie arbeitete bis sechs Wochen vor ihrem Tod. Erst eine Woche vor ihrem Ende erfuhr sie, die Schmerzen seien nicht heilbar, dann erst gab ihr Körper auf. Obwohl sie sehr viele Verluste, viel Bitteres und Schweres in ihrem Leben nach dem 30. Lebensjahr zu tragen hatte, gab sie ihrem Leben einen Sinn, der in ihrer Arbeit und in der Begegnung mit anderen Menschen seinen Ausdruck fand.

Ist es wirklich bei Dir so, daß in den letzten zwei Jahren nichts Liebenswertes und damit Schönes in Deinem Leben war? Oder ist es so, daß all die heutigen Probleme schwerer als für Dich zur Zeit tragbar, auf Dir lasten? – Wir werden Hilfe für Dich finden, auch wenn es vielleicht nicht ganz so ausgeht wie bei Aschenputtel. Gern würde ich von Dir die iranische Fassung des Märchens von Aschenputtel erzählt oder geschrieben bekommen! Du schreibst von zwei wichtigen Telefonaten. Hat Deine Mutter geweint, weil es nicht sicher ist, ob sie das Visum rechtzeitig bekommt? Wie gefiel Dir persönlich, was Dein Freund erzählte? Fandest Du ihn verändert? Was wußte er von Deiner Mutter zu berichten?

Betrink Dich nicht, das hat keinen Sinn. Dann wird die Welt noch viel trauriger, und Dein Kopf wird vernebelt und schwer. Du wirst alle Klarheit Deiner Gedanken und Deines Herzens für das alltägliche Leben brauchen. Der schönste Rausch entsteht in der Freundschaft und Liebe. Alkohol ist ein mieses Surrogat. Wozu willst Du Dich betrinken, zweimal ist schon zweimal zuviel. Oder was war los?

Die Träume würden mich noch genauer interessieren, die kannst Du mir gern erzählen oder auch ganz konkret in dieses Heft schreiben. Dann sprechen wir darüber. Mit den Träumen nachts verarbeiten wir unseren Alltag und bereiten uns auf den neuen Tag vor. Sie sind sehr wichtig, auch die Tagträume.

Manchmal bereitet man durch Tagträume die Lösung anstehender Probleme vor, manchmal flieht man auch in eine Traumwelt, um von der existierenden zu entkommen. Wie sind Deine Tagträume vom Iran und Deiner Familie, Deinen Freundinnen? Sind sie mehr rückwärtsgewandt oder auch vorwärtsgewandt in dem Sinne: »So soll mein Leben wieder einmal werden?« Hast Du eigentlich Träume, die sich immer wiederholen oder kennst Du so etwas von früher? Du merkst, mich interessiert, was Du erlebst und erträumst.

Ach, übrigens: Am Donnerstag schreiben wir einen Geschichtstest, in dem alles vorkommt, was wir in diesem Quartal behandelt haben. Bereite Dich gut vor, Geschichte ist ja bisher nicht so sehr Deine Spezialstrecke. Aber jedesmal, wenn Du Dich vorbereitet hast, hat Dir das sehr genützt. Bis bald. Sb

23.3.1990

Schade, daß Du heute bei dem Aufsatz über die Werbung gefehlt hast. Vielleicht kannst Du sie am Dienstag im 3. Block nachschreiben. Hoffentlich bist Du nicht wieder krank geworden. Ich bin sicher, Du weißt viel zu dem Thema Werbung. (Gerade schreibt die 7. Klasse einen Grammatiktest.) Ich lege Dir die Aufgabe zu Montag I bei.

Liebe Frau Schubert!

Ihr Brief war sehr schön. Ich habe ihn im Bus gelesen. Ich muß Ihnen was erzählen, es ist jetzt lustig, wenn man es hört, aber was ich durchgemacht habe, war überhaupt nicht lustig, aber wenn ich jetzt daran denke, muß ich auch lachen.

Samstag waren wir bei einem Freund eingeladen worden, und ich hatte zum erstenmal auf der Straße Stöckelschuhe getragen. Am Anfang waren die Schuhe ein wenig eng. Aber als wir da waren und ich die Schuhe ausgezogen habe, wollten wir auch zu einem anderen Freund hingehen, aber die Schuhe waren ganz schön unbequem. Wir sind dann mit dem Auto zu dem Freund gefahren, und als wir nach Hause gehen wollten, wußten wir nicht, wo die U-Bahn liegt. Auf einmal waren die Schuhe so eng geworden, daß ich sie kaum noch anziehen konnte.

Wir sind 30 Minuten zu Fuß gelaufen. Als ich den Schmerz nicht mehr aushalten konnte, habe ich meine Schuhe ausgezogen, und bin so weiter gelaufen. Wenn ich jetzt dran denke, muß ich lachen.

Natürlich können Sie von diesem Heft Fotokopien machen. Das Heft gehört uns beiden, und ich werde es immer behalten, und wenn es fertig ist, werde ich es immer wieder lesen.

Hoffentlich ist es, wie Sie es sagen, daß ich jetzt ein wenig besser Deutsch schreiben kann. Als ich heute den Aufsatz über die Werbung schreiben wollte, habe ich mich nicht so gut gefühlt, aber als ich mit dem Aufsatz angefangen habe, wollte ich nicht mehr aufhören. Schade, daß ich zu wenig Zeit gehabt habe. Sonst könnte ich mehr schreiben.

Herzliches Mitleid. Schade, daß Ihre liebe Tante gestorben ist. Aber, wie Sie geschrieben haben, hatte sie mit dem Leben gekämpft. Schade, daß sie jetzt tot ist.

Wie ich gesagt habe, ist in diesen zwei Jahren etwas Wunderschönes geschehen. Ich habe Sie kennengelernt, und wenn ich bei Ihnen bin, fühle ich mich viel besser als sonst. Ja. Meine Mutter hat geweint, weil sie denkt, daß sie nicht rechtzeitig in Deutschland sein kann. Aber hoffentlich wird alles gut. Ich fand, mein Freund hatte sich kaum verändert, aber er war irgendwie lieber geworden. Es gefiel mir, mit ihm zu reden. Ich habe mich sehr wohl gefühlt, als er angerufen hat. Ich war sehr glücklich. Es macht mich glücklich, weil ich weiß, daß er mich sehr gern hat. Er kann mich sehr gut verstehen. Aber ich bin auch unglücklich, weil ich nicht weiß, ob ich ihn auch jetzt so sehr mag, weil er mich mag. Ja, er wußte viel über meine Mutter, vorher sagte sie am Telefon, er hätte ihr sehr geholfen.

Ich meinte nicht, daß ich mich wegen meiner Probleme betrinken will, sondern ich möchte nur probieren, und wenn es einen Grund zum Feiern gibt, dann trinke ich auch mit. Ich möchte sagen, wir wollen am 27/28.4. die Hochzeit meiner Schwester feiern. Sie sind herzlich eingeladen. Sie können es in Ihren Kalender eintragen, weil ich möchte, daß Sie bestimmt an diesem Tag kommen können.

Es ist besser, wenn ich Ihnen die Träume erzähle, weil ich Sie nicht so gut aufschreiben kann. Wenn ich träume, versuche ich, was mir am besten gefällt, immer wieder zu wiederholen.

Etwas Lustiges habe ich Ihnen zu erklären. Sie wollten mir die Hausaufgaben für Montag geben, aber statt dessen haben Sie die Grammatik-Normarbeit von der 7. Klasse in mein Heft gelegt.

Heute haben zwei Leute Geburtstag: meine Mutter und mein Freund. Als ich nach Hause kommen wollte, habe ich von einer Telefonzelle aus meinen Freund angerufen und habe ihm gratuliert. Ich war heute ganz gut gelaunt.

Als mein Bruder nach Hause kam, hat er meine Mutter angerufen, und ich habe ihr mit »Herzliche Glückwünsche« gratuliert. Als mein Bruder dann mit ihr redete, sagte er zu ihr, daß ich kaum Deutsch reden kann und mich kaum bemühe, etwas zu lernen. Ich war so aufgeregt, und wenn ich mich nicht zusammengenommen hätte, wäre ich von zu Hause weggelaufen. Aber das finde ich kindisch. – Können Sie sich vorstellen, wie er meinen Stolz verletzt hat? Glauben Sie, wem meine Mutter geglaubt hat? Natürlich ihm. Und Sie sagen, das Leben ist schön. Wie er mich vor meiner Mutter beleidigt hat!

Und als ich zu meiner Mutter sagte, daß er lügt, meinte sie, so was darf ich von meinem älteren Bruder nicht sagen. Was sagen Sie dazu? Na ja. Hoffentlich ist die Geschichtsarbeit nicht zu schwer. Dann bis Montag. Am Montag können wir uns unterhalten. 28.3.1990.

P.S. Ich habe heute ein tolles Buch gekauft: Es heißt »Tausend und Eine Nacht.«

31.3.1990

Liebe Setareh,
es ist nicht klar, wem Deine Mutter geglaubt hat. Nur das mit dem »Er lügt«, das hat sie zurückgewiesen. Sie liebt Dich doch sehr und weiß, wie klug Du bist und daß Du gut lernst, oder? Bist Du Dir wirklich nicht sicher? Es ist nicht recht, wenn er vor Deiner Mutter so spricht. Wozu, glaubst Du, spricht er so?

Herzlichen Dank für die Einladung zur Hochzeit Deiner Schwester. Aber habe ich richtig gelesen, soll das Ende April sein? Ich denke im

Sommer, wenn Deine Mutter da ist? Falls ich richtig gelesen habe 27/
28. April, so muß ich Dir leider absagen. Vor einem Monat habe ich
mich bei einer Fahrt der Bettina-von-Arnim-Gesellschaft nach Wie-
persdorf in der DDR angemeldet, die geht von Freitag mittag bis Sonntag abend.

Zu Deinen Träumen und dem Wunsch, die schönen Stellen immer
wieder zu erleben. Bettina von Arnim hat einmal gesagt: »Die Sehnsucht hat allemal recht, aber der Mensch verkennt sie oft.« Ich denke,
wir alle haben auch große Mühe, unseren Träumen Platz in der Realität
zu verschaffen, sie im wirklichen Leben Platz finden zu lassen, sie zu
leben. Oder sind Deine Träume wie die von Dornröschen, wo dem
lieben und schönen Mädchen etwas geschieht, ohne daß es selbst den
Finger krumm macht? Sie schläft, träumt und wird schließlich hinter
der duftenden Rosenhecke wachgeküßt. Aschenputtel leidet, weil sie
ungerecht behandelt wird, aber das gütige Schicksal in der Gestalt des
liebenden Prinzen erlöst sie von der Misere. Sind Deine Träume so?

Heute habe ich den ganzen Tag Aufsätze aus dem 10. Jahrgang korrigiert, gestern dann die Grammatikarbeiten der 7., morgen folgen die
Geschichtsarbeiten. Dein Aufsatz ist gut aufgebaut und enthält wichtige Beispiele. Alle Aufsätze sind erfreulich ausgefallen. Und alle Schüler hatten sooo gestöhnt... Hoffentlich ist die Geschichtsarbeit auch so
gut. Ich freue mich auf unser Gespräch am Montag. Hast Du eine Idee,
wie Du in den Osterferien lesen üben könntest? Was macht eigentlich
Deine Freundschaft mit Anita? Sb

Liebe Frau Schubert!
Heute habe ich einen wunderschönen Brief erhalten. Es freut mich
sehr, daß Sie mir schreiben. Es ist ein gutes Gefühl, wenn ich jemanden
vertrauen kann, wenn jemand für mich Briefe schreibt. Ich lege viel
Wert auf die Briefe. Wenn ich einen Brief bekomme, freue ich mich so
sehr darüber, daß ich die Antwort meist am selben Tag zurückschreibe.
Heute ist das Wetter so schön.

Ich habe mich sehr gefreut, daß ich im Aufsatz 15 Punkte habe.

Ach, wie schade, daß Sie in dieser Zeit verreisen müssen, hätte ich das
früher gewußt, dann könnten Sie die Reise absagen. Können Sie es nicht
probieren? Wenn die Absage aber nicht möglich ist, dann werden wir,
wenn meine Mutter kommt, noch mal feiern. Dann kann ich Sie in
dieser Zeit einladen. Aber ich habe mit Ihnen gerechnet. Ich dachte, daß
Sie kommen werden.

Ich warte nicht darauf, daß das Schicksal zu mir kommt, sondern ich möchte, daß ich ein Leben mit vielen Abenteuern habe und selbst alle wunderschönen Sachen dieser Welt mit meinen eigenen Augen sehen kann. Ich habe viele Träume, die mir wahr werden müssen.

Aber für die Liebe lasse ich mein Schicksal auf mich zukommen und möchte, daß ich etwas Wunderschönes bei der Liebe erlebe, vielleicht lese ich viel zu viele Romane.

Bei uns im Islam gibt es die Fastenzeit, und ich möchte auch eine Woche oder mehr fasten. Bei uns ist es so, daß man den ganzen Tag nichts essen und trinken darf, bis der Tag zu Ende ist, dann darf man essen. Diese Regelung gilt für einen Monat, und ich werde es noch mal versuchen, weil ich es auch im Iran konnte. Ich fange ab morgen an. Hoffentlich schaffe ich es.

Ich habe heute mit meiner Schwester über ein Fest im Sommer geredet, und sie meinte, daß das eine gute Idee ist, dann noch einmal zu feiern. – Ich habe heute Zahnschmerzen, und ich weiß nicht wieso. Ich werde in den Osterferien an Sie schreiben. Verreisen Sie? Ich bin so müde und habe auch starke Kopfschmerzen. Ich werde jetzt schlafengehen. Aber ich hoffe, daß die Geschichtsarbeit gut geworden ist. Dann bis zum nächsten Brief. Setareh

5.4.1990

Liebe Setareh,
gerade war ich beim Zahnarzt, und gleich beginnt der Unterricht in der Oberstufe, die letzte Stunde vor den Ferien. Auch ich bin sehr müde, müde vom vielen langwierigen Korrigieren für die Mittelstufennoten und auch für die Oberstufe. Ich freue mich auf die Ferien.

In der ersten Woche bin ich bei der gleichen Adresse wie im Winter zu erreichen. In der 2. Woche bin ich wahrscheinlich auch unterwegs, aber auch immer wieder in Berlin. Wahrscheinlich lösen wir die Wohnung der in Leipzig verstorbenen Tante auf.

Nein, wegen des Hochzeitstermins läßt sich nichts ändern. Niemals könnte ich allein dahinfahren, das ist leider nur zu dem Zeitpunkt und nur mit dieser Gruppe möglich. Schade.

6.4.1990

In zweieinhalb Zeitstunden gibt es Ferien. Vor dem Fenster höre ich die Vögel, die Bäume entwickeln Baumkronen aus den frischen Blättern. Sogar die Platanen entwickeln schon kleine Blättchen.

Liebe Setareh, laß es Dir recht gut gehen in den Ferien – liest Du wieder wunderbare Bücher? Vergiß nicht, mir das beste zu empfehlen.

Gestern abend war ich bei einer Veranstaltung des Schriftstellerverbandes zur Würdigung von Armin T. Wegner, der Zeuge des Mordes am armenischen Volk wurde. Er setzte sich für Menschlichkeit für alle Völker und Menschen der Erde in Wort (als Dichter) und Tat (als Fotograf und Krankenpfleger, politisch Aktiver) ein. Neben anderen Autoren aus West und Ost kam bei dieser Veranstaltung auch Edgar Hilsenrath zu Wort, der etwas von der Geburt eines Kindes in der Gegend des Vansees erzählte, einen »Märchenerzähler« berichten ließ. Der Zusammenhang und die Handlung sind hier unwichtig, nur ein kleines Detail gefiel mir so gut, daß ich es Dir erzählen möchte: Es war dunkle Nacht, denn die Kurden, die als sehr flink bekannt seien, hätten bereits, wie sie es jeden Abend zu tun pflegten, die Sonne eingeholt und über Nacht in einem schwarzen Zelt eingeschlossen... ein schönes Bild für die Nacht in Kurdistan – ich stellte mir vor, wie eine Gruppe schneller, geschickter Männer die Sonne nachts schlafen legt.

Es freut mich, daß schon Dein erstes Gespräch mit Deiner Schwester soviel wechselseitiges Verstehen brachte. – Was das Schicksal und das Warten betrifft, zu diesem Thema noch ein Gedanke: Wir selbst spielen beim »Schicksal« immer eine Rolle, natürlich auch in der Liebe. Indem man einen Weg für sein Leben sucht, mit offenen Augen durch die Welt geht, sich umsieht, mit anderen spricht, liest, sich Gedanken macht, sich bespricht – na, Du weißt das ja, entsteht etwas, was vorher nicht war.

So haben wir beide uns auch kennengelernt – anfangs ist es ein zufälliges Zusammentreffen. Später entwickelt sich etwas daraus. So war es auch mit Anita. Hat es einen Grund, daß Du auf die Frage nach Eurer Beziehung nicht eingegangen bist, oder ist es Zufall? Wie auch immer, ich freue mich auf unser Wiedersehen am 23. April, dem Montag! Sb

Liebe Frau Schubert.
Es hat mich sehr gefreut, Ihren Brief zu erhalten. Jetzt kann ich Ostern an Sie schreiben. Hoffentlich gibt es in diesen Osterferien viele Abenteuer, daß ich alles aufschreiben kann. Es freut mich, daß Sie auch von der vielen Arbeit müde sind. Nein, ich meine es nicht so. Ich möchte damit nur sagen, ich freue mich sehr, weil Sie das zugeben. Im Iran war es ganz anders. Viele Erwachsene wollten es niemals zugeben, wenn sie müde waren.

Ich bin glücklich, daß ich Sie habe. Ja, ich lese ein wunderbares Buch. Es heißt »Tausend und eine Nacht!« Dieses Buch hat viele Geschichten, aber ich muß mich daran gewöhnen. Ich hatte immer lange Geschichten gelesen, und es ist jetzt etwas ganz anderes. Ich hatte früher immer darauf gewartet, bis das Buch zu Ende war. Aber jetzt gibt es kein Ende. Ich bin auch nicht viel weiter gekommen, aber wenn Sie wollen, kann ich Ihnen das Buch ausleihen. Es hat so schöne Gedichte, oder Verse. Ich schreibe Ihnen einen auf.

Statt meiner Zunge spricht mein Auge
zu Dir und gesteht Dir die Liebe,
die ich verbergen wollte.
Tränen flossen, als wir uns begegneten.
Ich schwieg, doch die Augen hatten alles gesagt.
Du winktest mir zu, und ich verstehe Dich schon,
ich verändere nur meinen Blick,
und schon weißt Du, was ich will.
Unsere Augenlider vermitteln unsere Anliegen,
wir schweigen, aber die Liebe spricht.

Ich habe nicht so viel über meine Beziehung zu Anita geschrieben, weil ich denke, daß diese Beziehung sich bald auflösen kann. Wissen Sie warum, weil wir uns nicht so oft treffen können, und wenn man miteinander gerade Busenfreundin ist, muß man ein bißchen mehr Zeit für seine Freundin haben können. Aber hoffentlich bleibt unsere Beziehung fest.

Anita wollte, daß ich in den Osterferien eine Woche zu ihr gehe. Ich sollte zu Hause fragen, ob ich gehen darf. Ich dachte, es ist besser, wenn ich nicht frage, weil ich dachte, daß ich ein »Nein« hören werde, aber Anita fragte mich, ob ich gefragt habe, und ich meinte »Ja«, und dazu habe ich ein »Nein« gekriegt. Sie meinte, daß sie selbst mit meinem Bruder reden werde. Deswegen habe ich einen Nachmittag meinen Bruder gefragt, ob ich zu ihr gehen darf, und er meinte »Ja«. Ich dachte, er hat nicht verstanden, was ich sagen wollte, als ich zu ihm sagte, daß ich nachts bei ihr schlafen werde, meinte er: »Es ist schon okay.«

Wissen Sie, wie ich mich darüber gefreut habe, aber ich habe nur »Danke« gesagt, wenn ich meine Gefühle zeigen wollte, würde er bestimmt denken, was ich bei Anita machen werde. Aber ich mag es nicht, meine Gefühle immer verstecken zu müssen. Wie lange muß ich noch meine Gefühle verstecken? Manchmal denke ich, daß ich eines Tages platzen werde.

Ich versuche meine Sätze jetzt nicht mehr mit »und« anzufangen. Ist das jetzt besser? Ich gehe die zweite Woche der Osterferien zu Anita.

Als ich zu ihr gesagt habe, daß ich es darf, hat sie sich sehr gefreut. Hoffentlich kann ich mit diesen drei Tagen meine Freundschaft retten.

Heute ist der 12. 4., und mein Bruder hat Geburtstag. Sein Freund ist heute aus Hannover nach Berlin gekommen, aber erst um 11 Uhr nachts.

Wissen Sie, worüber sie jetzt sprechen, über den Tod meines Vaters. Ach Gott, ich werde das niemals vergessen. Jetzt ist alles vorbei, aber ich denke, daß ¾ von meinem Leben und meinem Herz weg ist. Ich zeige meine Gefühle nicht, aber ich weiß es, daß ich nicht mehr so wie früher an dem Leben interessiert bin. Hoffentlich werde ich über alles wegkommen.

Heute hat meine Mutter angerufen. Sie hatte auch im Iran den Geburtstag meines Bruders gefeiert. Sie sagte, daß sie in der Botschaft war, und dort sagten sie, daß diese Einladung noch mal zurückgeschickt werden muß, um das alles überprüfen zu können, daß diese Leute sicher sein können, daß meine Mutter nicht in Deutschland bleiben will. Ich denke, daß sie Ihre Unterschrift brauchen, weil Sie damit versichern können, daß meine Mutter nicht in Deutschland bleibt, aber dann darf sie nach Deutschland kommen.

Ist das alles nicht so komisch?

(Der folgende Text ist mit einem anderen Schriftbild durch einen anderen Füllerfederhalter geschrieben.)

Ich bin am Dienstag 17. 4. zu Anita gegangen, und ich war bis Freitag bei Anita. Wir haben vieles gemacht. Wir sind zu I. gefahren und haben dort ein Lagerfeuer gemacht. Aber wir hatten immer Angst, daß mein Bruder anrufen kann, deswegen waren wir immer um 24 Uhr zu Hause. Mittwoch sind wir ins Kino gegangen, und ich habe meinen Bruder angerufen und gefragt, ob wir ins Kino gehen dürfen, und er sagte: »Ja, natürlich.«

Als ich am Freitag nach Hause kam, hat er sich über mich lustig gemacht, weil ich angerufen habe, um ihn zu fragen. Ich sagte zu ihm, wenn Du angerufen hättest, und wir wären nicht zu Hause, hättest Du bestimmt gedacht, daß ich die Zeit ausnutzen will, aber er meinte: »Wenn ich dir erlaubt habe, zu Anita zu gehen, bedeutet es, daß du alles machen kannst.«

Ich habe mich sehr gewundert. Er meinte, daß ich noch ein Kind bin, weil ich nicht verstanden habe, daß ich alles machen darf, und ich sagte zu ihm, daß ich ihn noch nicht richtig kenne. Ich denke, er ist viel besser geworden. Er hat nicht ein einziges Mal bei Anita angerufen. Diese drei Tage waren ganz schön!

Ich habe mir einen neuen Füller gekauft, und wie Sie sehen, habe ich zuerst für Sie einen Brief geschrieben. Endlich habe ich den richtigen Füller gekauft, weil die anderen Federn von meinen Füllern zu dünn waren. Aber jetzt habe ich einen Füller mit sechs Federn gekauft. So ein Füller hatte ich auch im Iran gehabt, weil ich dort die Schönschreibkunst konnte, und hatte ich immer in diesem Fach 20 oder 19 Punkte gehabt. Meine Schönschreibkünste haben meinem Vater sehr gefallen, und er hatte für mich so ein Füller gekauft. Aber leider kann ich hier nicht so gut schreiben. Meine deutsche Schrift ist überhaupt nicht gut.

Ich habe auch vier oder fünf Tage in den Ferien gearbeitet. Es hat viel Spaß gemacht. Am Montag habe ich auch gearbeitet. Unser toller Personalchef hatte Eier versteckt, und wir haben die Eier gefunden. Es war echt toll.

Diese zwei Wochen werde ich nie in meinem Leben vergessen. Diese zwei Wochen waren meine besten Ferienwochen in diesen zwei Jahren. Heute ist Sonntag. Ich durfte heute arbeiten, weil ich nächsten Samstag nicht arbeiten kann.

Ich war dann um 20.45 zu Hause und habe etwas gegessen und mein Zimmer aufgeräumt. Jetzt habe ich ein paar Kerzen angemacht und schreibe an Sie. Es ist genau 22.00 Uhr. Vielleicht schlafen Sie schon! Meine Schwester kommt heute nicht nach Hause. Sie ist heute mit ihrer Freundin ausgegangen und wird bei ihr schlafen. Hier ist es so still. Niemand sagt: »Mach das Licht aus.« Ich denke, wenn sie von hier auszieht, werde ich sehr einsam sein.

Wissen Sie, was ich nicht zu Ende gelesen habe? Mein Buch habe ich noch nicht zu Ende gelesen. Ich schreibe Ihnen etwas von diesem Buch auf:

»Ich gebe mein Leben hin für den, der meinen Gruß lachend erwidert, und nach der Verzweiflung mir wieder Luft zur Vereinigung gibt. Sobald er erscheint, entdeckt die Sehnsucht meine Geheimnisse, und zeigt denen, die mich tadeln, was ich im Herzen trage; die Tränen meiner Augen bilden eine Scheidewand zwischen mir und dem Geliebten, als wenn die Tränen ihn ebenso liebten, wie ich!« Sind diese Verse nicht schön?

Haben Sie gestern den Film »Das blutige Öl« gesehen? Es war über den Iran. Ich hoffe, daß Sie auch gute Ferien hatten. Lassen Sie sich bitte Zeit. Sie können in einer Woche die Antwort zurückschreiben, weil ich wissen möchte, wie es Ihnen in den Ferien gegangen ist. Dann gute Nacht. Setareh, 22. 4. 1990.

Liebe Setareh,

so ein lieber, interessanter, langer Brief aus Deinen schönsten Ferien seit zwei Jahren! Hab vielen Dank dafür! Es ist wirklich viel geschehen in Deinen Ferien... Wir haben ja auch am Montag darüber gesprochen, daß es passieren kann, daß man selbst den Mißerfolg vorausnimmt – in dem Du Anita schon von Dir aus absagtest. Wir sprachen auch über Deinen Stolz und das Gefühl der Erniedrigung, wenn man einen anderen um etwas fragen soll. Ich denke, Du sammelst wichtige Erfahrungen für Dein Leben beim Erwachsenwerden.

Von meinen Ferien habe ich Dir ja schon am Montag erzählt – es war schön, Dich wiederzusehen und vor allem zu hören.

Als ich Deinen ersten Text in Persisch las, erschien mir dieser wie eine wunderschöne Kalligraphie, wie ein Bild. War der mit dem Füller Deines Vaters geschrieben? Was bedeutet ein Füller mit sechs Federn? Jeder Füller hat doch nur eine Feder?

Warum nicht auch in der deutschen Sprache, die Du so rasch gelernt hast, eine Schönschreiberin werden? Vielleicht manchmal – bei einem wichtigen Text? Deine Gedanken verdienen einen angemessenen Rahmen... Ich kann Deine mit Tinte geschriebenen Texte besser lesen, sie sehen für mein Auge besser aus als die mit Kugelschreiber – obwohl auch die oft sehr schön geschrieben sind.

Ich lasse mir gern immer wieder von Dir etwas aus 1001 Nacht erzählen, zum Lesen dieses Buches selbst fehlt mir gegenwärtig die Zeit. Es steht soviel in der Zeitung, und für die Schule habe ich auch immer viel zu lesen.

Was die Probleme mit dem Aufenthalt für Deine Mutter betrifft, bedauere ich das sehr. Das ist nicht recht, daß das Konsulat solche Schwierigkeiten macht. Es ist auch unsinnig, das Formular nach Deutschland zurückzusenden, so schützen sie sich auch nicht wirksam gegen das, was sie vermeiden wollen. Das sind Schikanen, die die Bürger entmutigen. Also sollte man sich nicht entmutigen lassen. Wieso sind mit deinem Vater bzw. nach seinem Tod ¾ Deines Lebens weg und auch Deines Herzens?

Was hast Du Neues erfahren vom Freund Deines Bruders? Mißt Du alles, was Du heute erlebst, erhältst oder erfährst, mit dem, was Dein Vater Dir gab? Weißt Du noch, wie wir am Montag über die eigenen Kräfte sprachen, die Kräfte, andere Menschen für sich zu gewinnen, Kräfte, einen eigenen Weg im Leben zu finden – in Dankbarkeit auch denen gegenüber, die einem auf diesem Weg begegneten, einem weiterhalfen, zu Eigenem ermutigten? Du hast noch kein Gefühl für Deine eigenen Kräfte, scheint mir. »Muskeln« für das eigene Leben kann man trainieren. Was denkst Du dazu?

Gerade höre ich im Fernsehen vom Mordanschlag auf Oskar Lafontaine – eine schreckliche Tat einer offenbar kranken Frau! Er soll in Lebensgefahr im Krankenhaus liegen.

Berichtet wird im Fernsehen auch, daß in den letzten drei Monaten viel mehr Frauen als zuvor in der DDR aus Angst um ihren Arbeitsplatz abtreiben. Nie hatten sie zuvor aus diesem Grund Angst um ihre Arbeitsplätze – in der Bundesrepublik kennen viele Frauen diese Sorge und auch die um eine Wohnung für Familien mit Kindern. Auch die Sorgen werden vereinigt in diesem Prozeß des Zusammenwachsens.

Wir werden uns vor der Heirat Deiner Schwester an diesem Wochenende nicht mehr sehen. Wünschst Du ihr bitte alles Gute für ihre Ehe und ein wunderschönes Fest? Vor allem auch Dir möchte ich für dieses Fest wünschen, daß Du es genießt!

Und bitte: Erzähle mir, wie man, wie ihr so eine Hochzeit feiert. (Nun wollte ich hier das *Und* am Satzanfang zur Hervorhebung, daß es etwas Wichtiges ist, also als Stilmittel verwenden, aber es klingt doch selbst hier mit dieser Absicht nicht besonders.) Also, laß es Dir gutgehen, bis bald! Sb

Liebe Frau Schubert!
Ihren Brief habe ich gelesen. Schade, daß wir am Montag kein Deutsch haben. Ich weiß nicht, von welchem Text Sie schreiben, aber ich muß sagen, daß ich dummerweise den Füller nicht mitgebracht habe.

Es ist wirklich schade, daß Sie am Samstag nicht kommen konnten. Ich habe Mario auch eingeladen, aber ich bin mir nicht sicher, ob er kommen wird.

Meine Mutter hat heute angerufen, und sie meinte, daß Ihre Einladung nicht akzeptiert wurde. Sie meinte, daß in der Botschaft gesagt wurde, daß mein Bruder selber eine Einladung schreiben muß. Ich weiß noch nicht genau, was passiert ist, weil sie alles zu meinem Bruder gesagt hat. Aber vielen Dank für die Einladung.

Na ja, seit ich gehört habe, daß mein Vater gestorben ist, habe ich nicht mehr soviel Mut wie vorher. Aber ich werde versuchen, darüber hinwegzukommen. Ich muß noch viel an das Leben denken, um ein eigenes Leben bauen zu können.

Heute ist Sonntag. Gestern war die Hochzeit, ich hab es wirklich genossen. Wissen Sie, wer gekommen ist? Ja, Mario ist gekommen.

Ich habe mich so sehr gefreut, und ich war den ganzen Abend gut gelaunt. Es war so toll! Alle dachten, daß er mein Freund ist, aber ich mußte alle enttäuschen.

Wir sehen uns morgen, und ich werde Ihnen alles erzählen. Er war ein ganz anderer Mensch geworden. So chick angezogen hatte ich ihn noch nicht gesehen. Gestern habe ich gefühlt, daß das Leben auch wunderschöne Tage haben kann.

Ich war gestern sehr glücklich. Ich wollte mir einreden, daß ich ihn nicht mehr sehr liebe, aber gestern habe ich gemerkt, daß das ein großer Irrtum war. Ich denke, daß ich ihn nicht einladen sollte, weil ich jetzt im klaren bin, daß ich ihn noch liebe, und das ärgert mich. Zum erstenmal bin ich in meinem Leben verliebt, und alles hat keinen Sinn. Ich habe mir das erste Mal Verliebtsein ganz anders vorgestellt.

Aber ich habe oft Pech!? Er war gestern so nett und lieb zu mir, daß niemand mir glauben konnte, daß er nicht mein Freund ist. Es war echt ein tolles Fest. Schade, daß ich Sie nicht dabei hatte. Morgen werde ich Ihnen noch vieles erzählen. Mein Tagebuch wartet auch auf meinen Bericht. Ich freue mich auf morgen. Setareh, 29. 4. 1990.

30. 4. 1990

Liebe Setareh,
Du kluge Schreiberin,
Du hübsches Mädchen!
Liebe Briefschreiberin,
nun ist die Pausenaufsicht vorbei, und ich habe Vertretung in einer VZ Stillarbeit in der 7. Klasse. Die Hälfte etwa erledigt Arbeiten, die anderen träumen, flüstern, kichern. Zwei schauen aus dem Fenster. Einer liest.

Es freut mich, daß Euer Hochzeitsfest so schön war. Ins Tagebuch schreibst Du Deine Träume? Du hast mehrere Bücher, in die Du schreibst – Monologe und Dialoge. Wonach entscheidest Du, wohinein Du schreibst? Natürlich wirst Du Englisch und Mathematik so gut lernen, wie Du das für die Oberstufe brauchst. Wenn Du unsicher bist, ob Du es schaffst oder ob Du richtig lernst, frag bitte immer einen Spezialisten, der Dir bei der Frage helfen kann. Die Angst »Schaff ich das?« ist kein guter Berater.

Dein Erfolg in Englisch hat mich sehr gefreut, es ist eine große Leistung, nach einem Jahr Lernen einer neuen Fremdsprache ausreichende Ergebnisse in einem Kurs zu erreichen, der schon im vierten Jahr diese Sprache lernt.

Mit dem Text meine ich Deinen ersten Text in unserem Lerngruppenbuch, auf den ich Dir auch in Persisch geantwortet habe, antworten ließ.

Dein Satz »Ich muß noch viel an das Leben denken, um ein eigenes Leben bauen zu können« gefällt mir gut. Was das Verlieben betrifft, das ist so kompliziert, wie Du es selbst aufgeschrieben hast. Zu bereuen gibt es da nichts. Du hast ihn eingeladen, und er ist gekommen. Das ist gut so, auch wenn Du merkst, das Gefühl ist anders, als Du glaubtest, daß es sei. Es sei, wie es sei…

Kennst Du die Liebesgedichte von Erich Fried, die gehören zu den schönsten, die ich kenne. Bestimmt gibt es die auch in der Bibliothek. Ich bin gespannt, wie die Dir gefallen.

Liebe Frau Schubert!
Ihren netten Brief habe ich schon in der Klasse gelesen! Sie haben mich nicht gesehen. Wie konnten Sie es auch? Sie waren doch unten, und ich habe die Gelegenheit benutzt, um den Brief lesen zu können.

Heute hatten wir in Geschichte ein interessantes Thema, aber ich weiß überhaupt nicht, wieso ich Geschichte nicht so richtig mögen kann?

Ich langweile mich oft, aber in Deutsch passiert das niemals. Ja. In mein Tagebuch schreibe ich alle meine Träume. Ich schreibe, was ich mir gerade vorstelle. Es ist ein sehr schönes Gefühl, wenn man seine Träume aufschreiben kann. Hoffentlich werden alle Träume wahr. Ich bin heute sehr müde, weil wir eine Mathearbeit geschrieben haben.

Das Telefon klingelt. Meine Schwester war am Apparat. Sie wollte wissen, ob ich morgen zu ihr fahre. Ich sagte »Ja«. Sie meinte, daß ich Sie grüßen soll. Ich bringe am Montag die Fotos mit.

Ich habe auch einen Text auf Persisch geschrieben und nach dem Iran geschickt. Ich habe ihn für meinen Vater geschrieben, und sie haben das auf sein Grab geschrieben. Ich konnte mir nicht mehr gute Worte ausdenken. Ich habe zwei Tage gebraucht, um einen Text fertig zu machen, aber ich habe es geschafft, und es entstand ein guter Text. Ich werde den Text für Sie auf Deutsch schreiben, aber ich kann das nicht jetzt machen.

Ich freue mich, daß wir morgen Deutsch haben. Ich wünsche Ihnen ein schönes Wochenende. Setareh

Liebe Frau Schubert!

Ihren Brief habe ich schon in der 1. Pause gelesen. Es ist heute sehr heiß. Ich konnte das nicht mehr aushalten. Wenn ich denke, daß hier nur 27 oder 30 Grad sind, kann ich mir nicht vorstellen, es jemals in einer Hitze über 50 Grad ausgehalten zu haben.

Ich weiß nicht, wie ich das im Iran geschafft habe. Es ist wirklich ein großes Rätsel für mich geworden. Vielleicht liegt es daran, weil das Wetter so schwül ist. Im Iran habe ich in 50 Grad Hitze mit einem Mantel und einem Kopftuch ausgehalten, aber jetzt kann ich diese Hitze mit T-Shirt nicht ertragen.

Es ist schon 22 Uhr. Ich habe das Buch gelesen »Nicht ohne meine Tochter«. Das Buch ist ganz schön, aber bis jetzt ist nicht alles wahr. Das Buch hat so traurige Seiten, daß ich geweint habe, aber ich finde an manchen Stellen, daß sie erlogen sind. An manchen Stellen hat die Autorin aus einer Mücke einen Elefanten gemacht, und das ärgert mich sehr. Ich weiß nicht, wieso. Vielleicht wollte sie das Buch verkaufen, aber sie hatte kein Recht, so viele Lügen anzuwenden.

Sie wollten wissen, wie ich mich fühle, wenn ich in der Stunde schweige. Ich fühle mich dumm, weil ich nicht mitmache, weil ich noch davor Angst habe, daß meine Mitschüler mich nicht verstehen können. Aber ich werde es versuchen.

Na ja, Frau T. meinte, daß es nicht mit der Oberstufe geklappt hat, sie sagt, daß ich die 10. wiederholen kann. Ich habe mich noch nicht entschieden, aber ich denke, daß ich die Zehnte wiederholen werde. Dann bis zum nächsten Brief.

10. 5. 1990

Liebe Setareh,

wie wäre es, wenn Du der Autorin des Buches von »Nicht ohne meine Tochter« schreibst, wie Du das Buch findest und was Du nicht richtig findest? Ich bin der Ansicht, sie sollte das wissen. Vielleicht erklärt sie Dir, wieso sie es so geschrieben hat, oder sie denkt darüber nach. Vielleicht korrigiert sie sich auch in einem neuen Buch. Wo liegen die Ungenauigkeiten? Lügt sie oder sieht sie anderes als Du? Du bist ja eine sehr kritische Leserin und Denkerin, sind es zentrale Fehler, die sie macht? Sind es Kleinigkeiten? Worum geht es in diesem Buch? Du hast es sogar in den Unterricht mitgebracht, es muß also wichtig für Dich sein. Aber Dein ganzes Augenmerk sollte für Dich auf dem Unterricht liegen. Du kannst noch sehr viel lernen.

Zum Mitsprechen – die Angst, Deine Mitschüler werden Dich nicht verstehen, wird erhalten bleiben, wenn Du schweigst. Wenn Du aber mitsprichst, gewinnst Du Erfahrungen und übst Dich, Dich verständlich zu machen. Solange Du noch bei mir im Unterricht bist, kann ich Dir helfen, Dich so auszudrücken, daß Dich die anderen verstehen. Nutze diese Chance weiter, Du hast ja in den letzten Stunden einen guten Anfang gemacht.

Der größte Fehler, den Du machen kannst, ist der, zu schweigen. Nur das wäre dumm. So eine nette Lerngruppe! Du bist gut integriert, man mag Dich, Du hast Kredit bei allen, nütze den nur aus, laß ein bißchen Deiner Angst durch neue Erfahrungen fallen. Nutze die Zeit. – Es wird nicht gleich gutgehen. Aber: Dein Sprechen ist heute schon ein bißchen besser geworden. Mit jedem Satz, den Du für die anderen sprichst, kann es besser werden. – Wenn Du langsam sprichst, bist Du gut zu verstehen. Du hast ja schon viel Übung.

Möchtest Du, daß wir uns im kommenden Schuljahr weiterhin einmal die Woche treffen? Im Unterricht werden wir einander sicherlich nicht mehr sehen. Zum Fach Geschichte habe ich Dir vor einiger Zeit etwas aufgeschrieben. Was meinst Du dazu? Du hast am Montag was von Deinem Stolz erzählt, daß Du nie nachgegeben hast. Du hast einen scharfen Sinn für die Fehler der anderen, insbesondere bei den Menschen, von denen Du Dich abhängig fühlst. Es ist Dir wichtig, daß der andere den Fehler zugibt. – Du kannst nicht davon ablassen, schien mir.

Vermutlich sind Dir so Wege tieferer Verständigung versperrt – manchmal hättest Du viel mehr in der Hand, als Du heute weißt und wahrnimmst. Bis bald, Sb

Liebe Frau Schubert!
Ihren Brief habe ich gelesen, und ich habe über das Buch nachgedacht. Vielleicht sollte ich wirklich einen Brief an die Autorin schreiben, aber ich habe keine Adresse von ihr, außerdem wohnt sie geheim, weil sie Angst hat, daß ihr Mann sie finden kann.

Wir können am Montag darüber reden. Ich habe das Buch in 4 Tagen zu Ende gelesen. Ich habe das Buch mitgebracht, aber ich wollte es überhaupt nicht lesen. Ich las das Buch nur in der Pause, weil Azeddin wissen wollte, ob im Buch etwas über die Kurden steht, deshalb habe ich das Buch mitgebracht. Ich werde niemals in Deutsch etwas anderes lesen, weil Deutsch mein Lieblingsfach ist.

Ich habe das Buch »Die Legende von Paul und Paula« ausgeliehen. Meinten Sie dieses Buch? Ich habe das Buch schon zu Ende gelesen. Es war ganz kurz, aber es ist ein ganz schönes Buch. Können Sie mir bitte ein anderes Buch raten, weil ich jetzt kein Buch mehr habe, das ich in der Pause lesen kann?

Sie meinten, daß ich nächstes Jahr nicht bei Ihnen Unterricht habe. Ist das wahr? Ich bin wirklich sehr enttäuscht, und ich habe Angst, weil ich mich frage, ob die andere Lehrerin so genau wie Sie denken kann? Was kann passieren, wenn sie meine Aufsätze nicht gut findet, wenn sie denkt, daß ich nicht so gut und so hochdeutsch schreiben kann? Ich weiß, ich werde mich nur verschlechtern. Das weiß ich genau.

Aber ich bitte Sie um etwas! Ich möchte Sie auf jeden Fall einmal in der Woche sehen. Ich bin wirklich unsicher. Manchmal denke ich, ob ich eine Stelle suchen muß oder ob ich noch mal die 10. wiederholen muß, soll.

Ich bin in meinem Zimmer allein und langweile mich. Ich wollte etwas schreiben. Ich habe zwei Diktate geschrieben, aber das reicht mir noch nicht. Ich habe eine Idee, ich werde ein paar Gedichte schreiben, und das beste daraus werde ich für Sie aufschreiben. Ich muß mir nun ein Gedicht aussuchen.

Wieso!
Wieso lächelst Du mich jeden Tag an?
Wieso winkst Du mir jeden Tag zu?
Wieso gehst Du jeden Tag an
mir vorbei?
Wieso schaust Du mich immer
mit so einem freundlichen
Gesicht an?
Wieso fragst Du mich, wie es mir geht?
Wenn Du erreichen willst, daß
ich mich in Dich verliebe, dann
gebe ich nur
mir zu, daß Du es erreicht
hast.

Aber Du mußt es auch wissen,
daß ich so stark und hart bin,
daß ich meine Gefühle und
Verliebtsein verbergen kann.

Na ja. Ich habe sechs Gedichte geschrieben, aber das hat mir am besten gefallen. Ich freue mich schon auf Montag. Setareh

Liebe Setareh,

heute haben wir miteinander angefangen, über Geschichte zu reden. Ich freue mich, wenn Du einen Vortrag über die Entwicklung im Iran und die Verhältnisse dort halten wirst. Das wird auch ein wichtiges Erlebnis für Deine Mitschüler werden. Alles, was sie einmal in ihrem Leben über den Iran wissen, wird hier seinen Anfang nehmen. Alles, was sie später erfahren, werden sie vor dem Hintergrund Deines Referates verstehen. Wo und für wen ihr Herz schlägt, wird auch von Deinem Vortrag mitbestimmt werden.

Ich finde es sehr gut, daß Du versuchen willst, drüben Theaterkarten zu unserer Lektüre von Schillers »Räuber« für die Kursschüler zu kaufen. Das wird alle sehr freuen.

Zu Deinem Ärger über Ungenauigkeiten beim Buch »Nicht ohne meine Tochter«: Du kannst an den Verlag des Buches schreiben, Verlage leiten den Brief dann an die Autorin weiter. Das ist der einfachste Weg. Die Adresse des Verlages kann Dir entweder eine Bibliothekarin der Schule nennen – aber vielleicht auch nicht. Auf jeden Fall kann man die Verlagsadresse in jeder Buchhandlung erfahren.

Du wirst auch bei einer anderen Deutschlehrerin gute Ergebnisse haben, darüber sprachen wir heute schon. Du bist enttäuscht! Ich habe es immer als Glück empfunden, daß wir einander kennenlernten, so was ist Zufall. Wußtest Du das nicht – dachtest Du, es ist selbstverständlich, daß ich auch in der kommenden 10. Klasse unterrichte? *Du* wirst jeden Lehrer von Deinen Kenntnissen überzeugen können. *Du* hast mich ja auch für Dich gewonnen, *Du* hast das in der Hand.

Es freut mich, daß Du Plenzdorfs Buch von Paul und Paula gern gelesen hast. Dein Gedicht hat mir gut gefallen. Sb

Liebe Frau Schubert!

Ich freue mich, daß wir zusammen mit dem Lernen von Geschichte angefangen haben. Ich denke, je mehr ich von Geschichte erfahre, desto weniger werde ich dieses Fach hassen.

Wissen Sie, ich mag es nicht, wenn ich über ein Fach nichts weiß. Ich denke, daß ich langsam mehr über Geschichte wissen werde. Hoffentlich werde ich ein gutes Referat halten.

Ich war Dienstag in Ost-Berlin, aber leider habe ich es nicht geschafft. Als ich dort war, war die Kasse gerade zu. Es tut mir leid, aber ich habe mein Bestes getan.

Als ich in Ost-Berlin war, war es 18 Uhr 30, und die Kasse hatte geschlossen. Ich habe die Leute gefragt, und sie meinten, daß ich am Donnerstag kommen soll. Aber ich werde es auch nicht am Donnerstag schaffen, weil ich schon am Dienstag gleich nach der Schule um 16 Uhr nach Ost-Berlin losgefahren bin.

Heute ist Mittwoch, und ich werde einkaufen gehen. Ich habe überhaupt nichts gefunden, was mir gefallen hat. Alles war sehr teuer, und ich wollte nicht für ein Paar Schuhe 100 DM ausgeben. Ich denke, ich muß am Samstag noch mal losgehen.

Morgen fällt der erste Block aus, und zum Projektunterricht gehe ich auch nicht, weil ich zu Hause Mathe lernen möchte. Es ist sehr schön, daß wir am Freitag Deutsch haben. Werden wir die »Räuber« weiter in der Videoaufnahme einer Theateraufführung anschauen? Ich hoffe es.

Setareh

20. 5. 1990

Liebe Setareh,
Deine Schrift auf der linken Seite sieht fast so gut und wohlgestaltet aus wie Deine persische Schrift.

Übrigens war ich am Freitagabend zum erstenmal in Berlin in einem persischen Lokal in meiner Nähe; es war ein Eßlokal mit Life-music. Das nächste Mal trinke ich »dug« (richtig?).

Ich habe mich gefreut, daß Du für uns alle nach Ost-Berlin gefahren bist. Offenbar der Hinweg 2 ½ Stunden gedauert, in einer Stadt! so lange! Ich habe es bedauert, daß Du umsonst gefahren bist. Es ist für uns also schwierig, die Karten zu bekommen, ich kriege es zeitlich eben auch nicht hin. –

Vielleicht müssen wir uns mit der Videoaufnahme der anderen Theateraufführung begnügen. Schade, denn die Ost-Berliner Aufführung ist mit aktuellen Bezügen zur heutigen politischen Situation inszeniert.

Du brauchst neue Schuhe? Schöne Schuhe sind wirklich sehr teuer.

Zeig mir doch mal, was Du/Ihr in Geschichte bisher vorbereitet habt? Ich kann Dir gut helfen, weil ich mehr Erfahrung mit Referaten habe. Dann arbeitest Du an Deinem Thema effektiver, vermeidest Fehler, berichtest etwas, was die anderen Schüler auch wirklich interessiert. Wir könnten auch am Montag zusammen darüber reden.

Übrigens finde ich, Deine deutsche Aussprache ist besser geworden, klarer, weil Du Dir etwas mehr Zeit läßt und winzige Pausen zwischen den einzelnen Wörtern machst. Früher hängtest Du alles aneinander.

Dein Text zu Schillers »Amalia« war sachlich fundiert, geschickt formuliert und überzeugend in der eigenständigen Beurteilung ihrer Person. Wie Du allerdings den Bezug zum Dritten Reich gemeint hast, habe ich noch nicht verstanden. Laß uns am Montag darüber sprechen.

Übrigens: Was hast Du während des Katholikentages vor, wie willst Du die Ferientage nutzen? Vielleicht verwendest Du auch Zeit für Dein Nahostreferat? Du merkst, mir liegt viel daran, daß Du eine möglichst gute Note in Geschichte bekommst.

Mich interessiert immer noch sehr die Frage, wie es Dir in unserer Lerngruppe ging und geht, wie Du unsere Klasse als Gemeinschaft beurteilst. Ich beschäftige mich gerade intensiv auf theoretischem Niveau mit dem Problem, wie man aus einer Klasse eine Lerngemeinschaft machen kann. Ich wäre deshalb für mich sehr froh, möglichst bald Deine Überlegungen zu dem Themenfeld zu kennen. Kannst Du mir Deine Gedanken und Erfahrungen *vor* den Sonderferien noch aufschreiben? Vielleicht kannst Du die Verhältnisse hier auch mit den persischen vergleichen? Meinst Du, Du kannst mir bereits zu Dienstag etwas schreiben? Das würde mich sehr freuen. Sb

Liebe Frau Schubert!
Wie ich sehe, wird unser Buch langsam fertig. Eigentlich wollte ich heute ein Heft kaufen, aber ich habe es vergessen, weil ich zuerst zur Post gegangen bin, dann bin ich zum Arzt gegangen. Wieso? Ich weiß auch nicht. Am Freitag hat mein Rücken zu schmerzen angefangen, und als ich heute nach Hause kam, konnte ich nicht mehr laufen. Es hat 40 Minuten gedauert, bis ich zu Hause war.

Ich wollte dann anfangen, Staub zu saugen, aber es schmerzte sehr. Ich konnte es nicht mehr aushalten. Es war sehr schrecklich, dann bin ich zum Arzt gegangen, und er hat mir nur eine Creme gegeben. Ich liege jetzt auf dem Boden und kann mich kaum bewegen, wenn ich die Kassette umdrehen möchte, tut es so weh, daß ich mich kaum bewegen kann. Der Arzt meinte, daß ich mich morgen ins Bett legen muß und daß ich nicht laufen darf. Ich werde morgen nicht zur Schule kommen, aber zum vierten Block werde ich kommen.

Ich werde es versuchen. Ich habe mir neue Schuhe gekauft, ganz schön teuer, für 100 DM! Ich habe zwölf Stunden für ein Paar Schuhe gearbeitet. Komisch?

Sie möchten wissen, was ich über unsere Klasse denke. Ich finde sie ziemlich nett, aber auch nicht sehr nett. Sie sind zueinander nicht nett, sie verraten ihre Freundin, um einen Punkt mehr zu kriegen. Manche benutzen jedes Mittel, um nicht im Unterricht zuzuhören. Ich finde, daß alle nicht zusammenhalten und daß sie manchmal sehr frech sind.

Haben Sie heute miterlebt, als ich den Text gelesen habe, meinte T., daß sie überhaupt nichts verstanden hat. Das ist jedesmal so, sie und ihr Freund machen mich ständig an, und ich weiß, daß ich eines Tages ihren Freund schlagen werde. Ich gebe mir wirklich große Mühe, um richtig zu lesen. Jedesmal verstehen alle außer T. Ich lese jede Nacht wie verrückt laut meine Geschichtsbücher, um endlich besser zu lesen.

Das finde ich gemein von ihr. Ich denke, wenn ich ihr nichts angetan habe, dann muß sie mich doch in Ruhe lassen. Ich weiß nicht, ob ich richtig geantwortet habe, aber ich finde, daß unsere Klasse eine richtige Strafe kriegen soll.

Ich kann es überhaupt nicht mit dem Iran vergleichen. Wir haben im Iran einmal etwas gemacht, was verboten war, und unsere Direktorin wollte wissen, wer schuld war. Niemand hat es gesagt. Eine ganze Klasse hat zusammengehalten. Wir mußten damit rechnen, daß sie uns von der Schule schmeißen, das haben die dann auch gemacht, und wir durften eine Woche nicht zur Schule. Die Schule hat dann zugegeben, daß es keinen Sinn hat, uns rauszuschmeißen. Im Iran sind wir für einen anderen durch dick und dünn gegangen. Wenn eine Neue in unserer Klasse war, haben wir sie gleich akzeptiert. Manche konnten nicht so gut Persisch, weil sie in einem Dorf großgeworden waren, und in jeder Stadt im Iran reden die Leute eine andere Sprache. Wir haben ihre Fehler verbessert und uns mit ihr befreundet. Für uns gab es keine Ausländer. Wir waren stolz, wenn eine Ausländerin in unsere Klasse kam.

(Da könnten wir hier viel von den Schülern dort lernen.)

Aber für unsere Lerngruppe ist nur derjenige ein Deutscher, der blonde Haare und helle Augen hat. Zum Beispiel sie sehen N., die aus Polen kommt, als eine Deutsche an; es ist nicht wegen ihrer perfekten Sprache. Azeddin kann auch perfekt Deutsch. Wenn jemand blond ist, dann ist er ein Deutscher. Na ja, das ist meine Meinung. Ich weiß, daß es Ihnen nicht gefällt. Ich komme morgen bestimmt zu Deutsch. Dann bis morgen!

Ich konnte nicht zur Schule kommen. Ich konnte nicht laufen. Jetzt weiß ich, wie sich die Leute, die behindert sind, fühlen. Ich hatte wirklich Angst gehabt. Ich konnte nachts überhaupt nicht mehr schlafen. Ich hatte soviel Schmerzen, daß ich beinah weinen konnte.

Aber ich weine nicht, wenn ich Schmerzen habe. Ich mußte noch mal zum Arzt.

Heute ist der 27.5.1990. Ich habe heute eine gute Nachricht erhalten. Können Sie raten? Ich werde es Ihnen morgen sagen.

Ich habe drei Bücher gelesen »Liebe – wie im Roman«, »Der Ritt mit dem Teufel« und »Herrin der Meere«. Das sind sehr tolle Bücher. Ich habe auch viel Englisch gemacht.

Gestern nacht konnte ich zum erstenmal in diesen vier Tagen gut schlafen. Ich habe den Schlaf der letzten Nächte nachgeholt und habe bis 12 Uhr mittags geschlafen.

Ich möchte Sie einmal zum Essen einladen. Können Sie mir bitte sagen, wann Sie Zeit haben? Ich hoffe, daß Sie Zeit haben.

(Ich würde sehr gern einmal kommen, wenn Deine Mutter da ist, nach der Notenabgabe am 28.6.1990. Über den Wochentag laß uns noch sprechen, auch über die Tageszeit.)

Ich habe viel geschrieben. Wenn Sie auf den weiteren drei Seiten antworten, dann kann ich die Antwort bereits in unser neues Heft schreiben. Ich war heute bei meiner Schwester und habe ihr geholfen, weil sie Gäste hatte, dann habe ich vier Stunden bei McDonald gearbeitet, und jetzt bin ich sehr müde.

Ich habe geduscht, aber ich möchte noch nicht schlafen, weil ich nicht schlafen kann. Die Nachricht war so toll, daß ich heute nacht kein Auge zukriegen kann. Das weiß ich genau. Sie sind bestimmt neugierig geworden.

Aber ich werde jetzt nicht schreiben, was ich gehört habe. Ich werde jetzt ins Bett gehen und versuchen zu schlafen. Bestimmt bin ich morgen gut gelaunt. Ich freue mich sehr auf morgen. Dann bis Montag! Setareh, Datum: 27.5.1990, Zeit: 22.51

1. Juni 1990, Freitag

Ich müßte schon in die Schule losgefahren sein, um sicher pünktlich zu kommen. Es wird also ein kurzer Brief, damit Du einen bekommst vor den Pfingstferien, zum Kopieren bin ich auch noch nicht gekommen. In zehn Tagen nach dem Abitur wird alles besser! Ich freue mich sehr, daß Deine Mutter bald kommt.

5. Juni 1990

Liebe Setareh,

nun habe ich es doch vorgezogen, in die Schule zu fahren am Freitag. So einen kurzen Brief wollte ich Dir auch nicht geben. Außerdem habe ich vor, unseren »Brief« für mich noch zu kopieren, ich hoffe, ich komme nachher dazu.

Die »Pfingstferien« sind fast vorbei, ohne daß ich bisher Zeit für die Abitur- und Schulvorbereitung gehabt hätte. Wir hatten drei junge

Leute zu Besuch, zwei sind meine Halbschwestern, 16 und 18 Jahre alt. Wir haben viel unternommen.

Ich habe Mühe, mich wieder in den Alltag zu finden. Zu allem Überfluß ist mir eben mein Fotoapparat hingefallen, der Auslöser ist kaputtgegangen. Nun wird eine teure Reparatur erforderlich. Es ist fraglich, ob der Apparat überhaupt noch zu reparieren ist, weil es die Produktionsfirma nicht mehr gibt. Falls es aber dennoch gehen sollte, wird der Apparat sicherlich nicht mehr vor den Sommerferien fertig sein. Ich wollte sooo gern noch ein Foto von unserem Kurs machen!

Wie geht es Deinem Rücken? Hast Du wieder Schmerzen gehabt?

Jetzt werde ich Deine Briefe noch einmal auf Fehler absuchen. Du machst nur noch sehr wenig Grammatikfehler, jetzt geht es eigentlich immer um stilistische Feinheiten... Über Deine pauschal kritische Sicht der Lerngruppe haben wir ja gesprochen, sie ist ungerecht und zu streng.

Über das Lesen sollten wir noch einmal reden. Ich denke, so ganz allein lesen üben ist auch schwer. Es wäre besser, zusammen mit einem Menschen, den Du magst, das Lesen zu üben. – Dieses Verhalten einzelner Schüler hat übrigens mit »deutsch« nichts zu tun. Es ist schlicht dumm, es hat nichts damit zu tun, daß Du aus dem Iran kommst.

Der große Psychologe Alfred Adler hat einmal ausgeführt: »Dieser Hang, jemand herabzusetzen, ist ein allgemeiner. Gibt es einen Menschen, der nicht den Neid, nicht die Eifersucht der anderen Leute empfunden hätte? Warum soll das einer ernst nehmen, wenn er z. B. wegen seiner Nation, seiner Konfession, seiner Haare wegen herabgesetzt wird?« Und er sagt, was man tun sollte mit Kindern, die solche Verspottung erleben, die darunter leiden, z. B. weil sie rote Haare haben.

»Man müßte solche Kinder darüber aufklären, daß in der Menschheit eine ganze Reihe von Ungerechtigkeiten bestehen, daß die Welt häufig etwas ausfindig macht, um die anderen zu drücken. Das ist auf der ganzen Welt so. Ein Volk will das andere herabsetzen, eine Familie dünkt sich höher als die andere, man hebt verschiedene Dinge heraus, um einen Angriffspunkt zu finden. *Das gilt aber nur, solange der andere mittut.* Der Junge muß verstehen, daß er dem anderen keine Zielscheibe bieten darf, dadurch, daß er sich von ihm ärgern läßt. Es ist in unserem Leben so, wenn einer sich ärgert, läßt der Angreifer nicht nach. Der Junge müßte den Angriff auf die roten Haare als Dummheit des Angreifers sehen.«

Für Dich, denke ich, kann das heißen: Lern mutig, aufrecht und beharrlich weiter so, wie Du begonnen hast! Auf unseren Austausch bei diesem Lernprozeß freut sich Deine Lehrerin B. Schubert.

Liebe Frau Schubert,

Das ist unser drittes Briefheft. Nach so langer Zeit habe ich endlich einen Brief von Ihnen bekommen. Ich habe mich sehr gefreut. Am Freitag war unser Abschlußball.

Ich hatte mich so gefreut, dorthin zu gehen, aber ich war so krank, trotzdem wollte ich hin, ich habe nachmittags geschlafen, und wollte um 16.00 aufstehen, aber ich bin um 18.00 aufgestanden. Aber ich habe mich beeilt, und als ich dort war, war es zu spät, weil ich 30 Minuten zu spät kam, der Dampfer war schon abgefahren. Schade.

Sie haben geschrieben, Sie werden kommen, wenn meine Mutter da ist. Eigentlich wollte sie deshalb heute anrufen, um Bescheid zu sagen, ob sie am 28. kommt, aber bis jetzt hat sie nicht angerufen, und ich bin sehr nervös. Aber ich werde Ihnen Bescheid sagen, wann sie kommt, und wenn meine Mutter auch nicht kommt, möchte ich sehr gerne, daß Sie kommen.

Ich bin ab Juli allein für drei Wochen, außerdem kann ich auch persisches Essen kochen, und wir gehn dann nach dem Essen ins Krankenhaus, weil ich so schlecht koche. Das war nur Spaß. Ich kann wirklich kochen, als ich neun Jahre alt war, habe ich gelernt, wie man kocht, also Sie brauchen keine Angst zu haben. Wenn meine Mutter da ist, können Sie auch jederzeit kommen. Meine Mutter möchte Sie sehr gerne kennenlernen.

Hoffentlich bekommen wir morgen unsere Aufsätze. Ah, schade, daß Ihr Fotoapparat kaputt ist. In unserem alten Heft der Lerngruppe war ein Foto von mir, und Sie hatten darunter geschrieben, daß ich eine neue Schülerin bin. Das Foto war sehr schön, und ich möchte Sie darum bitten, wenn Sie das Negativ noch haben, es mir zu geben, weil ich mir eine Kopie davon nachmachen möchte. Ich fotografiere gern und sammle auch sehr gern Fotos.

Es geht meinem Rücken gut, aber ich gehe noch zur Behandlung.

Letzten Sonntag habe ich mein Zimmer ganz saubergemacht und allen Staub abgewischt, weil ich dachte, daß meine Mutter kommt, und dabei habe ich meinen Zeh sehr tief verletzt. Eine Rasierklinge war in meinem Zimmer, weil ich damit etwas saubermachen wollte. Dann habe ich sie irgendwo auf den Boden gelegt. Ohne es zu wissen, habe ich mich dort hingesetzt. Auf einmal fühlte ich, daß etwas an meinem Zeh ist, und als ich nachschaute, sah ich, daß der ganze Teppich voll Blut war. Es war sehr komisch. Ich hatte mir sehr weh getan, aber ich dachte, es ist es wert, weil meine Mutter kommt.

Sie müssen nicht denken, daß ich mein Zimmer nicht aufräume. Ich räume es immer auf, aber meine Mutter ist eine sehr saubere Frau, die jeden Flecken sehen kann, deswegen habe ich gründlich saubergemacht.

Ich werde langsam verrückt. Ich bin heute um 7 aufgestanden, um auf ihren Anruf zu warten. Sie sagte, sie werde anrufen, wenn sie eine Flugkarte für den 28.6. kriegt. Es ist 21 Uhr 30, aber sie hat noch nicht angerufen. Ich freue mich schon auf morgen. 24.6.1990.

P.S. Ich schreibe für Sie ein paar meiner Gedichte auf. Diese Gedichte sind wahre Gedichte. Die sind das einzige Andenken an Ihn.

Das erste Zeichen
der Liebe
Ich sehe ihn vor mir
Er schaute mich an, und spielte
mit meinen Haaren.
Er war sehr traurig.
Ich schlug seine letzte Bitte ab, weil
ich nicht am Flughafen von ihm
Abschied nehmen wollte.
Er blieb zu Hause, während ich
am Flughafen war.
Ich hatte versprochen, ihn anzurufen.
In der letzten Minute rief ich
Ihn an.
Ich hörte seine Stimme, wie er
zum erstenmal zu mir sagte:
»Setareh, ich liebe Dich.«
Mein Herz blieb für ein paar
Sekunden stehen.
Ich war so glücklich, er liebte
mich.
Ich sagte zu ihm ganz leise:
»Ich liebe Dich auch«, dann legte
ich den Hörer auf.
Ich dachte nach, sollte ich wirklich
fliegen.
Mein Onkel rief mich, beeil Dich
oder willst Du das Flugzeug
verpassen.
Ich sah, wie meine Freundinnen

weinten, aber ich weinte nicht.
Ich verlasse meine Heimat. Ich weiß,
daß ich eines Tages zurückkehren
werde.
Ich werde ihn sehen, und alles
wird wieder gut werden.

25. Juni 1990

Liebe Setareh,
gerade habe ich Vertretung im 10. Jahrgang. In dem Kurs werden auch
die »Räuber« gelesen. Jetzt sitzen die Schüler da und erledigen gerade
eine schriftliche Arbeit.

26. 6. 1990. Eben traf ich Dich im Flur und erzählte Dir Dein Ge-
schichtsergebnis. Du warst ganz betroffen. Aber Du wirst das lernen,
wenn Du weiter genau arbeitest. Ich bin mit den Noten noch nicht
fertig. Ich weiß nicht, wie ich das bis morgen schaffen soll. Versteh
daher bitte die Kürze meines Briefes. Bis bald. Sb

Krank vor Kränkung?

Setareh erkältet sich stark. Ist ihr Kummer die Ursache, wie sie nach
dem Gespräch mit der behandelnden Ärztin meint? Es fällt ihr schwer,
auf die Schule zu verzichten, immer denkt sie an das Fach, das gerade
unterrichtet wird. Diese Erkältung, in deren Verlauf sie mehrere Tage
zu Hause bleibt – sie will mich nicht anstecken –, wird zum Anfang
einer längeren Phase der Niedergeschlagenheit.

In den folgenden drei Monaten gerät sie in eine depressive Entwicklung, die von den Gefühlen der Ohnmacht in ihrem Alltag bestimmt ist,
die nur selten unterbrochen ist. Die tägliche Auseinandersetzung mit
ihrem Bruder wird für sie unerträglich. Sie fühlt sich eingeschränkt,
bevormundet, kontrolliert. Sie kann nicht mehr lernen, sie ist gedank-
lich absorbiert. Sie kann es nicht mehr aushalten, ihr fehlt die Liebe, sie
möchte ausziehen, um nicht mehr kritisiert zu werden. Mir fällt auf,
daß die Freundin als Stütze ihres Alltags nicht mehr erwähnt wird; die
Beziehung ist lockerer geworden. Setareh nennt als einen Grund, sie
dürfe nicht wie gleichaltrige Mädchen rausgehen, könne z. B. nicht einfach spontan die Freundin besuchen. Sie fühlt sich bei Fragen an ihren
Bruder oder die Pflegemutter zur deutschen Sprache als faul kritisiert.

Als sie glaubt, das nicht länger auszuhalten, beschließt sie, die Schule zu verlassen, Geld für eine eigene Wohnung zu verdienen, um später auf der Abendschule den gewünschten Schulabschluß zu erreichen. Gleichzeitig betont sie, daß sie müde vom Leben sei. Ihr Gedicht »Ich« endet erneut mit Punkten für Unaussprechbares. Ich höre mich nach Therapiemöglichkeiten für sie um.

Ihre Lieblingsmärchen von Dornröschen, Aschenputtel und Schneewittchen geben mir einen zusätzlichen Hinweis als Arbeitshypothesen für ihr Lebensgefühl als junges Mädchen und ihr inneres Befreiungsmodell. Vor dem Hintergrund der von ihr benannten Lieblingsmärchen erscheint sie mir in den Gesprächen manchmal wie eine Rose hinter Dornen, die sich, nachdem der Vater ohne Macht ist, selbst nicht mehr erlösen kann. Eines Tages kommt die Erlösung von außen durch einen Mann? Sieht sie sich als das Aschenputtel, dem eine böse Mutter Unrecht tut, die harte Hausarbeit machen muß, während die Schwestern auf Bälle gehen? Immerhin ist auch hier die Zuversicht auf eine ausgleichende Gerechtigkeit für erlittenes Unrecht sicher vorhanden. Will sie als von der bösen Mutter Verfolgte, die ihr das eigene Glück nicht gönnt, sie fast vergiftet, von Zwergen in einem Glassarg getragen und freundlich aufgenommen werden, zum Mittelpunkt einer wohlwollenden Gemeinschaft werden?

Die bevorstehende Hochzeit ihrer Schwester beunruhigt sie. Wie wird sie allein ohne diese wichtige Gesprächspartnerin mit dem Bruder, Frau T. und ihren Kindern leben können? Telefonate mit ihrem Freund und der Mutter im Iran freuen und beunruhigen sie gleichermaßen. Der Lebenskummer der Mutter überfordert sie. Tagträume bestimmen zunehmend ihr Leben in dieser Zeit. Sie berichtet in einem Brief, zum zweitenmal habe sie zuviel getrunken. Als es ihr einmal passiert, daß sie das Briefheft vergißt, ist sie beunruhigt, wie das möglich sei; sie schreibt von ihrer zunehmenden Vergeßlichkeit.

Ich bin alarmiert, suche sie einerseits zu bejahen und andererseits auch an der Realität, die über ihre Erfahrung hinausgeht, teilnehmen zu lassen. Ich erzähle ihr vom Tod meiner Tante, berichte ihr aus meiner Alltagsarbeit, erzähle ihr anläßlich einer Veranstaltung im Literaturhaus etwas von der Geschichte des armenischen Volkes. Ich suche ihr kulturelles Interesse zu wecken. Wie lassen sich verstärkte Realitätsbezüge herstellen? Kann sie gegenwärtig überhaupt offen sein, um etwas anderes als sich noch wahrzunehmen, mitzufühlen? Ich versuche, sie nicht zu schonen, was sie so deuten könnte, auch ich traue ihr nichts zu, verzichte auf sie. Ich widerspreche ihrer globalen These, es gäbe nichts Schönes, rufe ihr die letzte Zeit in Erinnerung, erwarte wie selbstverständlich alle Schulleistungen auch von ihr. Wenn sie in der Schule erlebt, daß sie etwas kann und Erfolg hat, wird die verletzende Kritik des Bruders an ihrem Können und Wissen nicht mehr so vernichtend wirken können. Meine Überlegung, wenn sie die Beziehung zu ihrer Schwester verstärkt, wird sie in ihr einen zweiten Pfeiler außerhalb der Familie haben, erweist sich als hilfreich in der gegenwärtigen Situation.

Ich bitte sie auch, mich an ihren Träumen teilhaben zu lassen, vielleicht findet sich hier ein Schlüssel für den weiteren Weg. Sie träumt von ihrer Heimat im Iran. Beim Lesen vieler Romane, deren Bilder ihre Fantasie beflügeln, sucht und findet sie den Weg aus dem Alltag in eine Traumwelt. Mich läßt sie an ihren Gedanken über eine schweigende selbstverständliche Liebe teilhaben.

Immer wieder suche ich in unseren Lerngesprächen ihre gegenwärtige Situation als veränderbar anzusprechen. Hinter ihre Ohnmachtsgefühle zu Hause setze ich wiederholt ein Fragezeichen. Ich könne mir nicht vorstellen, daß ein Gespräch mit dem Bruder so aussichtslos sei. Sie solle mit ihm sprechen. Sie solle nicht schweigen und davon ausgehen, entweder erlaube er ihr etwas oder alles sei aussichtslos.

Sie macht eine wichtige Erfahrung, als sie die Einladung ihrer Freundin für eine Osterferienwoche, seine Ablehnung vorausnehmend, absagt. Nur die Beharrlichkeit der Freundin hilft ihr zu einer neuen Erfahrung. Als er ihre Bitte, bei der Freundin übernachten zu dürfen, bejaht, ist sie glücklich. Sie ist sofort bereit, ihm früheres Verhalten nachzusehen. Sie stellt sich sehr rasch auf die veränderte Haltung ein. Vorwiegend erklärt sich Setareh die neue Situation durch eine persönliche Veränderung ihres Bruders. Sehr schnell ist sie bereit, ihre Angst, er werde sie dennoch kontrollieren, als ihre falsche Beurteilung der neuen Situation in Frage zu stellen. Gleichzeitig ahnt sie einen Moment, daß auch ihre Haltung die Dynamik im Zusammenleben in der Familie mitbestimmt.

In allen Belangen suche ich sie immer zur offenen Auseinandersetzung zu ermutigen. Der, dem ein Problem zu schaffen macht, soll versuchen, die ersten Schritte zu seiner Thematisierung zu unternehmen. Sie erfährt von mir, wie sie die Autorin des Buches »Nicht ohne meine Tochter« erreichen könnte. Sie soll nicht in Hilflosigkeitsgefühlen verharren, sondern Wege konstruktiven Handelns suchen.

Zur Heirat ihrer Schwester lädt sie den jungen Mann ihres Herzens ein. Mario ist »Einzelhelfer« in der Schule, der einige Tage in der Woche im Rahmen der Integration eines behinderten türkischen Schülers im 10. Jahrgang arbeitet. Identifiziert sie sich mit dem türkischen Jungen, der soviel Bemühung und Zuwendung erlebt?

In der Schule hat er auch eine »Antifa-Verfügungszeit« im Mittags-block initiiert, die vor allem bei den jungen Mädchen großes Interesse findet. Sie finden in dem langlockigen, schlanken jungen Mann mit sa-loppen Jeans und lachenden braunen Augen jemand, der ihnen in Klei-dung und Habitus nahe ist, der zwischen den Schülern und Lehrern steht. Der Schule mit ihren Anforderungen an Pünktlichkeit und Prä-senz steht er etwas unbeholfen und offenbar auch skeptisch gegenüber. Eher als eine Verspätung einzutragen, hilft er den Schülern mit einer Zigarette aus. Seine Beziehungsaufnahme zu den Schülern, von denen er sich duzen läßt, ermöglicht viele Deutungsmöglichkeiten. Vielleicht weiß er nichts von Setarehs Liebe, sondern genießt ihre befangene Zu-neigung und ihr Ausgerichtetsein auf ihn? Später, nach dem langen Sommer, gibt sie mir viele Liebesgedichte, die in dieser Zeit der Hoch-zeit der Schwester, der Zeit ihrer eigenen, intensiven Gefühle entstan-den sind.

Setareh geht es allmählich wieder besser, sie kümmert sich wieder um ihre Schularbeit. Ihr Gefühl für die anderen, ihre soziale Verantwort-lichkeit ist mit ihrer eigenen Entwicklung gewachsen. Die nun häufigen Mitteilungen über ihre Gefühle ermöglichen ihr das Erlebnis von Beja-hung. Damit wächst ihre Fähigkeit, sich mit Konflikten in der Klassen-gemeinschaft auseinanderzusetzen. Für die Lerngruppe übernimmt sie die damals im Frühjahr 1990 sehr beschwerliche und letztlich wegen der Diskrepanz zwischen Unterrichts- und Öffnungszeiten auch er-folglose Bemühung, sich in Ost-Berlin um Karten für Schillers »Räu-ber« zu kümmern.

Als ich sie einmal zu einem Text zum Thema »Klasse als Lerngemein-schaft« veranlassen will, an dem mir wegen eines Vortrags viel liegt, reagiert sie zögernd. Sie benennt ohne Beschönigung aus ihrer Sicht die Beziehungen der Schüler miteinander. Verglichen mit ihren Erfahrun-gen im Iran, halten die Schüler nicht zueinander. Sie fühlt sich häufig gekränkt und ausgelacht. Nach ihrer Einschätzung richtet sich die Stimmung bei einigen Schülern in der Lerngruppe gegen Ausländer. »Na ja, das ist meine Meinung. Ich weiß, daß es Ihnen nicht gefällt.« Diese Äußerung ist für mich auch beruhigend, sie ist ein Zeichen für die Aufrichtigkeit unserer Beziehung. Mir gefällt, daß sie offen ihre Mei-nung äußert, auch wenn sie nicht mit meiner Zustimmung rechnet.

Als Setareh im Unterricht ein Stück – etwas zu leise – vorlas, klatsch-ten viele; eine Schülerin allerdings lachte. Setareh nahm nur diese eine wahr. Obwohl mir in diesem Fall schien, daß sie die Reaktion einer einzigen Schülerin: »Sprich lauter« gegenüber der Mehrzahl zu stark gewichtete, gefiel mir ihre Empörung, da sie konstruktiver war als das anfängliche Hinnehmen nach dem Motto »So ist das Leben«. Mir war in dieser Unterrichtssituation allerdings nicht bekannt, daß Setareh mit der betreffenden Schülerin schon unangenehme Erfahrungen auch außerhalb des Unterrichts gemacht hatte.

Wie soll man sich als Lehrer verhalten, wenn man auf Aversionen gegenüber ausländischen Schülern stößt, ja auf offene Fremdenfeindlichkeit und vorurteilshaftes Denken? Soll man sich beschützend vor den benachteiligten ausländischen Schüler stellen und das Verhalten des anderen als »bösartig« charakterisieren? Diese Art der Pädagogik führt zu einer verständlichen Eifersucht der anderen Schüler, welche die besondere Zuwendung des Lehrers zum ausländischen Schüler als ungerecht empfinden. Warum sollen sie immer Rücksicht nehmen? Warum sollen sie die Empfindlichkeit des anderen immer respektieren?

Häufig wird in der Schule und in der Öffentlichkeit eine offene, mindestens aber tolerante Einstellung gegenüber anderen Menschen – gleich welchen Geschlechts, welcher sozialen Herkunft, welcher Hautfarbe, Religion oder Nationalität – als selbstverständlich vorausgesetzt. Diese aber kann, jedenfalls in der Schule, erst Ergebnis der Arbeit mit den Kindern und Jugendlichen sein. Es besteht leider auch in diesem Bereich eine Tendenz, Meinungsverschiedenheiten nicht in der Sache auszutragen, sondern durch vorschnelle politische Diffamierung des »Gegners« zu vermeiden. Indem man einen anderen ins moralische Abseits stellt, ihn z. B. als »rassistisch«, »nationalistisch« oder »faschistisch« abqualifiziert, ist er moralisch »erledigt«. Wer über Ausländerfeindlichkeit in moralischer Weise lamentiert, statt mit den Jugendlichen über alle Fragen des menschlichen Zusammenlebens zu reden und ihnen in ihren ureigenen Belangen zu helfen, läuft Gefahr, daß die solchermaßen allein gelassenen Jugendlichen ihre Unzulänglichkeit nicht ertragen können und ihre Gefühle schließlich an den vermeintlich schuldigen Ausländern auslassen. Es erscheint mir wichtig, daß der Lehrer die Partei der Menschlichkeit vertritt, daß er keinem der ihm anvertrauten Schüler – gleichgültig, woher er kommt – die Entwicklungsmöglichkeiten abspricht.

Obwohl es Setareh in den letzten Wochen vor den Sommerferien auch in Erwartung des Besuches ihrer Mutter deutlich besser geht, zeigt mir ihr Aufsatz über die Hauptperson in Schillers Drama »Die Räuber«, Karl Moor, welchen Maßstab an Rigidität sie sich in Konfliktlösungen vorstellt: Richtig gibt sie wieder, Karl sei letztlich Räuber geworden, weil er von seinem Vater in seinem Wunsch nach Versöhnung abgewiesen wurde. Unvermittelt fließt in ihre Bewertung der End-szene, als der Räuber Karl sich nach dem Tod Amalias der Justiz stellt, die ihn zum Erhängen verurteilen wird, ihre eigene Sicht deutlich ein: »Ich finde, daß er es richtig macht, weil, wenn man die Leute verliert, die man liebt, dann gibt es keinen Grund mehr zu leben.«

Das lang ersehnte Kommen ihrer Mutter verändert Setareh: Die Fal-ten in ihrer Stirn verschwinden, ihre Haut wirkt zarter, das Gesicht wird ganz glatt, entspannt. Ihre Augen funkeln. Sie lacht, ist auf einmal nicht wie eine Zwanzigjährige, die viel erlebt hat, sondern wie eine Ju-gendliche, die einfach nur glücklich im heutigen Tag lebt. Es ist, als seien Lasten von ihren Schultern genommen, als sei ihr Alleinsein, In-sich-Verstecktsein, aufgelöst. Sie strahlt mit dem *Du*, das sie mit ihrer Mutter nach langer Zeit der Sehnsucht erlebt, gleichsam alle Menschen von innen heraus an.

In diesen Tagen sind in der Schule die Zeugniskonferenzen. Im 10. Jahrgang geht es um die Festlegung der Abgangsqualifikationen »Hauptschulabschluß«, »Realschulabschluß« oder »Berechtigung zum Zugang zur Gymnasialen Oberstufe«. Für einige Schüler wird, auf ei-genen Wunsch, vom zuständigen Stammgruppenleiter der Antrag auf Wiederholung der 10. Klasse gestellt, um im nächsten Jahr durch bes-sere Leistungen die Zugangsberechtigung zur Gymnasialen Oberstufe zu erhalten. So liegt auch Setarehs Fall: Eine Wiederholung ist bei ihr sehr sinnvoll, zum einen um die erforderliche Gesamtpunktzahl zu er-reichen, zum anderen um die noch immer großen Lücken in den natur-wissenschaftlichen Fächern und in Englisch auszugleichen. In Englisch war ein Jahr zu wenig für die erforderlichen Leistungen. Für dieses Schuljahr hat sie schon ein dickes neues Briefheft für unsere weitere Zusammenarbeit, unsere Korrespondenz gekauft.

Überraschenderweise fällt ihr Name nicht. Der Stammgruppenleite-rin liegt kein Antrag vor. Ist ihrer verlorengegangen? Ich stelle ihn selbst als Fachlehrerin. Ich erkläre, daß sie die kurze Zeit von zwei Jahren an unserer Schule gut genutzt habe. Aber es sei zu wenig Zeit gewesen, um neben der deutschen Sprache noch die englische von Grund auf zu lernen und dazu noch ihr Defizit in den naturwissen-schaftlichen Fächern zu beheben. Dazu seien persönlich schwierige Umstände gekommen. Der Antrag wird befürwortet. Später erfahre ich, ihr eigener schriftlicher Antrag lag in einem falschen Fach in der Schule, so daß er übersehen wurde. Ich war zuversichtlich: Im nächsten Jahr wird sie die Lücken des Wissens schließen.

»Gestern hat meine Mutter angerufen«

Liebe Frau Schubert.
Ich habe Ihren Brief bekommen und habe mich sehr gefreut.

Heute ist der 7., und ich bin total ärgerlich. Gestern hat meine Mutter angerufen und meinte, daß sie am Donnerstag anruft, wenn sie die Flugkarten kriegt. Es wird langsam sehr langweilig, daß man jeden Tag auf einen Anruf warten muß.

Als Kind haßte ich es, immer zu warten. Ich habe niemals gewartet, wenn meine Freundinnen zu spät kamen, sondern ich habe sie sitzengelassen, und die wußten alle, daß sie immer pünktlich kommen müssen. Ich war immer pünktlich oder überpünktlich. Ich habe das von meinem Vater gelernt. Er meinte immer, daß man pünktlich sein muß, manchmal habe ich mich mit ihm verabredet, und ich habe mich verspätet. Das erste Mal meinte er, daß ich pünktlich kommen solle, sonst warte er nicht auf mich. Ich dachte, er macht einen Scherz. Als ich mich zum zweitenmal verspätet habe, war er nicht da. Ab dieser Zeit war ich immer pünktlich.

Ich habe nur ein paarmal gewartet, bis meine Freunde begriffen haben, daß sie pünktlich sein müssen. Heute warte ich schon die ganze Zeit, und sie hat noch nicht angerufen. Ich war immer ein ungeduldiges Kind.

Ich bin sehr müde, aber ich kann einfach nicht schlafen. Heute ist Donnerstag, und ich habe vergessen, das Heft mitzubringen. Schade. Na ja, aber ich kann es am Freitag mitbringen.

Heute kam ich nach Hause. Meine Schwester hat angerufen und meinte, daß meine Mutter am Freitag kommt. Können Sie das glauben? Ich kann es jedenfalls nicht glauben. Ich war die ganze Nacht auf und konnte überhaupt nicht schlafen. Als ich eingeschlafen bin, war es 5 Uhr morgens, als mein Wecker klingelte, habe ich es nicht gehört.

Ich bin um 9.00 aufgewacht und habe mich sehr geärgert. Ich habe die ganze Zeit auf einen Anruf gewartet, weil sie gesagt hat, wenn sie in Frankfurt ankommt, wird sie uns anrufen. Dieses Warten macht mich krank. Es ist jetzt 16.00 und noch immer kein Anruf! Wird sie kommen? Melanie hat gerade in Frankfurt beim Flughafen angerufen. Sie wollte wissen, wann das Flugzeug gelandet ist. Das Flugzeug ist um 12.00 gelandet. Bestimmt ist meine Mutter nicht gekommen. Wir haben im Iran angerufen, und meine Tante meinte, daß sie abgeflogen ist. – Wir werden gleich zum Flughafen fahren. Wir sind dorthin gefahren, und sie war gerade angekommen.

Ich bin so glücklich. Ich sah sie nach zwei Jahren, jetzt weiß ich, wie lieb ich sie habe.

Heute ist Sonntag. Diese zwei Tage waren die ruhigsten Tage in meinem Leben. Ich denke nicht mehr an etwas anderes. Ich habe für diese zwei Tage alle übrigen Gedanken auf die Seite geschoben.

Jetzt lade ich Sie am 11. Juli ein. Können Sie mir bitte schreiben, welche Zeit Ihnen paßt. Ich komme morgen nur zum ersten Block in die Schule. Bis morgen! 10. 7. 1990, Zeit 23.18.

P. S. Heute ist Montag, und ich bin auf dem Weg nach Hause. Ich bin mit meinem Bruder zum Flughafen gefahren, weil er heute in die Ferien abreist, und jetzt fahre ich zurück.

11. Juli 1990, 16 Uhr

Liebe Setareh,

ich freue mich, in einer Stunde bei Dir eingeladen zu sein und Deine Mutter kennenzulernen.

Ich freue mich, wieviel Du in der Zeit gelernt hast, die wir uns jetzt kennen. Nun hast Du auch meinem Gedanken zugestimmt, im nächsten Jahr zusätzlich zu Deutsch, Englisch und Französisch auch noch die Sprache der Gefühle zu lernen. Dann wirst Du bald selbst wissen, wie Du Freunde gewinnst, und weniger darauf angewiesen sein, wie andere Dich finden.

Hübsch, klug und liebenswürdig bist Du, auch wenn der andere das nicht wahrnimmt oder aus Eifersucht nicht wahrhaben will. Ich freue mich, daß es Dich gibt und daß ich Dich kennengelernt habe.

Wir werden uns nach den Sommerferien wiedersehen und gemeinsam eine Zeit finden, in der wir uns jede Woche sehen und sprechen können. Darauf freue ich mich. Du wirst Deinen Weg gehen, davon bin ich überzeugt.

Dir von ganzem Herzen gute Sommerferien und eine schöne Zeit mit Deiner Mutter! Sb

Setarehs Mutter

Am späten Nachmittag eines Sommertages lerne ich Setarehs Zuhause kennen. Es liegt an einer der großen Wohnstraßen im Viertel. Die Wohnung ist eine von vielen in einem Haus, wo man für das Klingelbrett unten einige Minuten Zeit braucht, um sich zu orientieren, denn auf jeder der etwa zehn Etagen wohnen ungefähr acht bis zehn Parteien. Es ist eines dieser Häuser, wo man sich nicht oder nur zufällig kennt. Im verschmutzten Fahrstuhl mit angekokelten Fahrstuhlknöpfen findet sich eine Reklametafel für Verkaufs- und Reparaturbetriebe im Viertel, die Wände sind voller Tags, den Gebietszeichen der rivalisierenden Jugend-Gangs. Nachts oder mit einem zufällig einsteigenden Fremden wäre mir nicht wohl. Ich bin gespannt, wem ich begegnen werde. In der richtigen Etage angelangt, finde ich bald die Tür. Ich erkenne sie, weil sie angelehnt ist und geöffnet wird, als ich näher komme.

Herzlich begrüßt mich Setareh in der Tür, halb hinter ihr eine junge Frau mit tiefdunklen Augen, glatten fast schwarzen Haaren, über denen ein heller Gazeschleier liegt, der ihre Schönheit ebenso hervorhebt wie ein dunkler Fleck neben den vollen Lippen. Ich bin überrascht, sie erscheint mir eher wie eine ältere, voll erblühte Schwester. Sie muß bei der Geburt des ersten Kindes noch sehr jung gewesen sein. Wir sitzen uns bald im Wohnzimmer gegenüber, in einer Eckpolstermöbelgruppe, die durch eine Schrankwand und einen großen, raumbestimmenden Fernseher begrenzt wird. Auf dem marmornen Couchtisch mit einem weißen Deckchen ist alles für meinen Besuch vorbereitet, Untersetzer für die Tassen, Nüsse, Kekse, Zucker und Milch, dazu eine mir unbekannte iranische Süßigkeit. Auch der Eßtisch im anderen Teil des Wohnzimmers ist bereits mit dem Abendessengeschirr, Gläsern und Papierservietten gedeckt. Setareh fragt, ob ich Tee oder Kaffee trinken wolle, serviert bald darauf die vorbereiteten Getränke und übersetzt unsere wechselseitige Begrüßung und das folgende Gespräch.

Daraus geht hervor, die Mutter war erst 17 Jahre, als sie in der Ehe mit dem wesentlich älteren Mann schwanger wurde. Als Setareh dann als drittes Kind geboren wurde, war dieses Mädchen offenbar ihr ein und alles.

Ich berichte der Mutter von der Entwicklung ihrer Tochter in Deutschland. Sie ist besonders an den schulischen Leistungen interessiert. Ich kann ihr versichern, Setareh habe in dieser Zeit auffallend rasch und gut, auch fleißig gelernt, aber die Zeit habe noch nicht für den angestrebten Schulabschluß gereicht. Ohne Zweifel habe sie aber von ihrer Persönlichkeit her die geistigen Voraussetzungen dazu, d. h., sowohl das Interesse wie auch die Fähigkeit zum weiteren Lernen seien deutlich erkennbar. Wie sie über den weiteren Schulbesuch ihrer Tochter denke?

Die Mutter freut sich über meine Beurteilung, bestätigt das Interesse Setarehs für Bücher. Schon immer hätte sie gern gelesen. Sie bejaht die Bedeutung eines guten Schulabschlusses nachdrücklich. Für eine Frau sei es außerordentlich wichtig, auch beruflich selbständig sein zu können. Es liegt auf einmal ein veränderter Zug, etwas wie ein Schmerz in ihrem Gesicht. Es sei nicht gut, so früh zu heiraten, wie sie es getan habe. Ist das eine Stellungnahme zu ihrer Ehe oder zu ihrer jetzigen Lebenssituation als junge Witwe? Es wird in unserem Gespräch deutlich, daß die Mutter sehr froh ist, daß Setareh in mir eine Beraterin gefunden hat, der sie als Mutter vertrauen kann. Sie wisse nicht, was in Deutschland in der Schule sinnvoll und erforderlich sei. Sie selbst habe leider nicht studieren können. Mehrfach betont die Mutter, wie wichtig ihr die persönliche und schulische Förderung Setarehs in Deutschland sei, um mir dann anzutragen, ob sie mir diese Aufgabe der Beratung verantwortlich übergeben könne. Ich willige gern ein. Bei Grundsatzentscheidungen werde Setareh sie selbstverständlich erneut fragen. Sie ist erleichtert, ihre Tochter bei mir in guten Händen zu wissen.

Setareh sitzt zwischen uns, übersetzt, mir scheint, als freue es sie zutiefst, daß es ihr endlich gelungen ist, mich zu einem persischen Essen nach Hause einzuladen. Es ist, als füge sich etwas an diesem Abend zusammen, was für sie gleichermaßen wichtig ist. Mir ist, als sei es ihr nun – vielleicht durch unser beider Begegnung an diesem Sommerabend – endlich nach zwei Jahren in Deutschland möglich, ihre beiden Lebenswelten, die im Iran und die hier, miteinander zu verbinden.

Im Verlauf dieses Abends wird mir Setarehs Mutter vertraut. Gern willige ich ein, als sie beim Abschied bittet, mich umarmen zu dürfen. Ich bin froh, Setareh in den folgenden langen Wochen der Berliner Sommerferien in Gesellschaft ihrer Mutter zu wissen. Wir verabschieden uns bis zum Wiederbeginn der Schule in sechs Wochen. Vielleicht schreiben wir einander mal. Als Setareh mich zur Tür bringt, ist sie glücklich wie ein Kind.

Schulbeginn ohne Setareh

Als die Schule Anfang September 1990 wieder beginnt, frage ich die ersten beide Tage vergeblich nach Setareh. Auch von ihren Mitschülern, die jetzt in der Oberstufe sind, hat sie keiner gesehen. Selbst die Schulbibliothekarin, Herz der Schule, für mich oft Vertraute, nicht nur, wenn ich jemand suche, hebt ratlos die Achseln, sie weiß auch nicht, wo Setareh stecken könnte. Die Kollegen im neuen 10. Jahrgang sind ihr bisher nicht begegnet. Sie fragen mich, bemüht, mir zu helfen, noch einmal, wie sie heiße und wo sie meiner Ansicht nach eingeteilt sei? Tatsache ist und bleibt erst einmal: Sie ist nach den Ferien nicht gekommen, und niemand außer mir vermißt sie.

Ein Anruf bei ihr zu Hause ergibt, sie sei nicht in Berlin, komme aber am Wochenende, dem ersten nach Schulbeginn, wieder. Ich richte einen Gruß an sie aus. Sie möchte mich bitte anrufen. Was ist geschehen? Was hat sich in ihrem Leben und unserer Beziehung verändert? Bei ihrer bisherigen Brieffreudigkeit wunderte mich, daß sie sich mit keinem Gruß aus den Ferien meldete, nun offenbar seit etwa zehn Tagen nicht in Berlin ist und nicht zum Schulanfang kommt.

Als Setareh sich auf meinen Gruß hin nicht meldet, rufe ich sie erneut zu Hause an, diesmal erfolgreich. Ich frage, warum sie nicht in der Schule sei? Sie klingt trotzig. Sie komme nicht mehr in die Schule, sie werde arbeiten gehen. Das sei besser so. Ich möchte mich mit ihr verabreden. Ja. Wann und wo? Sie zögert, als ich die Schule als Ort des Treffens nenne. Sie käme ja nicht mehr zur Schule. Ich bleibe bei meinem Vorschlag. Wir verabreden uns für den nächsten Tag.

Sie ist pünktlich wie immer, aber kommt, bedrückt wie von einer Last, schleppend, zögernd im Gang, älter gleichsam. Ich treffe einen anderen Menschen, als ich vor den Sommerferien verabschiedete. Auf meine Frage, was geschehen sei, beginnt sie stockend zu sprechen, die Tränen sind ihr deutlich näher als die Worte. Aber die Tränen läßt sie nicht zu, statt derer fallen gewichtige Wortbrocken zwischen uns. Ihr Entschluß stehe fest, sie werde nicht mehr zur Schule kommen. Sie werde die Klasse nicht wiederholen. Sie müsse ihren Weg allein finden, sie werde sich jetzt eine Arbeit suchen, um Geld zu verdienen, auch um auszuziehen, um unabhängig von Bruder und Mutter ihren Weg zu finden. So sei das Leben, so müsse es sein, jedes Wort klingt bitter. Es braucht einige Zeit im Gespräch, bis wir wieder einen gemeinsamen Boden des Verstehens schaffen. Ich merke, daß ich vorsichtig sein muß.

Zunächst waren die Ferien gut verlaufen. Sie hatte der Mutter die Stadt gezeigt, für beide gekocht. Ihre ganze Hoffnung auf Bejahung hatte sie in die Mutter gelegt. Dann war ihr Bruder mit der Familie der Pflegemutter aus den Ferien zurückgekommen. Konflikte waren erst vereinzelt, dann häufiger aufgetreten, und sie fand sich darin allein, ja verraten wie nie zuvor.

Im weiteren Gespräch schält sich heraus, daß sie in den Ferien wiederholt ohnmächtig erlebt hatte, wie der Bruder sie kritisierte, und die Mutter dazu schwieg. Damit zerbrach etwas in ihr, ihr Stolz, ihre Selbstachtung. Vor allem konnte sie ihre Zuversicht nicht bewahren, sie werde die Schule schaffen. Offenbar unwidersprochen blieb im Raum stehen, sie habe nicht genug für die Schule getan und habe deshalb nicht ein Zeugnis, mit dem sie in die Oberstufe versetzt werden könne. Das machte sie erst traurig, dann verzweifelt, dann trotzig. Es war mehr, als sie ertragen konnte. So tauchte in ihrem Gefühl der Gedanke auf, statt den 10. Jahrgang zu wiederholen, die Schule zu verlassen, um sich auf eigene Füße zu stellen.

Mir scheint ihr Plan aus der Not geboren. Ich höre ihn mir an, gebe zu bedenken, der zweite Bildungsweg sei schwerer als der erste. Ich höre auch heraus, der Bruder und die Pflegemutter trauten ihr die Schule nicht zu. Schon in den letzten Monaten hätten sie sie immer wieder so kritisiert, daß sie das Vertrauen in sich verloren hätte, wenn ich sie nicht immer wieder ermutigt hätte. Bitte, dann werde sie sich so verhalten, dann sollten die beiden eben das Ergebnis haben, wenn sie es ihr nicht zutrauten. Ihr trotzig demonstratives sich in das Schicksal Fügen gefällt mir nicht. Ich sage, ich wolle mit dem Bruder reden. Davor hat sie Angst, es ist, als wolle sie das Treffen verhindern. Wovor hat sie Angst? Mit denen sei nicht zu reden. Na ja, aber ich wolle es dennoch gern versuchen, ich sei ja lange ihre Lehrerin gewesen und könne daher etwas zu ihren Fähigkeiten und zu ihrer Lernbemühung im letzten Schuljahr sagen. Vielleicht sei dies für jemand außerhalb der Schule auch schwer zu beurteilen. Es könne durch so ein Gespräch ja nicht viel passieren, sie hätte nichts zu verlieren. Auf ihren Plan könne sie ja jederzeit zurückkommen, wenn sie das wolle.

Als wir uns verabschieden, versichere ich sie meiner Unterstützung, ich werde ihr helfen, wie auch immer sie sich entschließe. Mit einem Telefonat verabrede ich mit ihrem Bruder einen Termin, nachdem ich ihm mein Anliegen genannt habe. Im Anschluß an eine Konferenz, wiederum an einem Nachmittag, findet mein zweiter Besuch statt, er läßt mich – diesmal in Anwesenheit des Bruders und der Pflegemutter – eine andere Setareh kennen. Sie spricht fast nicht, ist angespannt, verweilt kaum im Raum, fragt wie im Sommer nach meinem Wunsch nach Tee oder Kaffee, aber mir ist, als habe sie große Angst. War es ein Fehler, zu ihr nach Haus zu gehen? Befürchtete sie, die beiden werden mich überzeugen, wenn sie Kritik an ihr üben? Sie verhält sich, als sei sie ein Dienstmädchen. Sie stellt mich zunächst dem Bruder vor; die Pflegemutter, Frau T., kenne ich bereits. Auch deren beiden Söhne sind da, sitzen in der Polstergruppe im Wohnzimmer, der Fernseher läuft. Die Luft knistert. Wir kommen ins Gespräch, als ich als Anlaß meines Besuches den Schulabbruch nenne, den ich als ihre Lehrerin sehr bedauern würde. Ihrer beider Argumentation ist handfest, wer nicht fleißig lerne, brauche auch nicht die Schule weiter zu besuchen. Die Chance habe sie nun vertan. Der Kritik der beiden an Setareh setzte ich beharrlich meine Erfahrung mit ihr entgegen. Mir scheint, die Schärfe ihres Tons ist aus von vielen ungehörten Appellen und lange aufgestauten Frustrationen gespeist. Die Worte kreisen immer wieder um das gleiche: Setareh sei so wenig erwachsen und verantwortlich in ihrem Handeln, es sei zwar so, daß sie viel lese, aber sie lerne nicht kontinuierlich für die Schule, sonst hätte sie nicht so ein schlechtes Zeugnis bekommen. Ihr Sprechen tut mir weh. Auch ich wäre entmutigt, wenn man mir so begegnete. Sie hören zwar zu, wenn ich von altersbedingten Problemen spreche, von der schweren Zeit um Weihnachten nach dem Tod des Vaters, aber sie verstehen mich wohl ebensowenig, wie sie Setareh verstehen.

Dennoch gibt es eine Wende im Gespräch. Irgendwie muß ich sie im Verlauf des Abends doch angesprochen haben. Vielleicht ist es meine Ruhe und Beharrlichkeit, vielleicht auch mein Verständnis für ihre Sicht der Dinge, die sich allerdings, füge man meine langjährigen Schulerfahrungen über anderthalb Jahrzehnte mit Schülern hinzu, nicht aufrechterhalten ließe. Tatsache sei, Setareh sei überdurchschnittlich bemüht und geeignet, die Schule weiter zu besuchen. Sie möchten das bedenken, für ihren weiteren Weg sei das von allergrößter Tragweite. Ich informierte den Bruder auch über das Gespräch mit seiner Mutter, die dieses Schulprojekt ja vor den Sommerferien ausdrücklich unterstützt hat.

In der Schule würde es noch eine Woche lang möglich sein, daß Setareh den ihr freigehaltenen Platz einnehme, sie möchten doch gemeinsam den Entschluß noch einmal überdenken. Ich nannte einen Termin, bis wann das gerade noch möglich sei, dies hatte ich in der Schule besprochen.

Ich erinnere mich nur noch unscharf an den weiteren Verlauf dieses Gesprächs. Klar erkennbar war jedenfalls, daß der Bruder und Frau T. zu versuchen begannen, auf Setareh Einfluß zu nehmen, sie möchte doch die Schule besuchen. Der Bruder berichtet von seinen schweren Zeiten als Asylant in Deutschland, vom Schlangestehen, von den vielen Bemerkungen, die er als Ausländer zu hören bekommen habe. Obwohl er Abitur habe, das hier nicht anerkannt werde, und er im Iran eine angesehenere Arbeit geleistet habe, habe er sich in seine Situation in Deutschland gefunden. Das hieß für ihn konkret, jeden Morgen um vier aufzustehen, um in der Fabrik zu arbeiten. Durch seinen Fleiß sei er jetzt Vorarbeiter. Der Schulabschluß sei sehr wichtig in Deutschland. Sie solle ihm glauben, er habe die Erfahrung gemacht. Er wolle sie gern unterstützen, damit sie es leichter habe als er. Ich fuhr erschöpft, voller Zweifel über den Ausgang der gemeinsamen Bemühungen nach Hause. Was mir möglich war, hatte ich versucht. Beunruhigend war, daß es gegen Ende des Gesprächs eine gemeinsame »Frontstellung« von uns Erwachsenen gegenüber Setareh gegeben hatte, in dem Sinn, daß wir auf sie einredeten, das »Beste« für sie wollten, und sie sich abgekapselt hatte.

Am Ende der Frist entschloß sich Setareh, nicht mehr zur Schule zu gehen. Sie hatte sich trotz und vielleicht wegen der Drohungen ihres Bruders und der Pflegemutter, wenn sie nicht die Chance des weiteren Schulbesuchs wahrnehme, hätte sie bei ihnen verspielt, so entschieden. Sie ließ sich nicht zwingen, so darf man nicht mit ihr reden.

Sie war entspannt, fast fröhlich. Ich war niedergeschlagen. Wir besprachen, uns weiterhin zu verabreden.

Bei einem der nächsten Treffen gab sie mir ein Kalenderheft, in das sie im Lauf der Monate nach unserem sommerlichen Abschied immer wieder Gedichte schrieb, wenn ihr Herz übervoll war. Ich erfahre, was sie in diesen zurückliegenden Wochen zunächst in der Beziehung mit ihrer Mutter erlebt hatte. Ich folgte ihr in diese Wochen, oft atemlosen Stunden, und habe teil an den Gedanken ihrer Sehnsucht.

Ich sitze in meinem Zimmer, und weiß
nicht was ich machen soll.
Ich bin nervös. Wieso? Das ist eine
gute Frage, weil ich selber auf diese
Frage keine Antwort weiß.

Wer hatte wohl gedacht, daß ich eines
Tages so verzweifelt und einsam
werden kann.
Meine Mutter ist zu meiner Schwester
gefahren und sagte, wenn ich mein
Verhalten verbessere, wird sie kommen.
Zum Teufel mit allen!
Ich möchte nur meine Ruhe
haben.

Datum 13. 8. 1990
Zeit 19.36

Werde ich jemanden kennenlernen,
der mich wirklich lieben kann.
Werde ich wieder jemals glücklich
werden?
Werde ich die Freude am Leben
wieder haben?
Werde ich jemals wieder meinen
Freund sehen können?
Wieso habe ich in diesen zwei Jahren
keinen Freund gefunden?
Sehe ich häßlich aus?
Oh, Gott, helfe mir, diese Einsam-
keit, wird mich noch umbringen.
Wenn du mich hören kannst, dann
helfe mir.

Datum 13. 8. 1990
Zeit 19.43

Ich bin 17 geworden.
Wie viele Vorstellungen hatte ich.
Ich dachte, mein 17. Geburtstag wird
der glücklichste Tag meines Lebens.
Was ist aus mir und meinen Träumen geworden?
Was ist mit mir los?
War ich es, der so viele Träume hatte.
Ach du liebe Zeit, was machst du
aus den Menschen?

So ein Boot, habe ich mir immer
vorgestellt. Ich wollte immer in so
einem Boot mit meinem Freund sein.
In einer dunklen Nacht.
Ich möchte nur jemanden haben,
der mich wirklich liebt und zärtlich
zu mir ist.
Ich brauche jemand, der seine
Liebe mir zeigen kann.
Ist das zu viel?

Datum 13. 8. 1990
Zeit 20.20

Ich habe so meine Zweifel.
Ich weiß nicht, ob ich »Ja« sagen kann.
Er hat deutlich gesagt, daß seine Mutter allein ist.
Wenn ich ihn nicht heirate, wird er jemand anderes heiraten?

Datum 13. 8. 1990
Zeit 20.30

So hatte ich mir das Leben
nicht vorgestellt.
Man verliert seine ganze
Hoffnung und kann nichts
machen.
Man hat niemanden, mit
dem man reden kann.
Muß man sich das Leben
nehmen, oder muß man
immer traurig sein!

Datum 17. 8. 1990
Zeit 18.50

Beim Lesen ihrer Gedanken aus dem Spätsommer schwindet das Bild
vom Mädchen, das so froh über das Zusammensein mit der Mutter war.
In dem Moment, wo sie innerlich – offenbar ausgelöst durch einen alltäglichen Konflikt – das verläßliche *Du* in der Mutter verliert, wird ihr
Gedanke, sich das Leben zu nehmen, wieder wach. Neu ist, daß sie sich
fragt, warum. Offenbar sucht sie sich mit dieser Frage, die ich ihr in
unseren Gesprächen oft stellte, in ihrer Einsamkeit selbst zu verstehen.
    Ihre Enttäuschung am *Du* der von ihr kindlich geliebten Mutter

sucht einen anderen, der ihr das Verlorene ersetzt, sie so lieben kann, daß sie glücklich wird. Tief sind dabei ihre Selbstzweifel. Mit diesen wendet sie sich an Gott, sie schreibt in der Hoffnung, dieser werde sie jetzt hören, in einer Zeit, in der es für sie in ihrem Alltag keinen erreichbaren Menschen gibt, bei dem sie sich geborgen fühlt.

Ihre Zukunft hat einen Schatten bekommen, wo zuvor wärmendes Licht war. Der bekannte deutsche Schlager »Mit 17 fängt das Leben erst an« nennt die mit diesem Lebensalter verbundenen Erwartungen vieler Menschen. Aber diese Traumbilder sind für sie an ihrem Geburtstag zu Seifenblasen geworden. In ihrer Enttäuschung zeichnet sie aus ihrer Erinnerung das Bild eines Bootes, das zwei Liebende birgt, eingehüllt in schützende Dunkelheit. Ihr imaginiertes *Du* ist ein versorgendes, liebendes, ihr zärtlich zugewandtes. In dieses *Du* setzt sie alle Hoffnung, von ihm erwartet sie alles.

In dieser Notsituation, die für sie ohne Ausweg scheint, geht sie fast atemlos zurück in ihre Erinnerung an die Zeit im Iran. Gleichsam in Notwehr um ihre Selbstachtung sucht sie nach Ermutigung, sie ruft sich den in Erinnerung, der sich um sie bemühte.

War das Traum-Du eine Hoffnung, so ermöglicht Setareh in dieser Zeit das reale, ihr bekannte Du keine sichere Zuversicht. Bei ihrer Frage, ob man »Ja« sagen könne, wenn es schon zu Beginn einer Beziehung nicht um Ich und Du und Du und Ich geht, hat sie ihre Zweifel. Pragmatisch sieht sie die Konsequenz: Wenn sie einen anderen Weg geht, wird auch er sich jemand anders zuwenden.

Wieso denken alle, daß ich eine Teufelin bin?
Wieso sind alle gegen mich?
Ich dachte, sie liebt mich.
Ja, das habe ich mir gedacht.
Aber wie ich es sehe, kann sie mich nicht lieben.
Na ja. Hauptsache ist, daß sie zwei Leuten zum Lieben hat.
Besser gesagt, sie hat zwei Engel,
und man braucht keinen dritten dazu.
Wie habe ich mir gewünscht
sie wieder zu sehen, aber sie ist auch gegen mich.
Wieso muß man eigentlich leben?

Datum 17. 8. 1990
Zeit 19.01

Die Ohnmacht in ihrer gegenwärtigen Situation empfindet sie deutlich, sie zeichnet sie mit den biblischen Bildern von Engeln und deren Widerpart. Die Mutter nimmt eine alles entscheidende Macht ein, indem sie sich dem einen oder anderen liebend zuwendet. Ihre Kindheitserfahrung hat sich umgekehrt: Sie fühlt sich zum Teufel gemacht, in ihrer Enttäuschungswut sieht sie keine Möglichkeit mehr zu eigenem Handeln, sondern nur noch den Rückzug als letzten Ausweg.

Sie wütet gegen das Haus, in dem sie wohnt, gegen sich und ihr Aussehen. Ihre offene Zukunftsfrage, was werden könnte, macht sie wütend bis zum Selbsthaß. Einerseits erwartet sie eine Änderung vom Leben. *Es* soll sich ändern, andererseits ist sie doch so weit in der Realität, daß sie einen Weg zum eigenen Spaß sucht. Der liegt für sie dort, wo sie zur Geltung kommt unter den anderen Menschen:

Werde ich jemals die Freude am Leben haben?
Werde ich jemals aus diesem verdammten Haus ausziehen können?
Werde ich jemals Diät machen können?
Wie lange muß ich meine Sätze mit »werde« anfangen?
Ich hasse dieses Leben.
Ich werde mich umbringen,
    wenn mein Leben sich nicht verändert!
Wo ich Spaß habe, kann ich nicht hin. Ich will bei McDonald
    arbeiten, weil die Arbeit dort Spaß macht.
Er oder besser gesagt die beiden wollen es nicht – weißt du wieso,
    weil keiner mehr da ist, die ihren Dreck und das Geschirr
    waschen oder räumen könnte.

In dieser Situation, wo sie sich zu Hause nur noch als Putzende willkommen fühlt, verläßt sie den Tagtraum vom Boot und nimmt einen Ausweg, der ihr mehr Getragenheit verspricht: Sie erinnert den Freund ihres Bruders aus Hannover. Er ist ein Mensch, der sie mag wie eine Langvertraute:

Er ist sehr verständnisvoll, charmant, nett, lieb und sehr witzig.
Er ist der einzige, der mich verstehen kann. Ich kann mit ihm sehr
    gut reden, und er kann mich verstehen. Ich habe ihn sehr lieb.
Ich wünsch mir, ihn als ein dauerhaften Freund zu haben.
Ich möchte bei ihm bleiben. Er gibt mir Sicherheit und Mut.
Er kann mich verstehen wie nicht einmal meine Eltern und
    Geschwister.
Ich mag ihn, und er denkt, daß ich wie seine Schwester bin.

Oh, Gott, es tut sehr weh.

1. September, Samstag
Ein Armband von ihm geschenkt gekriegt.

Er sagte, wenn er vorher nicht verheiratet gewesen wäre, könnte er jetzt mit mir eine Beziehung anfangen.
Was soll ich mit einem »Wenn« anfangen?
Ich möchte jemanden haben, der mich wirklich kennt, und weiß, was ich fühle.
Er kann das alles, aber er will keine Beziehung anfangen, weil er dazu nicht fähig ist, oder weil er Angst hat, daß seine Beziehung noch mal kaputtgeht.
Aber was soll ich machen?
Ich mag ihn, aber ich werde den ersten Schritt nicht machen.
Außerdem, wenn es dazu kommt,
was soll ich zu Ali sagen?
Ich werde langsam verrückt.
Gott. Helfe mir!
3.9.1990
Zeit 19.14

Wir redeten lange miteinander.
Als ich anfangen wollte zu weinen,
sagte er zu mir: »Setareh, schau mich an.«
Ich versuchte zu lachen und sagte: »Wieso?«
Er wurde ernst und bat, ich solle zu ihm aufblicken.
Ich sah sein Gesicht und seine Augen.
Ich könnte in seine Augen Traurigkeit sehen.

Er nahm meine Hand, die um seine Taille war,
in die Hand, und er drückte meine Hand sehr zärtlich,
und er küßte mich auf die Haare.
Anstatt es zu genießen, dachte ich bei mir,
daß meine Haare nicht sehr gut riechen.
Außerdem, wie könnte ich es genießen.
Er will nur zu mir wie mein Bruder sein.
Aber wenn ich jetzt daran denke, durchfuhr
mich ein sehr schönes Gefühl.
Niemand hatte mich bis jetzt in seinen Armen gehalten,
oder wenn er wollte, hatte ich es nie erlaubt.

Sie genießt das Miteinander, ohne sich zu vergessen. In seiner Nähe bedenkt sie sich und die Beziehung zu ihm. Im inneren Monolog wendet sie sich an das nun nahe, unverschämte Du. Sie hält fest, was ihr geschieht, thematisiert ihre Angst und ersinnt einen Plan:

»Komisch, du kommst einfach so in mein Leben, und ich erlaube dir, mich zu umarmen, und du hast die Unverschämtheit und sagst du, mir ganz einfach, daß du mich wie deine Schwester liebst. Ich sage dir gar nichts und höre ganz einfach zu, wo ich schreiben sollte, oder dich ohrfeigen könnte, tu es nicht, und weiß nicht wieso! Ich mag dich, und ich brauch dich, aber wie soll ich es Dir sagen. Du hast bestimmt niemals an mich gedacht. Vielleicht bin ich wie ein Papier, das du einmal lesen mußt, dann wirfst du es weg – du verschwendest bestimmt keine Gedanken an mich. Du hast selbst viel zu tun, aber ich habe mir etwas ausgedacht, und ich werde meinen Plan durchsetzen. Ich werde mit dir in ein Konzert gehen, vorher mach ich mich sehr hübsch. Ich werde die beste Gesellschafterin sein, und wenn wir zu dir nach Hause kommen, wirst du mich zum erstenmal küssen.

Oh, Gott, helfe mir dieses Mal.«

Nun weiß ich von ihren Tagen außerhalb Berlins in der Zeit des Schulbeginns. Ich weiß, wo ihr Herz schlug, als ich sie in der Schule vermißte. Heimgekehrt nach Berlin, genießt sie ihre frühe freundschaftliche Erfahrung im Iran gleichermaßen mit der neuen Bekanntschaft:

»Er hat mich angerufen. Oh, Gott, bin ich froh. Da war dieselbe Stimme und dasselbe Lachen, und dieselben vernünftigen Worte, die ich liebe. Er ist mein ein und alles. Ich muß ihn für mich behalten, weil er derjenige ist, der mich versteht (außer ihm!) und lieben kann. Er ist einfach der wunderbarste Mensch, den ich jemals kennengelernt habe.

Ich werde ihn niemals vergessen können. (Außerdem muß ich jetzt mit der Diät anfangen.)

Oh, Gott, helf mir dieses Mal. Bitte laß mich nicht im Stich. Mach etwas, daß ich ihn sehen kann und daß wir uns aussprechen können. Ich muß ihn überreden, noch drei Jahre zu warten. Es muß einfach ein Wunder geschehen. Oh, es muß einen Ausweg geben. Wir können uns verloben und noch drei Jahre warten.

Ich werde mich nicht ändern.
Ich werde nur versuchen, meine Schüchternheit zu vergessen, und mit ihm über alles reden.
Oh, wenn ich nur verreisen könnte.
Ich möchte ihn so gerne wieder sehen.«

Aus ihrem Kalenderheft erfahre ich, wie sie unsere Begegnung in der Schule Anfang September erlebte, bei der sie mir ihre Entscheidung mitteilte, die Schule nicht mehr zu besuchen. Am gleichen Tag schrieb sie in ihr Kalendergedichtheft:

> Ist das nicht toll, wenn man
> jemanden hat, mit der man sich
> unterhalten kann.
> Sie ist ganz nett und sehr verständnisvoll.
> Wenn ich daran denke, was ich
> ohne sie machen könnte.
> Wenn ich sie nicht hätte, würde
> ich bestimmt alles aufgeben.
> Willst du auch wissen, wer sie ist?
> Sie ist meine Lehrerin, aber ich
> kann nicht glauben, daß sie meine
> Lehrerin ist, weil ich sie voll lieb habe.
> Sie ist wie eine gute Freundin für mich.
> Sie ist jemand, mit der man sich über
> alles unterhalten kann.
> Sie ist einfach eine sehr gute Frau.
> Wie gut wäre es, wenn ich sie
> jeden Tag sehen könnte,
> oder mit ihr telefonieren könnte.
> Sie weiß alles über mich.
> Meine eigene Familie weiß
> manche Sachen nicht.
> Es tut gut, wenn ich mich
> bei ihr so gut fühle.
> Sie gibt mir Sicherheit und Mut.

Setareh bezieht mich kurze Zeit nach ihrem Entschluß, nicht mehr in die Schule zu gehen, wieder in ihre Gedanken ein. Wir treffen uns, sprechen über die Liebe und das Leben, die Ausbildung und das weitere Lernen. Es gelingt ihr, im Oktober an einem großen Berliner Krankenhaus eine Ausbildung als Krankenschwester zu beginnen. Dies scheint ihr in dieser Situation ein realistischer Ersatz für ihren früheren Berufswunsch Ärztin. Sehr schwierig ist nach wie vor das Zusammenleben mit dem Bruder, Frau T. und ihrer Familie. Sie spreche nicht mehr mit ihnen. Warum? »Die sprechen auch nicht mit mir.«

Ich sorge mich wegen ihrer Schule, die sie leichtnimmt. Eine Andeutung machte mich stutzig, die Leiterin des Lehrgangs, die mehrere wichtige Fächer unterrichte, sei völlig unfähig, darin wären sich alle einig. Gelassen nimmt sie die »Fünf« hin, es sei eine von vielen »Fünfen«, die verteilt worden seien. Zur Verbesserung ihrer schwachen naturwissenschaftlichen Kenntnisse kann nur intensives Lernen beitragen. Die Situation kann gefährlich für sie werden, ich fürchte um ihre Probezeit. Ich bin unsicher, wieweit ich sie darauf aufmerksam machen kann, ich will nicht in die Rolle ihrer sie drängenden Familienmitglieder kommen. Aber ist sie erwachsen genug, zu überblicken, was sich da möglicherweise über ihr zusammenbraut? Ich schlage ihr vor, mit ihrer Lehrschwester zu sprechen, um dann mit ihr gezielt an ihren fachlichen Defiziten zu arbeiten.

Ich biete ihr an, die Bekanntschaft einer Medizinstudentin zu vermitteln, diese würde ihr sicherlich beim Lernen helfen. Sie ist zu stolz, sie möchte es allein schaffen. Sie kämpft gegen das, was der Bruder über sie denkt. Sie will beweisen, daß sie allein kann. Sie lehnt jede Hilfe ab. Sie verbindet die Haltung des Keine-Schwächen-Zeigens, Sich-nicht-helfen-Lassens, so wie es ihr jahrelang von dem als ideal erlebten Vater vorgelebt wurde, mit Stärke und Erwachsensein.

In ihrer praktischen Ausbildung im Krankenhaus macht sie Erfahrungen, die über das bisher Erlebte hinausgehen:

»Oh, Gott, kannst Du mir sagen...«

»12. 11. 1990
Oh, Gott, kannst du mir sagen, was du mit deinen Menschen machst. Ich hab eine Patientin gesehen, dabei dachte ich mir, gibt es dich wirklich?

Sie hat am Po ein sehr großes, schwarzes, stinkendes Loch.

Es heißt Dekubitus.

Es war sehr schrecklich, man konnte beinahe den ganzen Knochen sehen, weil das Loch so tief war.

Als ich noch ein Kind war, wurde mir gesagt, wenn man sehr böse ist, wird man krank.

Als ich das Loch sah, erinnerte ich mich an diese Worte, und dabei dachte ich mir, kann ein Mensch so böse sein, daß er so eine schlimme Krankheit kriegt. Dann hab ich mir gedacht,

Mädchen, du bist auch blöd, es gibt doch keinen Gott, sonst gäbe es nicht so was.

Heute am 13. 11. gehe ich um 7.00 in dieses Zimmer und helfe dabei, ihren Verband zu wechseln.

Nachmittags war ich zufällig da und sah, daß zwei Schwestern in dieses Zimmer reingehen, und ich bin auch hinter ihnen reingegangen und sah, daß sie die Verbände aufmachten. Ich meinte, der Verband muß doch von der Nachtschicht gewechselt werden. Die meinten, das ist jetzt aber egal. Ich hatte es noch nicht kapiert. Ich sah, daß die beiden ihren Kopf verbanden, und damit auch ihren Mund. Ich sagte, was macht ihr denn da, und die sagten, wir verbinden ihren Kopf und Mund, damit ihr Mund nicht aufgeht und zubleibt, dann habe ich gesagt, wenn ihr das macht, kann sie doch nicht atmen. Auf einmal schaute ich auf ihre Brust. Ihre Brust machte keine Bewegung, dann sagte ich auf einmal: Sie ist ja tot.

Ich habe zum erstenmal einen toten Menschen gesehen.

Auf der einen Seite war ich froh, daß sie sterben mußte, weil sie dann keine Schmerzen hatte, und auf der anderen Seite traurig, weil ich vorher ihren Verband gewechselt und sie gewaschen habe.

Ich konnte oder kann es noch nicht glauben, daß sie tot ist!«

In den Winterferien fährt sie in die Türkei, dort trifft sie eine Freundin aus dem Iran, die eine schwere, tödliche Erkrankung hat. Es soll für diese eine Überraschung sein, die Freundin früherer Tage noch einmal zu sehen. Erholt und erfüllt von den Tagen der Begegnung in Istanbul, kommt sie nach Berlin zurück. Für sie war auch genug Zeit, um über ihre persönliche Zukunft nachzudenken.

Sie entschließt sich, sich von ihrem persischen Freund zu trennen. Er könne die Erfahrungen, die sie in Deutschland mache, nicht nachvollziehen. Eine Beziehung zwischen einem persischen Mann und einer persischen Frau vor ihrem traditionellen Hintergrund müsse dann naturnotwendig eine Beziehung sein, die sie nicht mehr wolle. Sie teilt es ihm mit, er will es nicht verstehen. Ihre Mutter erfährt durch ihn davon. Setareh berichtet mir, auch die Mutter könne es nicht akzeptieren.

Bald darauf erhält sie die Kündigung bei ihrer Arbeit in der Krankenpflegeschule. Man hält sie, so berichtet sie, für die berufliche Tätigkeit sehr geeignet, sie habe sich im Krankenhaus als sehr sorgfältig und verläßlich erwiesen. Aber im Bereich der theoretischen Ausbildung habe sie zu große Defizite. Man rate ihr daher zu einer einfacheren Ausbildung.

In dieser Zeit bemüht sich ein Freund ihres Bruders aus Hannover, der ihr gut gefällt, verstärkt um sie. Es scheint, als sähe Setareh in dieser

Beziehung auch einen Ausweg aus der engen konfliktreichen Familienkonstellation. Sie verlobt sich mit ihm, sie hofft auf Akzeptanz, Verständnis ihrer Bemühungen um Unabhängigkeit. Er unterstütze sie in ihrem Bestreben nach Ausbildung und Lernen, nach einer selbständigen Existenz als Frau.

Bei unseren Treffen einmal in der Woche sprechen Setareh und ich über ihre weitere Lebensperspektive. Ihren Entschluß vom Sommer, die Schule zu verlassen, bereut sie. Sie hält den Schulabbruch inzwischen für eine Fehlentscheidung, die sie aus Trotz gegen den Bruder getroffen hat. Ihr ist noch seine Bemerkung vom vergangenen Sommer im Ohr, er werde arbeiten, damit sie in die Schule gehen kann. Damals mißachtete sie seine Bereitschaft, jetzt bedauert sie es sehr. Sie ist sich sicher, daß er nach wie vor zu seinem Wort steht und sie unterstützen werde, was ihr wie ein Ausblick in einer dunklen Situation erscheint.

Auf meine Anregung hin entschließt sie sich, die Zeit zu nutzen und mit dem Lernen zu beginnen. Sie beginnt, Grundkenntnisse in Chemie zu erwerben, in dem Fach, das sie sich nie zutraute, sondern bereits im Iran nur immer auswendig lernte. Die ihr helfende Medizinstudentin erklärt ihr Zusammenhänge und korrigiert Fehler, bleibt ruhig und geduldig, spricht auch von der eigenen Lernerfahrung. Es gelingt ihr, daß Setareh in wenigen Stunden erste Grundkenntnisse erwirbt. Dieser Lernerfolg in einem Fach, das zu verstehen sie sich nie zugetraut hatte, stärkt sie und macht sie zuversichtlich für ihre Lebensperspektive.

Ich berate mich erneut in der Schule und spreche mit Kollegen, welche Möglichkeiten es für sie jetzt schulisch noch gibt. Es findet sich eine, ich bin erleichtert, informiere sie sofort, denn in den Berliner Schulen ist jetzt Halbjahr, wenn überhaupt noch, wäre jetzt die Chance für sie, sie könnte gerade einsteigen. Offen bleibt damit das Problem ihres Lebensunterhalts bei einem erneuten Schulbesuch. Der Bruder sagt auf ihre Anfrage, sie habe ihre Chance im Sommer vertan. Er erwarte, daß sie sich Arbeit suche und Geld verdiene. Wie sie es sich denke, so ginge es nicht. – Bald darauf beginnen in den Berliner Schulen die Osterferien.

Setareh schreibt am 21. 3. 1991 an meinen Ferienort:

Liebe Frau Schubert! Ich hoffe, daß Sie einen schönen Urlaub haben, damit Sie sich erholen können. Heute ist unser persisches Neujahr, aber was ist das für ein neues Jahr? Ich habe mir vorgenommen, daß ich Sie nicht mehr mit meinen Problemen belaste. Ich schäme mich eigentlich sehr, daß ich mit jedem Problem zu Ihnen angerannt komme, aber ich habe außer Ihnen niemanden, und ich kann nicht immer meine Probleme für mich behalten. Jetzt werde ich mich selber um meine Probleme kümmern.

Meine Lösung lautet einfach, abzuhauen. Ich weiß, daß diese Lösung sehr dumm ist, aber ich weiß keine andere Lösung mehr, und ich möchte auch nicht mehr abwarten, um zu sehen, ob ich eine Möglichkeit finde.

Ich werde bei erster Gelegenheit in eine andere Stadt ziehen, und wenn diese Gelegenheit sich nicht ergibt, werde ich in den Iran zurückfahren. Da bin ich immerhin etwas, und niemand kann sich erlauben, mir etwas zu sagen.

Es ist dieses Mal wegen Melanie (Frau T., die Pflegemutter). Ich möchte Ihnen jetzt nicht alles aufschreiben, aber wenn Sie zurückkommen und ich immer noch da bin, werde ich Ihnen alles erklären. Ich frage mich immer wieder, wieso ich nicht zu meinem Exfreund in dem Iran gefahren bin. Da hätte ich fast alles, und was am wichtigsten ist, ich würde niemals abhängig sein. Ich habe auch etwas geerbt.

Aber nein, ich war so dickköpfig und wollte auf meinen eigenen Füßen stehen und selber Geld verdienen. Ich habe in diesen drei Jahren so viele Beleidigungen angehört, daß ich es satt habe – wieso muß ich mir alles gefallen lassen? Ich möchte wieder mein altes Leben führen. Damals hatte niemand gewagt, mir irgend etwas zu sagen oder mich zu beleidigen. Ich hasse dieses Leben, und ich werde es nicht mehr lange machen.

Wieso bin ich nicht im Iran geblieben und habe um meine Rechte gekämpft? Ich habe alles verloren, meinen Vater, den ich so geliebt habe, meine Freunde und meinen Stolz. Wenn ich denke, was aus mir geworden ist, muß ich wirklich weinen. Das ist also mein »fröhliches« Neujahr, wenn ich an die Vergangenheit denke.

Ich hatte früher so gute Stimmungen gehabt. Neujahr war immer der beste Tag meines Lebens. Ich konnte immer meine Sorgen vergessen, und jetzt denke ich nur an meine Sorgen.

Eigentlich, wenn ich gut nachdenke, habe ich drei Möglichkeiten: 1. Ausziehen nach Westdeutschland, 2. Zurück nach dem Iran, 3. Selbstmord. Eigentlich wenn ich so nachdenke, ist die 3. Möglichkeit einfacher als die anderen beiden. Aber ich will noch ein bißchen leben. Ich habe immer noch Wünsche, die noch nicht in Erfüllung gegangen sind. Aber wenn die beiden Möglichkeiten nicht klappen, dann bleibt nur die

3. Möglichkeit. Sehen Sie, was aus mir geworden ist. Ich bin total verzweifelt. Ich hatte nie gedacht, daß ich je an diesen Ausweg »Selbstmord« denken werde.

Ach, machen Sie sich bitte keine Sorgen. Was kommen will, kommt auch. Ich wollte Ihnen noch sagen, wie lieb ich Sie habe, und Ihnen für alles danken.

Sie waren immer für mich da, wenn ich Sie brauchte, und Sie haben mir sehr geholfen. Ich werde Sie nicht vergessen. Keine Angst, die 3. Möglichkeit ist immer noch die 3. Möglichkeit, und wenn die anderen zwei Möglichkeiten nicht klappen, dann kommt die dritte Möglichkeit in Frage. Vielen Dank, daß Sie mir immer geholfen haben, wo ich auch hingehe, ich werde Sie informieren. Berlin, den 21.3.1991. Zeit 23.54

29.3.1991

Liebe Setareh, vielen Dank für Deinen Brief, den ich gestern erhielt. Was ist los, was ist vorgefallen? Was hat Dich so verletzt und enttäuscht? Wo und warum wuchs Deine Verzweiflung? Das stimmt, es gibt noch vieles im Leben, was Du noch nicht kennst. Und: Das Leben hat mehr als drei Möglichkeiten!

Ich freue mich, daß Du mich immer an dem, was Du erlebst, teilhaben läßt. Das war nie eine Belastung, sondern eine Bereicherung für mich. Wie kommst Du auf so merkwürdige Gedanken? Es ist doch eine gute Sache, wenn wir Menschen uns wechselseitig behilflich sind? Das ist doch das Natürlichste und Schönste der Welt, weißt Du das nicht im Gefühl? Merkwürdig sind doch eher diejenigen Menschen, die sich nicht mitteilen, die nicht dorthin gehen, wo es für ihr Herz warm, angenehm und freundlich ist, wo sie sich verstanden fühlen. Viele haben auch keinen solchen Ort. Ich habe sehr gern mit Dir zu tun und teile jedes Gefühl, das Du mir gegenüber geäußert hast.

Meine Freundin G. erzählte mir, daß Du Besuch zum Neujahrsfest erwartest und deshalb das Lernen abgesagt hast. Ist der Besuch nicht so gut verlaufen? Hattest Du Dir mehr davon erhofft? Weißt Du, mit dem regelmäßigen Lernen könntest Du einen sicheren Boden für eine eigenständige Existenz finden. Es hat m. E. mit Dickköpfigkeit wenig zu tun, wenn Du Dir vorgenommen hast, Dich auf die eigenen Füße zu stellen. Ich würde das Ziel nicht aufgeben. Du wirst es erreichen können, auch wenn der Weg dahin neben Blüten voller Dornenbüsche und Disteln ist und manchmal ein scharfer Wind weht.

Du hast nicht nur Beleidigungen gehört und Schweres erlebt, sondern Du hast so, wie Du bist, auch Menschen als dauerhafte Freunde gewonnen. Mit ihnen zusammen wird es möglich sein, deine Lebenswünsche in Erfüllung zu bringen, auch das, was Dir heute schwer oder gar nicht erreichbar scheint.

Auch Du bist immer in meinen Gedanken, und ich möchte sehr gern weiter an dem teilhaben, was Du alltäglich erlebst. Ich weiß, daß diese Zeit für Dich besonders schwer und belastend ist, weil Du so viel Ungewohntes, Neues zu bewältigen hast und Dich dabei oft sehr allein und überfordert fühlst. Es ist mir wichtig, von Dir informiert zu werden, was immer gerade geschieht. Wie allein du bist, das hängt auch von Dir ab. Es gibt immer einen Weg – laß ihn uns gemeinsam finden.

Ich freue mich auf Deine nächste Nachricht und unser Treffen am 11. 4. um vier oder kurz vorher. Ich komme direkt von der Schule nach Hause. Bis dahin sei herzlich gegrüßt, Bettina Schubert.

Setareh kommt, wie brieflich verabredet. Sie spricht davon, am liebsten von Berlin wegzugehen, hier sieht sie keine Chance, entweder will sie nach Hannover ziehen oder in den Iran zurückkehren. In Deutschland habe es keinen Sinn. Sie hat begonnen, eine Lehrstelle als Arzthelferin zu suchen. Man will keine Ausländer, so scheint ihr. In ihrem Beisein rufe ich einen mir bekannten Internisten an, vielleicht weiß er Rat, kennt einen Kollegen? Er reagiert spontan und voll Mitgefühl. Bei ihm besteht leider keine Möglichkeit, aber er wird sich umhören. Dann sprechen wir über die Frage, wo sie leben möchte, was für den einen oder anderen Ort spricht, was jeweils positiv, was negativ ist. Wir machen zusammen eine Tabelle, die auch enthält, was für ein Leben in Deutschland spricht und was für ein Leben im Iran.

In Hannover hätte sie Gelegenheit, den jungen Mann, der um sie wirbt, besser kennenzulernen. Aber sie würde alle ihre Berliner Freunde verlieren. Es sei schwer, wirkliche Freunde zu finden.

In Berlin wohnen ihre Geschwister, an denen sie sehr hängt. Sie hat sich hier so weit eingelebt, daß sie sich in der Stadt auskennt. Hier sind ihre Freunde. Gegen Berlin spreche eigentlich nichts, nur sei das Zusammenleben mit dem Bruder und Frau T. oft so schwierig.

Im Iran werde sie niemand zur Last fallen, sie werde ihre Freundinnen wiedersehen. Sie habe bei der Mutter eine Wohnung, in der sie leben könne. Auch der Umgang der Menschen untereinander sei anders: Die Leute seien alle sehr nett, und man könne schneller als in Deutschland Freundschaft schließen, die Menschen würden einander mehr helfen als hier.

Andererseits hat sie Bedenken, es habe sich dort vieles geändert. Sie könne auch nicht mehr so mit den Vorschriften leben. Die Rolle der

Frau sei anders als in Deutschland, man schätze die Frau nicht so wie hier. Auch könne sich eine Frau nicht scheiden lassen. Die Frage, was tun, bleibt offen, aber es ist gut für uns beide, genau darüber zu sprechen, das jeweilige Für und Wider zu erörtern.

Ich erzähle ihr von der Schule, sie erkundigt sich nach früheren Mitschülern, erzählt mir auch vom weiteren Weg von Schülern, die mit ihr zusammen abgegangen sind. Alles, was die Unterrichtsinhalte in Deutsch betrifft, interessiert sie sehr. Sie will unbedingt wieder schreiben, am liebsten möchte sie alles mitmachen, was die anderen in der Schule gerade lesen und lernen. Ich gebe ihr ein Thema, über das wir in der Schule geschrieben hatten: »Meine Straße«. Nach einigen Tagen schickt sie mir ihren Aufsatz in einem Brief.

Bei ihrem nächsten Besuch bringt sie mir rote Rosen mit. Ich erfahre auf Nachfragen, die Bedeutung dieser Blumen im Iran sei die gleiche wie in Deutschland. Ich danke ihr herzlich. Einige Tage später schreibt sie mir:

3.5.1991

Liebe Frau Schubert!

Wie geht es Ihnen? Eigentlich ist es ganz schön zu spät, um einen Brief zu schreiben. Es ist 0.29. Ja, ich bin noch wach und versuche mir über meine Gefühle klar zu werden. Ich habe in letzter Zeit sehr viel über A., mich und meine Zukunft nachgedacht, bis ich mich entschieden habe. Ich weiß nicht, wie ich mein Verhalten erklären soll. Ich hoffe nur, daß ich gute Gründe für meine Tat habe. Sie brauchen nichts Schlimmes zu denken. Ich habe heute Abend A. angerufen und ihm gesagt, daß ich ihn nicht heiraten werde. Eigentlich habe ich keine Gewissensbisse und bin auch nicht traurig. Ich mag ihn, aber ich will ihn nicht heiraten. Ich möchte frei sein und mich an niemanden binden. Ich gehöre niemanden. Ich bin kein Zeug, und ich will nicht meine Gewohnheiten ändern, und ich will nicht in eine Ehe gehen, die nicht aus Liebe entsteht. Ich denke nicht, daß ich jemals einen Iraner heiraten werde. Die wollen eine Frau als ihren Untertan haben, die wollen eine Frau besitzen und noch vieles mehr.

Vielleicht kann mich ein Deutscher besser verstehen als ein Iraner. Ich kann über alles offen auf Deutsch reden und meine Meinung sagen. Aber ich kann sowas nicht auf Persisch tun. Ich will nicht mein Leben als eine Ehefrau vergeuden. Ich will nicht auf die Kinder ständig aufpassen, während mein Mann sich mit seinen Freunden amüsiert.

Ich möchte ernst genommen werden. Ich möchte sagen, daß Sie mir sehr geholfen haben. Ich danke Ihnen. Sie haben mir heute viel Mut gegeben, um weiter zu leben. Wie? Als Sie sich mit dem Arzt unterhalten haben, haben Sie gesagt: »Sie ist zuverlässig, intelligent und klug.« Sie kann 92% Deutsch sprechen. Da war ich stolz auf mich. Ich habe nie gedacht, daß jemand so eine hohe Meinung von mir haben kann. Und ich weiß, daß Sie es nicht nur so sagen. Sie glauben an mich, und ich versuche immer wieder an mich zu glauben. Ich weiß nicht, wie ich Ihnen danken soll. Wissen Sie, wieviel es mir bedeutet hat, als ich Ihre Meinung über mich hörte. Ich danke Ihnen. Sie haben mir mein Vertrauen wieder gegeben. Ich sehe jetzt die Zukunft klarer, und ich werde versuchen, bald einen Ausbildungsplatz zu finden.

Ich werde jetzt anfangen zu lernen. Ich hoffe, daß ich es schaffen werde. Jetzt habe ich wieder richtige Lust, eine Ausbildung anzufangen. Ich danke Ihnen. Setareh

P.S. Sie sind die erste, die erfahren hat, daß ich mit A. Schluß gemacht habe.

Die Konflikte im Zusammenwohnen, die Ostern zu ihrem Beziehungsabbruch geführt hatten, mehren sich wieder. Setareh hat im Frühjahr Kontakt zu einer Gruppe von Auslandsiranern gefunden. Sie genießt es, sich mit Gleichaltrigen bzw. etwas Älteren zu unterhalten und mit ihnen zusammenzusein. Zu Hause ist es schwierig, der Bruder unterbindet anscheinend ihren Kontakt zu anderen, damit sie sich intensiv um die Lehrstellensuche kümmert. Das bewirkt bei ihr das Gegenteil. Sie fühlt sich bevormundet und zweifelt an ihren Fähigkeiten, ihre Lebensfragen aus eigener Kraft zu lösen. Sie hat das Gefühl, die Zeit einer Ausbildung und das dafür erforderliche Lernen wird sie nur schaffen, wenn sie nicht dauernd kritisiert wird. Es gehe ihr bei den Gesprächen zu Hause oft so, daß sie an deren Ende gar keinen Mut mehr habe, irgend etwas zu machen. Sie möge auch nicht mehr lesen, was sie früher so gern gemacht habe. Auch in ihr Tagebuch schreibe sie seit langer Zeit nicht mehr. Manchmal lese sie in unserem Briefwechsel aus der Schulzeit.

Versuch einer Ablösung

In dieser Zeit erhalte ich überraschend in der Schule den Anruf einer Mitarbeiterin der Familienfürsorge. Setareh hat sich ohne Rücksprache mit mir dahin gewandt, nachdem sie von Gleichaltrigen gehört hat, ein familienunabhängiges Wohnen werde unter bestimmten Umständen gefördert. Sie habe der Stelle meinen Namen genannt. Ich könne etwas über sie sagen, da ich sie in der Schulzeit beraten habe.

Auch dieser Versuch, eine Ablösung von zu Hause einzuleiten, mißlingt. Sie zieht den Antrag schließlich wieder zurück. Der Bruder, so berichtet sie, habe gesagt, für ihn sei sie ein für allemal »gestorben«, wenn sie den Antrag nicht zurücknehme. Sie gehöre für ihn sonst nicht mehr zur Familie.

Nach dem Scheitern dieses Wohnplans, der ihr die Möglichkeit des weiteren Schulbesuchs eröffnet hätte, sucht Setareh konsequent eine Lehrstelle. Sie will nun eine Ausbildung machen, die ihr nach dem Abschluß ermöglicht, ein finanziell unabhängiges Leben zu führen. Parallel zu vielen, über Monate vergeblichen Bewerbungen jobbt sie bei McDonalds. Sie möchte an ihrem 18. Geburtstag ein großes Fest feiern, zu dem sie ihre Freunde einlädt. Sie will niemandem zur Last fallen, sie will alle, die sie mag, einladen und die Kosten dafür selbst tragen. Im Iran gehöre so ein Fest zum 18. Geburtstag. 50 bis 60 Personen sind eingeladen, ob alle kommen werden, weiß sie nicht, wahrscheinlich sind einige der Eingeladenen ebenso wie ich in den Sommerferien. Im letzten Jahr ist es ihr gelungen, sich einen Bekanntenkreis aufzubauen, in dem sie sich willkommen fühlt. Mit einigen Menschen, die sie in der Ausbildung kennenlernte, ist sie heute befreundet.

Längerfristig hat sie den Plan, nach der Lehre noch weiter zu lernen, ihr Interesse an ihrer Entwicklung hat sie nicht aufgegeben. Mir scheint in unserem Gespräch nach dem Scheitern ihres Projektes: Sie ist in all den schweren Krisen in diesem Jahr nach Ende der Schulzeit erwachsener geworden, nicht mehr so abhängig von der Reaktion des anderen, sondern ausgerichtet auf ihren eigenen Weg.

Von Setareh höre ich, der Bruder sei sehr aufgebracht über meine Bereitschaft zu einer befürwortenden Stellungnahme für das Amt zu ihren Auszugsplänen. Wenn Setareh wirklich von ihm wegziehen sollte, habe er die Absicht, mich wegen Anstiftung anzuzeigen. Ich nehme mir vor, an ihn zu schreiben. Wieso mißversteht er ihren Wunsch nach Eigenständigkeit in der Beziehung zu ihm derart, daß er ihn als gegen sich gerichtet empfindet? Sie möchte ja gern mit ihm in Frieden leben. Aber offenbar fehlen beiden die richtigen Worte. Es ist eindeutig. Setareh will ihn nicht verlieren und will einen Weg finden, wo sie, unterstützt durch mich, ihren eigenen Weg finden kann. Ihm stellt sich anscheinend das Problem ihrer Zukunft in anderer Weise als mir. Mit meinem Brief will ich die Konfrontation zu mir beenden.

Vor meinen Sommerferien gehen Setareh und ich zusammen Eis essen, ich bin müde vom Schuljahr und ferienreif. Wir erzählen uns vom Sommer und von unseren Plänen für die nächste Zeit. Sie ist glücklich, nach vielen vergeblichen Bewerbungsbriefen und einigen Vorstellungen endlich eine Lehrstelle gefunden zu haben.

Ich gebe ihr meinen Brief an den Bruder zu lesen, bevor ich ihn abschicke. In diesem Brief zeichne ich ein realistisches Bild der Entwicklung Setarehs seit ihrem ersten Schultag in meinem Kurs.

»Sehr geehrter Herr M., in dem tiefen Wunsch, möglicherweise entstandene Mißverständnisse zwischen uns auszuräumen, wende ich mich heute brieflich an Sie. «Ich würdige im folgenden Frau T.s Bemühungen und gehe auf die schweren Krisen ein, die Setareh in ihrem jungen Leben zu bewältigen gehabt habe, Krisen, auf die sie durch ihr bisheriges behütetes Leben in einer verläßlichen Familiengemeinschaft wenig vorbereitet war. Es seien Krisen gewesen, die zum einen durch die Umstellung auf eine andere Kultur in Deutschland entstanden seien, zum anderen solche aus der engen Beziehung zum Vater, dessen Verlust sie sehr getroffen habe. Mein Anliegen sei gewesen, ihr zu helfen, selbständig und verantwortlich ihren Weg zu finden, ihr Mut zu machen, wo sie den Mut verloren hatte.

Ich erinnere ihn an das Gespräch nach den Sommerferien, in dem er und Frau T. trotz anfänglicher Bedenken, ihren Schulbesuchswunsch schließlich unterstützt hätten, sie sich selbst dann jedoch anders entschieden habe. Setareh habe damals ihre und meine Unterstützung nicht annehmen wollen, sondern sie wollte auf eigenen Beinen stehen, niemanden zur Last fallen, mit der Krankenschwesterausbildung etwas fürs Leben Nützliches lernen und ihren Beitrag zum Haushalt hätte leisten wollen.

»Wie es weiterging, wissen Sie selbst. Es kam der Tag, an dem Setareh den Schulabbruch bedauerte, Sie um Unterstützung zu einem erneuten Besuch der Schule bat. Sie konnten sich damals offenbar nicht vorstellen, daß Setarehs Plan so ernsthaft sei, daß sie sich mit erneuten Schwierigkeiten erfolgreich auseinandersetzen würde. In Ihrer Sorge um Setarehs weitere Entwicklung lehnten Sie daher diesen Plan ab. Trotz meines Einwandes, ein junger Mensch übersehe manches im Leben nicht und solle auch das Recht haben, einen Fehler zu korrigieren, überwogen Ihre Bedenken. Sie glaubten, es sei besser, wenn Setareh eine Ausbildung mache, damit sie nicht eines Tages abhängig und ohne Ausbildung in einem fremden Land dastehe.«

Das Zusammenleben sei offenbar nicht immer leicht gewesen. Er habe sich in den folgenden Wochen wiederholt Sorgen gemacht, ob Setareh sich wirklich genügend ernsthaft um ihre Zukunftsfragen kümmere.

Eines Tages sei Setareh gekommen und habe mir mitgeteilt, daß sie sich an eine amtliche Stelle gewandt habe, um der Familie nicht weiter zur Last zu fallen. Sie glaube, es sei für beide Seiten besser, wenn sie ausziehe. Sie habe mir auch mitgeteilt, daß sie erneut den Gedanken gefaßt habe, die Schule zu besuchen. Ich sei überrascht gewesen und habe es zur Kenntnis genommen, ich ahnte, wie schwer ihr dieser Entschluß nach der langen Zeit des Zusammenlebens und der Bemühung auf beiden Seiten gefallen war.

Tränen sind in Setarehs Augen, als sie das liest.

»Von anderen jungen Menschen weiß ich, wie langfristig gesehen segensreich sich eine zeitweilige wohnmäßige Trennung von der Familie für das wechselseitige Verstehen auswirken kann. Gerade wenn man als junger Mensch alltägliche Konflikte in anderem Rahmen zu bewältigen lernt, erwächst oft ein näheres Verständnis für die eigene Familie. Dieses Verstehen erwächst oft erst in der Distanz, es ergibt sich eine natürliche Versöhnung, wo früher Mißverständnisse waren. Bei den meisten jungen Menschen, die ihren eigenen verantwortlichen und eigenständigen Weg suchen, gibt es bei dem Ablösungsprozeß vom Jugendlichen zum Erwachsenen Konflikte. Manchmal sieht der Jugendliche auch fälschlich die Schuld für die Probleme bei den Erwachsenen. Auch der umgekehrte Fall kommt vor. Es gibt nach meiner Erfahrung und aus meiner Sicht jedoch in den seltensten Fällen eine ›Schuld‹. Vielmehr sind solche – für beide Seiten oft sehr schmerzhaften – Auseinandersetzungen in unserem Kulturkreis inzwischen fast als normal einzuschätzen. Der Schmerz auf beiden Seiten läßt sich aber glücklicherweise durch eine zeitweilige Trennung lindern und letztlich auch zugunsten eines tieferen Verständnisses auflösen.«

Als mich die Sozialarbeiterin der Familienfürsoge in der Schule angerufen und mich um eine Stellungnahme zur Frage des familienunabhängigen Wohnens gebeten habe, hätte ich mich bereit erklärt, ein befürwortendes Gutachten für Setareh zu schreiben. Es sei mir gerade um eine Verbesserung des familiären Verhältnisses gegangen. Selbstverständlich wäre daher ein Gutachten für Setareh nicht ein Gutachten gegen die Familie gewesen. Vielmehr sei ich immer voll Hochachtung gewesen für das, was er und Frau T. für Setareh in all der Zeit getan haben. Ich habe allerdings in dieser Wohnform eine Chance für Setareh gesehen, auch eine Chance darin, wenn von staatlicher Seite vor ihrem 18. Lebensjahr ihre weitere berufliche oder gegebenenfalls schulische Entwicklung finanziell übernommen und elternunabhängig gefördert worden wäre. – Vermutlich kenne er diese Form der Förderung, die der Sozialstaat als eine Möglichkeit zur Entwicklung der Individualität junger Menschen bereithält, nicht aus dem Iran.

Ich bedauere, daß er durch Setarehs Initiative und meine Unterstützung vermutlich große innere Erschütterungen erlitten habe. Das habe nicht in meiner Absicht gelegen. Nach wie vor läge mir an einer Zusammenarbeit zum Wohl seiner Schwester und ich hoffe, mit diesem Brief zur Klärung der Hintergründe beigetragen zu haben. Meine Hilfe stehe für mich in keinem Widerspruch zu seinen Bemühungen.

Setareh ist berührt, ich hätte alles genau so geschrieben, wie es gewesen sei. Tränen sind in ihren Augen, der Druck der Entscheidungssituation um ihre Auszugspläne liegt noch einmal auf ihr. Aber zu diesem Zeitpunkt ist es bereits ein Konflikt, der endlich ausgestanden ist, der hinter ihr liegt. Allerdings hat sie große Zweifel, ob der Bruder diesen Brief verstehen wird.

Wie der erste Brief an Frau T. im Dezember 1989 bleibt auch dieser Brief ohne Antwort. Eine Wirkung wird er dennoch gehabt haben.

Ein eigener Anfang

Setareh hat inzwischen ihre Lehre angetreten und stellt sich den Fragen, die ihr im Leben begegnen.

Zu Beginn des Jahres 1992 hat sie nach Bestehen der Probezeit in ihrer Ausbildung eine Einzimmerwohnung gemietet. Sie liegt in einem Arbeiterviertel der Stadt, weit weg von der des Bruders, in der Nähe der Wohnung ihrer Schwester. Mit ihrem Auszug war er einverstanden, er half ihr beim Einrichten.

Im neuen Jahr meldet sie sich trotz einer vagen Verabredung auf einmal drei Wochen lang gar nicht mehr. Auf einen Brief hin erhalte ich am 24.1.1992 Post, die den Grund erklärt.

»Hallo Frau Schubert, ich habe gestern Ihren Brief bekommen und habe mich sehr darüber gefreut. Ich habe mich gewundert, daß ich Ihre Post nicht zu Hause bekommen habe, sondern erst, nachdem Sie den Brief erneut abgeschickt haben, an meiner Arbeitsstelle. Zuhause! Es ist so ein schönes Wort.

Ich schicke Ihnen mit diesem Brief meinen Aufsatz, von dem ich Ihnen erzählte. Ich bin so entsetzt über meine Note. Ich kann es einfach nicht glauben, daß ich eine 6 im Aufsatz geschrieben habe. Bin ich so schlecht geworden oder war ich von Anfang an so schlecht! Mein erster Gedanke war, den ganzen Aufsatz zu zerreißen, aber dann dachte ich mir, ich bin doch kein Kind mehr.

Jetzt können Sie sich auch eine neue Meinung über mich bilden. Haben Sie mir nur so zugeredet, daß ich gut bin??? Oder wollten Sie mir nur Mut machen? Ich bin so enttäuscht von mir selbst! Setareh (und der Nachname)

Den Aufsatz legt sie bei. Die Schüler konnten das Thema selbst wählen, sie wählte die Überschrift »Das Leben einer Iranerin im Iran und in Deutschland«.

In großer Offenheit schreibt sie auf elf Seiten von ihrem Leben, anfangs geht es um die Bedeutung der nahen Beziehung zu ihrem Vater. Neu ist für mich, wie sie den früher idealisierten Vater heute auch in seiner inneren Not wahrnimmt: »Dieser Mann war kräftig gebaut, und er war hart. Er hatte immer seine Gefühle versteckt. Man kannte ihn als einen Mann ohne Gefühle, man hatte ihn nie lachen und nie weinen gesehen. Er war immer ernst geblieben. Er wußte nicht, was es bedeutet, lustig zu sein oder zu weinen. Er konnte seine Gefühle nicht zeigen.«

Die Tragweite für ihr eigenes Leben und ihre Beziehung zu den anderen Menschen ahnt sie auch: »Er liebte einfach dieses Mädchen, und er wollte sie immer sehen. Niemand durfte sie anfassen, niemand durfte an sie näher herankommen. Er versuchte mit allen Mitteln, die anderen von ihr fernzuhalten. Sie war einfach sein Lieblingskind. Er war vernarrt in dieses Mädchen. Er versuchte sie für sich zu gewinnen. Er gab ihr alles, was sie wollte, sie brauchte nur den Mund aufzumachen, dann bekam sie, was sie wollte. Er war wie ein Gott für sie.«

Später schreibt sie, sie habe vergeblich versucht, von ihm unabhängig zu werden. Sie habe gesehen, wie schwer das für ihn gewesen sei. Noch heute erinnere sie seinen Gesichtsausdruck in einer solchen Situation.

Auch die Beziehung zu ihrem Bruder erscheint in dem Aufsatz in einem neuen, positiven Licht. In der folgenden Schilderung ihrer ersten Schulerfahrungen in Berlin schreibt sie: »Sie vermied anfangs jeden Kontakt mit den Mitschülern. Sie redete fast nicht und fand die Leute in der Schule nicht sehr nett. Sie dachte, daß alle Deutschen gegen Ausländer seien.« Dann folgt eine kurze Vorstellung der Beziehung zu mir, ihrer Lehrerin, und eine Darstellung ihrer Entwicklung mit den Mitschülern und beim Lernen bis zum Tod ihres Vaters. Mit diesem Tod sei sie in eine Art Alptraum gestürzt, aus dem sie nach einer langen krisenhaften Zeit nunmehr erwacht wäre. Sie schließt ihren Aufsatz mit dem Wunsch, einmal an sein Grab gehen zu können und dort zu weinen. Dies Erlebnis des Todes des Vaters sei sehr bestimmend für die Iranerin gewesen, nachdem sie schon eine Weile in Deutschland gelebt habe.

Unter ihrem Text, bei dessen Schreiben sie vor allem am Ende sehr bewegt war, findet sich aus der Hand der Lehrerin groß und rot die Zahl »Sechs« geschrieben. Dazu steht noch klein: »Erörterung? Ganz schlimme Fehler in Orthographie und Grammatik!«

Ich antworte ihr am gleichen Tag:

»Liebe Setareh, heute habe ich Deinen Brief bekommen. Ich freute mich sehr über die Post, als ich dann aufmachte und las, war ich ganz betroffen. Du schickst mir einen kühlen Brief (›Hallo Frau Schubert‹) und unterschreibst mit vollem Namen, als wolltest Du mir sagen, wie Du heißt, als habe ich Dich bisher nicht gekannt oder gar verkannt.

Ich war einerseits ganz empört über Deine Lehrerin und die wenig verständliche Art ihrer Korrektur. Wenn Du möchtest, würde ich gern noch mal mit Dir über die sprachlichen Fehlerschwerpunkte reden, damit Du Dich weiter verbessern kannst. Andererseits hast Du keinen Grund, Dich, mich oder Deinen Lernfortschritt in Frage zu stellen, wirklich nicht! Die Ausdrucksschwächen, die Grammatik-, Zeichensetzungs- und Rechtschreibfehler bewirken höchstens eine Senkung der Note um eine Stufe, d. h. von 1 auf 2 oder von 5 auf 6. Dein Aufsatz wurde aber eindeutig ausschließlich deshalb mit ›Ungenügend‹ (6) bewertet, weil Du die Aufgabenstellung der Lehrerin schon anfangs, d. h. in der ersten und zweiten Zeile nicht genau aufgenommen und in der Folge nicht beachtet hast. Das ist bei jeder Arbeit sehr wichtig, das gestellte Themen genau zu wiederholen. Sie hat Euch offenbar einen Aufsatz von dem Aufgabentyp ›Erörterung‹ aufgegeben, darauf deutet ihre Bemerkung neben Deiner Überschrift ›Thema?‹ hin. Unter Deiner Arbeit weist sie daraufhin, Du habest nicht die ›verlangte Erörterung‹ geschrieben. Sie bedauert, daß Du Dich nicht daran gehalten hast (›leider‹).

Ich weiß, daß Du so eine Erörterung auch schreiben kannst, denn Du schriebst eine im Deutschkurs über Karl Moor, als wir Schillers Räuber lasen. Eine ›Erörterung‹ erfordert einen ganz bestimmten inhaltlichen

Aufbau. Es geht da um pro und contra, schließlich um ein Abwägen und einen Schlußteil, in dem der Schreibende zu einem sorgfältig begründeten Urteil zur Themenfrage kommt.

Dein sehr persönlich und offen geschriebener Text, den ich mit großer Freude gelesen habe, entspricht leider nicht den Anforderungen an eine ›Erörterung‹. Dein selbstgewähltes Thema ist auch für eine Erörterung nicht gut geeignet. Es hat nicht die vorgeschriebene Pro-Contra-Form. Ich hätte diese Arbeit trotz aller Sympathie für Dich genauso bewerten müssen und auch bewertet.

Vielleicht wird Dir das Problem Deines Aufsatzes an einem Vergleich deutlich: Das ist wie beim Zahnarzt, wenn er bei der Zahnarztprüfung den Zahn unten links plombieren soll und plombiert oben rechts, wunderbar mit Ausbohren, Gold usw. Dann fällt er durch die Prüfung! Dein Fehler war, daß Du nicht zugehört hast, was genau die Aufgabenstellung für den Aufsatz war. Was Deine Sprachfehler betrifft, so sind sie nicht erschütternd. Du kannst Dich eben – wie die meisten Schüler – in Kommasetzung und Rechtschreibung noch verbessern. Auch die Grammatikfehler würdest Du bei einiger Übung ohne besondere Schwierigkeiten wegtrainieren können.

Also, bevor Du über diesen Aufsatz völlig verzweifelt bist, hast Du ihn mir geschickt. Das war das Vernünftigste, was Du tun konntest. Vielleicht habe ich auch mit Schuld an dieser Note, weil wir in letzter Zeit zu wenig über Deine Arbeit in der Schule gesprochen haben. Aber was nicht ist, kann man ja nachholen, jedenfalls sehe ich das so. Wie denkst Du darüber?

Mich freut, daß Du ein Zuhause gefunden hast, wie Du schreibst. Gern würde ich mehr davon hören.

Was meine Meinung über Dich betrifft, so habe ich mir die in einem langen Zeitraum unserer Beziehung in den letzten Jahren in der Schule und später im Austausch mit Dir gebildet. Ich mag Dich sehr und halte viel von Dir. Ich bin froh, daß es Dich auf dieser Welt gibt.

Schwierigkeiten gibt es natürlich in Deinem Leben, das sehe ich. Willst Du ein Beispiel? Manchmal überschätzt Du Probleme, sie scheinen Dir unlösbar, obwohl sie lösbar sind. Aber das kenne ich von mir früher, damit kann man fertig werden. Wenn ich das gelernt habe, wirst Du es auch lernen.

Melde Dich mal wieder. Das würde mich freuen!

Für heute sei herzlich gegrüßt, Bettina Schubert«

In unserer Beziehung war durch unsere Auseinandersetzung im Lauf der Zeit so viel Vertrauen gewachsen, daß sie mir nach einer Phase der Niedergeschlagenheit ihre »ungenügende« Arbeit zusandte. Ich konnte ihr dann erklären, was vermutlich der Grund für die Benotung sei.

Setareh wird bei Schwierigkeiten, mit denen sie wie jeder Mensch zu tun haben wird, versuchen, aufrecht ihren Weg zu finden. In der letzten Zeit hat sie wiederholt anderen Menschen bei Problemen, die sie selbst bewältigt hat, gern geholfen. Auch hierin zeigt sich, daß sie ein Stück über die eigene Not hinausgewachsen ist.

Zu diesem eigenen Anfang Setarehs gibt es viele denkbare Fortsetzungen. Es wird sich zeigen, was sie aus ihrem Leben macht – welchen Weg sie einschlagen möchte und wer ihre Weggefährten sein werden.

Statt eines Nachworts:
Brief an eine Kollegin

Liebe Marion,

wir telefonierten kurz am Tag vor den Osterferien. Du packtest gerade Deine Hefte zum Korrigieren in den Koffer: »Wenn ich schon keine Zeit für wirkliche Erholung habe, arbeite ich wenigstens in einer Umgebung, in der ich mich entspannen kann, vielleicht kommt das auch den Schülern zugute.«

Du warst enttäuscht von den letzten Schulwochen. Du erzähltest mir von Ärger mit Schülern aus der 8. Klasse und einem Gespräch unter Kollegen zur gesellschaftlichen Bedeutung von Schule. Du warst in »grundsätzlicher« Stimmung: Vielleicht seist Du für diesen Beruf nicht geeignet, offenbar teilest Du Dir die Arbeit nicht so ein, daß das ein Arbeitsleben lang auszuhalten ist. Zudem: Die Schüler heute seien ganz andere als vor 15 oder 20 Jahren, sie hätten häufig keinerlei eigenes Motiv zu lernen, reagierten oft nur gleichgültig. Selbst vom Fernsehen blieben ihnen nur Bruchstücke – sie hätten weniger Wissen trotz weit mehr zugänglicher Informationen als zu unserer Schul- und Studienzeit. Was es unter diesen Bedingungen für einen Sinn hätte, als Lehrerin zu arbeiten?

Was Du von den Erlebnissen in den letzten Schultagen sagtest, ist mir noch im Kopf umhergegangen. Zum einen war ich müde wie Du, Unerledigtes aus der Schule, Rechnungen und drängende Briefe belagerten meinen Schreibtisch. Sie glichen einer Drohung für die nächsten drei Wochen. Zum anderen provozierte mich etwas, wie Du Deine »Schulgefühle« in Beziehung zu meiner Arbeit in der Schule und dem Briefwechsel mit Setareh setztest. Du hattest einerseits konkrete Fragen zu der Entwicklung, zu der Zusammenarbeit mit ihr und der Lerngruppe, andererseits meintest Du – jeder gemeinsamen Antwort auf Schulfragen heute gleichsam vorbeugend –: »Bei Dir ist es mit der Ausbildung etwas anderes.«

Weil uns an jenem Tag die Zeit fehlte, genauer darüber zu sprechen, will ich versuchen, unser Gespräch per Brief fortzusetzen, vielleicht kommen wir so weiter in unserer Verständigung über Schule und was heute nötig und sinnvoll ist, um nach den Ferien weiter an der »Heranbildung von Persönlichkeiten« im Sinne unseres Schulgesetzes § 1 [26] zu arbeiten.

Allen Kollegen, die ich näher kenne, ging es wie Dir bei Unterrichtsende: Sie waren erschöpft und ferienreif. Für die meisten von uns sind diese Wochen keine reine Urlaubszeit. In den Ferien ist Zeit zur Korrektur, Vorbereitung und auch dazu, alles ein wenig mehr aus der Entfernung zu betrachten, ohne die tägliche Konfrontation im Unterricht und mit Situationen, die jeweils sofort zu entscheiden sind. Viele von uns, die in der 2. Hälfte der 60er Jahre studierten, fühlen sich von der Aufgabe von Unterricht und Erziehung unter den heutigen Bedingungen überfordert. Einer meiner Kollegen wollte übrigens aus diesem Grund die Schulbehörde veranlassen, ihm eine Ausbildung zum Sonderschullehrer zu bewilligen.

Ich kenne viele Kollegen, die in Therapien die Gründe ihres individuellen Verhaltens aufzuarbeiten suchten, um nicht empfindlich auf die Schüler zu reagieren. Eine Kollegin erzählte mir, sie fände es unseriös, wenn ihre schulische Bemühung unter der Fragestellung des »Helferkomplexes« behandelt würde. Sie fühle sich weder persönlich und politisch verstanden, wenn man ihre »Wut« auf die Verhältnisse suche und wegen ihrer »verdrängenden Sachlichkeitshaltung« ihre »Aggressionshemmung« behandeln möchte. »Dahinter ist ein Denken in Schuldkategorien. Ich spiele dabei noch mit, indem ich jeden Tag unter höchster Belastung arbeite und mich dann noch dafür verteidige.« Diese Art der »Bearbeitung« bringe sie nicht weiter in der Lösung der alltäglichen Fragen. Wut habe sie höchstens auf den Psychologen bekommen, weil er ihre Frage nicht ernst genommen hätte. Sie habe den Eindruck, daß der Psychologe selbst mit seiner Schulzeit noch nicht fertig geworden sei. Andere Kollegen versuchen, die Überforderung im Alltag durch Ferien vom ersten bis zum letzten Tag zu lösen. Wieder andere gehen auf Teilzeit bzw. legen ein Sabbatjahr ein.

---

26 »Aufgabe der Schule ist es, alle wertvollen Anlagen der Kinder und Jugendlichen zur vollen Entfaltung zu bringen und ihnen ein Höchstmaß an Urteilskraft, gründliches Wissen und Können zu vermitteln. Ziel muß die Heranbildung von Persönlichkeiten sein, welche fähig sind, die vollständige Umgestaltung der deutschen Lebensweise auf demokratischer und friedlicher Grundlage zustande zu bringen, und welche der nazistischen Ideologie unerbitterlich entgegenstehen sowie auch von dem Gefühl ihrer Verpflichtung der Menschheit gegenüber durchdrungen sind. Diese Persönlichkeiten müssen sich der Verantwortung gegenüber der Allgemeinheit bewußt sein, und ihre Wirksamkeit muß bestimmt werden von der Anerkennung einer grundsätzlichen Gleichberechtigung aller Menschen, von der Achtung vor jeder ehrlichen Überzeugung und von der Anerkennung der Notwendigkeit einer fortschrittlichen Gestaltung der gesellschaftlichen Verhältnisse sowie einer friedlichen Verständigung der Völker.«

Nach meinem Eindruck geschieht dies nicht selten in der kleinen, privaten Hoffnung, sich in der Zwischenzeit beruflich oder auch persönlich neu orientieren zu können.

Hilfreicher wären solche Lösungsansätze, wenn die Kollegen auch Gelegenheit fänden, sich bei Weiterbildungen mit neueren Entwicklungen in der Pädagogik und vor allem mit den persönlichen Gefühlen auseinanderzusetzen, die ihre tägliche Arbeit in der Schule beeinträchtigen. Nur so besteht eine Chance, daß sie erlebte Kränkungen und Versagungen nicht erneut an ihre Schüler zurückgeben.

Eine offene Frage unserer täglichen Schulpraxis ist für mich auch, wie wir unsere objektiv sehr hohe zeitliche und seelische Belastung in der Öffentlichkeit vermitteln. Die meisten Schüler, Eltern und »die Bevölkerung« wissen nicht, wie es Lehrern bei ihrer Arbeit geht, sonst wären die Politiker das Risiko für die Bildungsentwicklung, was sich aus der Verlängerung der Lehrerarbeitszeit in Berlin zum Schuljahr 1992/93 für die Heranwachsenden ergibt, sicher nicht eingegangen. Allein bildungsökonomisch ist ein hoher Teil der Investitionen in die Lehrerausbildung eine Fehlinvestition, wenn weniger als 5 % derer, die als Lehrer ausgebildet sind, diesen Beruf bis zum Ruhestand ausüben (*Tagesspiegel* vom 30.11.1991, S. 19).

Bisher habe ich im Unterricht Schüler gelegentlich über meine Vorbereitungszeit und Korrekturarbeit informiert. Es reicht nicht, dies erst als Rechtfertigung anzuführen, wenn sie über die späte Rückgabe einer Arbeit lamentieren. Setareh schrieb einmal, daß es sie freue, zu hören, ich sei auch müde und erschöpft, einfach weil ich mich so als Lehrerin auch als Mensch zeige. Im Iran hätten die Lehrer immer so unnahbar gewirkt. Die Wirkung ist nicht nur wegen ihrer iranischen Schulerfahrungen oder unserer persönlicheren Beziehung so: Auch bei anderen Schülern habe ich, wenn ich mich ihnen mitteilte, ohne mich anzubiedern, Verständnis bzw. natürliche Wertschätzung erlebt.

Was Deine Erfahrungen aus den letzten Schulwochen an Eurem Gymnasium anbelangt, denke ich, daß sie viele Kollegen in dieser oder anderer Form teilen werden. Nur schien mir, Du seist enttäuscht, weil Deine Schüler für den Projekttag Eurer Schule so wenig Ideen hatten. Endlich sei einmal Gelegenheit zum selbstbestimmten Lernen, und dann wollten sie nichts selbst entwickeln, sondern einen Film ansehen. Du sagtest, die Schüler seien einfach anders als früher, wenn man eine Aufgabe stelle, stöhnten sie, bei Dir müsse man so viel schreiben. Überhaupt, wenn Du etwas wolltest, täten sie immer so cool, als sei ihnen alles gleich, vor allem, als solle man sie nicht behelligen. Diese Abwehr in der Situation kränke Dich manchmal, wenn Du Dich um einzelne Schüler bemühst. Du wolltest Dich ihnen ja nicht aufdrängen und habest auch mehr als genug zu tun. Du hättest einfach nicht die Kraft, dieser Haltung der Schüler, diesem Stöhnen und dem schließlich widerwilligen Mitmachen tägliche Zuversicht entgegenzuhalten. Andererseits hättest Du in nüchternen Momenten der Beobachtung den Eindruck, daß etwa jeder dritte Deiner Schüler in irgendeiner Form persönliche Hilfe brauche, vielleicht sogar einen Therapeuten.

Deine Beobachtungen vom Verhalten heutiger Schüler und dessen Ursachen in einer veränderten Kindheit würde ich gern ergänzen und einen Bezug zu dem Briefwechsel mit Setareh herstellen.

Schüler heute haben weniger Autoritätsangst vor ihren Lehrern, als das in unserer Schulzeit in den ersten zwei Nachkriegsjahrzehnten typisch erschien. Diese positive Entwicklung in der Schüler-Lehrer-Beziehung in den 80er Jahren tritt nach Beobachtungen von Kollegen und mir an unserer Gesamtschule gleichzeitig mit einer Distanzlosigkeit auf, bei der Schüler mit dem anderen – Mitschüler oder Lehrer – gleichsam sofort per *Du* sind, ohne den anderen jedoch zuvor als ein Gegenüber, *Du* oder *Sie* wahrzunehmen. Mit wirklicher Nähe und mehr Vertrauen zum Mitmenschen hat dies also nichts zu tun. Wir beobachten auch zunehmend, daß viele Schüler in ihrer Aufmerksamkeit um die eigene Person kreisen. Sie können kaum zuhören, sind von einem Moment auf den anderen »gestreßt«, ohne Geduld mit sich und anderen. Einige erscheinen innerlich gleichsam ohne Halt, scheinen deutlich sprachlos und ohne jede Phantasie, mit sich und mit anderen etwas anzufangen, speziell wenn es um die Lösung von Konflikten geht.

Sinnlosigkeitsgefühlen von Jugendlichen im Leben bin ich früher seltener begegnet, das gleiche gilt für Todeswünsche. Neben diesen autoaggressiven Tendenzen ist bei vielen Schülern die Bereitschaft, selbst mit Gewalt zu reagieren, gewachsen. Ein kleiner Ärger über den anderen reicht, und der bekommt es zu fühlen. Die harmloseste Variante ist die verbale Verächtlichmachung des anderen, indem man ihn beschuldigt, im Unterricht mitzumachen, nicht jeden Kontakt zum Lehrer abzulehnen: »Du Schleimer«.

Schon früher beschrieb Annemarie Dührssen in ihrem Buch »Psychogene Erkrankungen bei Kindern und Jugendlichen« diese Abwehr von Gefühlen bei emotional verunsicherten Kindern und Jugendlichen. Neu ist meines Erachtens, daß Cooleness zum Ideal einer ganzen Generation von Jugendlichen zu werden scheint. Zu diesem

Ideal paßt dann der Kampfsport, den heute nicht nur Schüler der weiterführenden Schulen, sondern bereits Kindergartenkinder und Grundschüler erlernen. Diese Heranwachsenden lernen möglicherweise, um den heute üblichen Jargon zu benutzen, »den anderen platt machen«, ehe sie mit ihm sprechen können, also noch bevor sie ihn als Mitmensch kennenlernen.

Die Veränderungen der Kindheit werden im übrigen auch durch viele Einzeluntersuchungen, Kongreßbeiträge und Literaturberichte bestätigt. Peter Stuck, Erziehungswissenschaftler an der Universität in Hamburg, faßt diese Veränderungen in der ersten März-Ausgabe der Lehrerzeitung 92 so zusammen: Die Familienstruktur hat sich in den letzten 25 bis 30 Jahren verändert. Früher selbstverständliche soziale Erfahrungen mit Geschwistern und Eltern fehlen heute vielen Kindern. In den Großstädten kommt jedes zweite Kind aus einer geschiedenen Familie. In vielen Schulklassen überwiegen die Einzelkinder.

Krankenkassenuntersuchungen an Schulkindern stellten bei jeweils einem Drittel der Schüler folgende gesundheitliche Einschränkungen fest: Übergewicht, Schwäche des Herz- und Kreislaufsystems sowie motorische Auffälligkeiten und Koordinationsschwierigkeiten. Ein Drittel der 12- bis 15jährigen, so referiert Stuck, nehme zudem regelmäßig Medikamente. »Heutigen Kindern fehlt es vor allem an motorischer, emotionaler und sozialer Erziehung.«

Es ist heute aus der entwicklungspsychologischen Forschung bekannt, daß die Sicherheit, die ein Kind in der frühen Bindung zu seinen Eltern oder Bezugspersonen erlebt, entscheidend für seine spätere emotionale Stabilität ist. Von daher werden Dich die Untersuchungen von Dr. Agathe Israel interessieren, die sie auf dem Kongreß für Gruppentherapie im September 1990 in Berlin vortrug: Mit der Fragestellung nach früher Bindung hatte sie 500 Kinder im Alter bis zu sechs Jahren untersucht. Ergebnis ihrer Befragung unter den Bedingungen des Erziehungs- und Kindergartenwesens in der DDR war, daß die Mehrzahl der Kinder nicht in Mutter oder Vater, Oma oder Opa die entscheidende Beziehungsperson hatte, sondern daß für sie die nächste Bezugsperson die Kindergartentante war, obwohl die Kindergärtnerinnen im Schichtdienst arbeiteten.

Die Schuldgefühle von Eltern, die Kinder heranziehen, sich aber aufgrund der verschiedensten Bedingungen nicht zu deren Beziehungspersonen entwickeln, sind vorstellbar. Wie hättest Du – bei Sarahs Geburt noch Studentin – auf eine später deutlich bevorzugende Orientierung von ihr zur Kindergärtnerin reagiert? Ich kann die Eltern verstehen, die durch materielle Zuwendung die Beziehung zu ihren Kindern erneuern wollen.

Eine mögliche Folge solcher tiefgreifender Veränderungen im Bereich der zwischenmenschlichen Bindung und damit notwendig auch im Erziehungsbereich deutete sich auf demselben Kongreß beim Beitrag der Kinder- und Jugendpsychiaterin Julia Gandaros aus Budapest an. Sie berichtete von einer zunehmenden Zahl von Elternmißhandlungen, daß also Eltern von ihren Kindern mißhandelt werden. Ihre Untersuchungen der familiären Verhältnisse ergab ein Überwiegen von Einzelkindsituationen bei überdurchschnittlich gebildeten Eltern.

Wieweit ihre Untersuchungen verallgemeinerbar sind, ob etwa die im *Stern* 2/1991 berichteten Fälle von 20 % mißhandelten Eltern in den USA einen ähnlichen Hintergrund haben, weiß ich nicht. Offenbar gibt es aber eine allgemeine Ratlosigkeit, ob man, und wenn ja, wie man heute erziehen könne, eine Ratlosigkeit, die Kinder und Eltern gleichermaßen in Not bringt. Auch uns beschäftigte ja lange die Frage, ob nicht unsere Rolle als Autorität in der Schule, in Unterricht und Erziehung bei Schülern zu einem später bedenklichen Gehorsamsverhalten führen könne, ob sie möglicherweise in einem grundsätzlichen Widerspruch zu einer freiheitlichen Persönlichkeitsentwicklung stehe. Reidar Myhre legt in seinem Buch »Autorität und Freiheit in der Erziehung« dar, daß auf eine Wertorientierung nicht verzichtet werden darf: »Wahre Freiheit und wahre Gemeinschaft – die zwei Seiten derselben Sache sind – können nur in einer Atmosphäre gedeihen, die Mitmenschlichkeit und Nächstenliebe hervorbringt« (S. 92 f.). Diese Formung des Menschen zum Mitmenschen geschieht im wesentlichen in der »menschlichen Gegenseitigkeit«. Aber um diese steht es heute schlecht:

Otto Speck spricht in seinem Buch »Chaos und Autonomie in der Erziehung – Erziehungsschwierigkeiten unter moralischem Aspekt« von der heutigen normativen Pluralität (S. 11). Deren Folge heute seien »zunehmend orientierungslose und sozial und normativ entkoppelte Kinder und Jugendliche« (S. 14). »Das, was noch vor etwa 40 Jahren als seltenes Fehlverhalten von Kindern galt, ist heute zum üblichen Erscheinungsbild geworden. Verhaltensstörungen als Abweichungen von einer geltenden Norm scheinen zur Normalität geworden zu sein« (ebd.). Man könne von einer »Erziehungskrise« sprechen, die sich in einer verbreiteten Rat- und Hilflosigkeit der zur Erziehung beauftragten Personen, vor allem der Eltern und Lehrer, äußere. Die Folgen kennen wir aus dem Schulalltag: »Normative Unsicherheiten, Überforderungen, Widersprüchlichkeiten, Ängste, Resignation und Kapitulationen sind die Folgen« (S. 12). Diese Krise ist auch eine »moralische Krise« der Gesamtgesellschaft, die sich nicht allein von der Erziehung her lösen lasse (S. 13).

Rainer Winkel (Jahrgang 1943) von der Hochschule der Künste in Berlin, Abt. Erziehungswissenschaften, sieht in der Bedrohung heutiger Kindheit durch Krimiserien, Waffenarsenale, Abgase, vergiftete Lebensmittel, Betonsilos, Drogensucht und Ausweglosigkeit eine grundlegend neue Situation. Vier Merkmale charakterisieren diese Irreparabilität von Schäden: Totalität, überwältigende Nähe, Ausweg- und Hoffnungslosigkeit, die es in heutigem Ausmaß in seiner Jugend nicht gegeben habe »Antinomische Pädagogik und Kommunikative Didaktik« (S. 65); Totalität der Erfahrung heißt z. B. eine Totalität der Bilderwelt, die für Schüler heute fast unausweichlich ist: Sie sitzen diesen Bildern oft allein gegenüber. Ein Schüler hat mit 18 Jahren durchschnittlich 15 000 Stunden Schule hinter sich, aber 20 000 Stunden Medienkonsum, also Fernsehen, Video, Computerspiele (»Der gestörte Unterricht«, S. 73).

Eine weitere Ursache Deiner resignierten Gefühle bei Schulschluß scheint mir in der Stellungnahme Deiner Kollegen zu liegen. Du hattest mir von vorangegangenen Diskussionen berichtet. Jemand hatte u. a. gemeint, die Schule in der heutigen Form sei auch ein Instrument gesellschaftlicher Gewalt. Durch die Schulpflicht seien die Schüler gezwungen, Dinge zu lernen, von denen sie die meisten später nie benötigten. Sie würden in der Schule nur an einen Arbeitsrhythmus gewöhnt und darauf trainiert, sich fremd bestimmen zu lassen. Der Lehrer übernehme in diesem Prozeß als Vertreter der Gesellschaft die Aufgabe der Selektion. Somit sei Schule Teil der gesellschaftlichen Gewalt. Du habest aber den Beruf nicht ergriffen, um zur Aufrechterhaltung von Verhältnissen beizutragen, die für viele Menschen ungerecht seien. Gerade der Wunsch nach einem freiheitlichen Miteinander in einer demokratischen Gesellschaft sei für Dich nach der Studentenbewegung wichtigster Grund für die Wahl des Lehrerberufes gewesen.

Auch über das Plakat der GEW (Plakat der Gewerkschaft für Erziehung und Wissenschaft im Schuljahr 91/92) hatten wir gesprochen, dessen Text bei vielen Kollegen Überforderungsgefühle ausgelöst hatte:

»LehrerInnen wollen: Fördern statt auslesen, Aufrichten statt unterdrücken, Motivieren statt langweilen, Ermutigen statt disziplinieren, Verstehen statt abschieben, Lernen lassen statt belehren, Entdecken lassen statt eintrichtern, Neugierde wecken statt pauken, Differenzieren statt normieren, Zuhören statt monologisieren.«

Ein Kollege in unserer Schule hat den pädagogischen Willenskatalog der GEW korrigierend ergänzt, indem er selbstbewußt auf das Plakat »LehrerInnen wollen« schrieb: *keine Generalisten, Idealisten und Illusionisten sein*. Die meisten Lehrer haben aus eigenen hohen Ansprüchen heraus ein schlechtes Gewissen, um wie er ergänzen zu können: »Fördern statt auslesen« *aber auch fordern*, »Aufrichten statt unterdrücken«, *aber auch disziplinieren*.

Ich verstehe, daß es Dich ärgert, Dir täglich Mühe zu geben und dann noch, als »Spiegelung« gleichsam, in die Rolle des Gewalttäters zu geraten.

Die von Dir wiedergegebene Argumentation aus dem Lehrerzimmer kennen wir ja gut, sie wurde als Folge der politischen Analyse der Studentenbewegung auf die Pädagogik übertragen. Viele Studenten und Dozenten sahen damals Bemühungen um Verbesserung der Situation der Schüler aus politischen Überlegungen als reformistisch an. Sie reduziere das gesellschaftsverändernde Potential. So werde eine tiefgehende Veränderung zu wirklicher gesellschaftlicher Humanität verhindert.

Aus der zutreffenden Beobachtung der gesellschaftlichen Ungleichheit weltweit und national leiteten viele, die nach der Marx-Lektüre die verständlicheren Gedanken Galtungs von der strukturellen Gewalt kennenlernten, von der Gewalt, die in den Verhältnissen liege, ein diffuses Gefühl »gegen das gesamte System« ab. Übrigens hat auch der Friedensforscher und Lehrer Gernot Jochheim, ein fundierter Kenner Galtungs, im Heft »Gruppengewalt und Schule«, das kürzlich von der Senatsschulverwaltung herausgegeben wurde, ausgeführt: »Der Begriff ›strukturelle Gewalt‹ im Zusammenhang mit Schule ist grundsätzlich unangebracht« (S. 7).

Es entstand damals eine Art von Geschichtsfatalismus, der durch Ohnmachtsgefühle im »kapitalistischen System« bestimmt war. Einige engagierten sich trotzig in regionalen Bürgerinitiativen, viele vermittelten vom Lehrerpult ihr Verständnis gesamtgesellschaftlicher Zusammenhänge im Geschichts- und Sozialkundeunterricht. Lange Zeit wurde eine »antifaschistische Erziehung« zum Hauptziel des Geschichts- und Sozialkundeunterrichts dieser so geprägten Lehrer. Man erzog »kritische Staatsbürger«, Schüler, die rasch die Kritikfähigkeit erlernten, meist jedoch wenig über die in einer demokratischen Gesellschaft existierenden Rechte und Möglichkeiten wußten und erfuhren.

Das »Nein« des Schülers wurde oft vorschnell als Mut und Fähigkeit zum Neinsagen in Situationen ungerechtfertigter Gehorsamserwartung interpretiert. Man nahm an, der »gehorsame«, d. h. bezogen auf schulische Alltäglichkeit vielleicht auch kooperationsbereite Schüler wäre möglicherweise der, der bereitwillig in jeden Krieg zöge. Erst seit kurzem fragen sich viele von uns, ob dieses Nein nicht vielmehr ein Nein zu jeder Anforderung der Gesellschaft ist, eine tiefgehende Bindungslosigkeit, eine mangelnde Zuversicht junger Menschen in unserer Gesellschaft, die mit bewußter Verweigerung, die ein rationales Verstehen des Gegenstandes voraussetzt, wenig zu tun hat.

Die Frage, ob Schule nicht selbst Gewalt sei, hat meines Erachtens eine rationale und eine irrationale Komponente. Verfassungsrechtlich gesehen, ist Schule ein Teil staatlicher Gewalt, die der demokratischen Kontrolle unterliegt.

Noch ein Aspekt: Indem die Schule mit den Zeugnissen und Schulabschlüssen Qualifikationen verteilt, entscheidet sie über spätere berufliche Chancen. Aber von der Selektionsaufgabe der Schule wird in der Weise gesprochen, als arbeite der Lehrer autoritär und selbstherrlich an einer »Rampe«, wobei er mit der Notengebung über Lebenschancen entscheide.

Es wird in der Diskussion in den Fachbereichen für Pädagogik wiederholt vorgeschlagen, das gesamte Notensystem abzuschaffen. Hier sehe ich keine Lösung, vielmehr geht es meines Erachtens darum, die Bewertung von Leistung mit dem Angebot der Hilfe zum besseren Verstehen zu verknüpfen, dort, wo die Bereitschaft und der Wunsch nach Hilfe besteht, geforderte Leistungen zu bringen.

Ich habe die Erfahrung gemacht, daß dies Probleme sind, die Lehrer mit Noten haben, nicht so ihre Schüler. Schüler, die den Stellenwert von Noten kennen, die in einer Klassengemeinschaft sind, wo einer dem anderen hilft, wo jeder einzelne, unabhängig von seiner Note, Ansehen hat, sind nicht Opfer von Noten. Sie verbessern ihre fachlichen Kenntnisse miteinander, und mit diesen verbessern sich meist auch die Noten als Spiegel ihrer Leistungen. Diese Stimmung in der Klasse hängt mit unserem Unterrichtsstil, unserer Anleitung zur gegenseitigen Hilfe zusammen.

Es wird von einigen Pädagogen betont, jeder Schüler solle die Möglichkeit haben, individuell zu lernen – so als verhindere die Klassengemeinschaft das individuelle Lernen. Nach meiner Erfahrung ermöglicht sie es, sieht doch der Schüler an seinen Mitschülern vielfältig andere Modelle des Lernens, erhält im Unterrichtsgespräch Einblick in das Wissen und die Überlegungen anderer. Er kann in diesem Konzert der gemeinsamen Arbeit seine besonderen Fragen und Erwägungen einbringen und gelangt so zur Geltung.

Ich frage mich manchmal, ob diejenigen, die Schule als gewalttätig hinstellen, nicht von einem Gesellschaftsmodell ausgehen, das die gesellschaftliche Wirklichkeit im ausgehenden 20. Jahrhundert leugnet? Meine erste Schule war eine Dorfschule mit einem Ofen in der Ecke, für den wir Heizmaterial mitbrachten. Wir wurden jahrgangsübergreifend unterrichtet, auch als Grundschüler aktuell politisch informiert. Für Kinder kann solche Unterrichtung zur Manipulation werden. Wir sprachen in meiner Schule damals zum Beispiel über den »Weltfeiertag der Arbeiterklasse«. Ich verteidigte meinen Vater, der zwar viel arbeitete, aber nach Definition der Schule nicht »Arbeiter« genannt werden durfte. Den Unterschied verstand ich als Kind sowenig wie den Aufdruck auf den kostenlosen Schulheften: »Mao und Stalin, die weisen Führer der Menschheit.« *Am Wandertag sahen wir uns gemeinsam* am Bach die uns schon vertrauten Frösche an. Ganzheitlichkeit, Aktualität und Lebensnähe werden heute manchmal romantisierend idealisiert. Vor komplexen Problemstellungen unserer Gesellschaft sollten wir die nächste Generation nicht »bewahren«, indem wir sie ablehnen, sondern sie ihnen zu*mut*en und ihnen dabei helfen, sie in allen Belangen zu verstehen, um sie eines Tages aktiv gestalten zu können.

Ein Teil der heute vorgeschlagenen Reformprogramme, die sich explizit gegen die Anleitung durch den Erzieher wenden, wie z. B. die Reggio-Pädagogik oder die Antipädagogik, laufen meiner Meinung Gefahr, sich mitschuldig an der zukünftigen Unterprivilegierung von Kindern zu machen, deren Elternhaus sie nicht selbstverständlich und mit allen Mitteln im Bildungsbereich fördern kann.

Lange wurde in der Menschheitsgeschichte für die Möglichkeit gekämpft, Bildung erlangen zu dürfen. Generationen von Denkern wußten, Wissen kann Macht sein. Bereits Erasmus von Rotterdam wies in der Zeit der Renaissance darauf hin, daß Ethik früh zu lehren ist, will man nicht riskieren, daß Ungeschliffenheit und Rüpelhaftigkeit die Gesellschaft bestimmen. Die Bildung mache den Menschen zum Menschen, sie verschaffe dem Menschen die Möglichkeit, sich unabhängig von blinder Autoritätshörigkeit und von gesellschaftlichem Dünkel zu machen und zu einer friedlichen Entwicklung zu gelangen. Bildung in diesem Sinne gesellschaftlicher Realitätserkennung schafft die Voraussetzungen zu gewaltfreien Problemlösungen.

In Einsicht dieser Zusammenhänge war die Bemühung um gleiche

Bildung aller Kinder eine wichtige Forderung der Arbeiterbewegung. Bibliotheken wurden eingerichtet, Schulungskurse vermittelten den Arbeitern Bildung und Einblick in gesellschaftliche Zusammenhänge. Der spätere Aufruf für Freiheit vom Schulgeld und für elternunabhängige Förderung sollte den Schülern zugute kommen, die zu Hause keine Anregungen haben, die mit überfordernden Lernproblemen konfrontiert sind.

Die Gesamtschulen wurden Ende der 60er Jahre in der Bundesrepublik und West-Berlin, geschichtlich gesehen, mit dem Ziel von mehr Chancengleichheit geschaffen, um gerade die Lebensperspektive derer zu verbessern, die in der damaligen Gesellschaft weniger qualifizierte Abschlüsse erreichten als andere. Aus den Studenten von 68 wurden viele Lehrer an Gesamtschulen. Sie wollten Emanzipation durch Bildung realisieren helfen.

Der Bildungsaspekt umfaßt dabei immanent den der adäquaten Vermittlung und damit die Nutzung der Erziehbarkeit – ohne Erziehung keine Bildung.

Gerade in diesem Aspekt zeigen sich viele Lehrer heute nahezu gelähmt, sie sind derart verunsichert, daß sie ihren Unterricht auf die Vermittlung von »Lernstoff« beschränkt wissen wollen. Sich darüber hinaus in irgendeiner Form in die Angelegenheiten ihrer Schüler einzumischen wird von einigen als die Freiheit der Person oder der Individualität mißachtend verstanden.

Erziehungsabstinenz unter Lehrern wurde auch von der unabhängigen Expertenkommission festgestellt, die von der Bundesregierung zur Erforschung der Ursachen und Erscheinungsformen von Gewalt eingesetzt wurde. Gerade bei Lehrern, die sich nur noch als Unterrichtende verstehen, kommt es zu gewalttätigen Reaktionen von Schülern untereinander. Dringend empfehlen die Wissenschaftler, nicht nur die Notengebung durchsichtiger zu machen, sondern gleichermaßen Unterricht und Erziehung als Berufsaufgabe zu verstehen. Beim Lehrer, der im Laissez-faire-Stil unterrichtet, lernen die Schüler nicht viel, er wird nicht ernst genommen. Die Schüler stören häufiger, sie fühlen sich offenbar nicht gemeint. Vielleicht wollen sie so auf sich aufmerksam machen?

In vielen Schulen mangele es an einem Gefühl der Verbundenheit, die Schüler fühlen sich nicht gemeint. Auch das ist ein Grund für Vandalismus. Die Schule ist vielfach anonym, ist nicht die Schule der Schüler. Schule würde gewaltfreier, wenn es gelingt, mehr Gefühlsbeziehung in der Schule, ein »Wir-Gefühl« zu schaffen. Soweit die Experten.

Was hat dies nun alles mit Setareh zu tun?

Zufällig geriet Setareh als Schülerin in meine Klasse. Sie wurde in die oben dargestellten Veränderungen der Kindheit plötzlich hineingestoßen und mußte sie verkraften. Wie Du an ihrer Entwicklung nachvollziehen kannst, waren die Bedingungen in ihren frühen Lebensjahren nicht so, daß sie in der zwischenmenschlichen Beziehung sicher und geborgen hätte aufwachsen können, daß sie in Konfliktsituationen den Mut hatte, diese bewältigen zu können. Nicht jedes Kind, das in eine Krise gerät, stellt alles in Frage. Aber sie wollte sich spontan das Leben nehmen, als über Nacht im Iran Vater und Mutter verschwanden; auch später taucht wiederholt der Gedanke auf, ihrem Leben ein Ende zu setzen. Autoaggression ist auch eine Form der Gewalt. Ihr fehlt über lange Zeiten ein verläßliches *Du*, das ihr über die Klippen der Pubertät und der kulturellen Fremdheit hinweghelfen konnte, solange bis sie selbst soviel innere Sicherheit und Identität entwickelt hätte, derartige Situationen zu bewältigen.

Anfangs findet sie sich an der Schule bei uns nicht zurecht, der Ton der Schüler mit den Lehrern, das Verhalten im Unterricht, die Art des »Lernens«, ist für sie unverständlich, es erschreckt sie in ihren ersten Äußerungen. Später paßt sie sich ein wenig an, macht auch gelegentlich keine Aufgaben, so in Geschichte, zuckt scheinbar gleichgültig mit den Achseln, wenn ihr etwas nicht gelingt. Aber was hilft ihr das? Zwei Jahre später sagt sie, sie habe das gemacht, weil alle das so machten und die Lehrer das letztlich auch hinnahmen. Unsere »Toleranz« als Lehrer kann dazu führen, daß Schüler nicht die Abschlüsse erreichen, die ihnen zu mehr Unabhängigkeit im späteren Berufsleben verhelfen könnten.

In der Lerngruppe mit den Gleichaltrigen fühlte Setareh sich einsam, sie konnte überhaupt im ersten Jahr an unserer Schule keine Freundin finden. Sie thematisierte das Problem, ohne es lösen zu können. Sie sah ihre eigenen Handlungsmöglichkeiten anfangs nie. In der Familie der Pflegemutter hat sie Mühe, ihren Platz als gleichwertiges Familienmitglied zu finden, einen Platz, an dem sie sich geborgen fühlte. Die Beziehung zu dem erwachsenen Bruder ist von Unsicherheit belastet, ähnlich ungeborgen fühlt sie sich mit der Pflegemutter. Setareh ist leicht kränkbar, sie zieht sich zurück, wenn sie sich nicht verstanden fühlt. Sie findet sich in den sprachkargen Situationen des Familienlebens, bei Konflikten um Fernsehen, Saubermachen und pünktliches Zuhausesein schlecht zurecht und reagiert dann mit Trotz. Von Selbstgefährdung durch Alkohol schien sie mir eine Zeitlang – auch durch die Clique, in die sie geriet – nicht weit entfernt.

Ihren Lernproblemen, z. B. in Geschichte, wich sie aus. Auch in Deutsch, das zu ihrem Lieblingsfach wurde, fiel es ihr anfangs sehr schwer, Fehlerkorrekturen anzunehmen. Hätte ich mich nicht eingemischt mit meinem Angebot, ihr beim Lernen der deutschen Sprache zu helfen, was wäre aus ihr geworden? Sollte ich sie in ihrer Unkenntnis belassen? Hätte ich ihre Notlösung zur mündigen Entscheidung umgedeutet, was hätte mir und ihr das genützt?

Sie selbst war ja ärgerlich, wenn Unterricht ausfiel, wenn sie nichts in der Schule lernte, wenn im Vertretungsunterricht nichts geschah, was sie weiterbrachte. Sie hatte ja schon zu Hause am Abend und am Wochenende genug mit der Langeweile zu tun.

Ich habe sie in meine Fragestellungen zur Schule, die mich jeweils beschäftigten, z. B. bei der Einrichtung der Verfügungszeitkurse (VZs), einer bewährten pädagogischen Einrichtung unserer Gesamtschule, in altersgemäßer Weise einzubeziehen gesucht. Ich teilte ihr mein Problem mit. Viele Schüler haben Mühe mit dem Übergang in die Oberstufe: Wie denkst Du, denken Deine Mitschüler über einen Kurs, der sich diese Übergangsschwierigkeiten zum Thema macht, um Lösungen zu entwickeln? Wie bei anderen Schülern auch, habe ich immer wieder Möglichkeiten gefunden, ihr zur Geltung zu verhelfen, zu einer Geltung, die auf einem konstruktiven Beitrag beruhte, die insofern Hand und Fuß hatte, als sie ihr zu einem Bewußtsein ihrer Fähigkeiten verhelfen sollte und wohl auch verholfen hat.

Du hattest auch noch gefragt, warum gerade Setareh? Und: War es nicht ein Problem in der Lerngruppe, daß eine Schülerin so hervorgehoben war? Sollte man als Lehrer nicht alle Schüler gleich behandeln?

Im Falle Setarehs hatte es keinen Sinn, länger zu warten, daß sie sich um Hilfe an einen Erwachsenen wendet. Sie hat das nie getan. Von sich aus gesehen, sah sie vermutlich auch keinen Anlaß, sie lebte dahin und nahm auch ihre Situation eben so, wie es gerade war.

Auch mich beschäftigte immer wieder die Frage der Gerechtigkeit: Mußte ich mich nicht um alle *gleichmäßig* kümmern? Später merkte ich, es wäre vielleicht *gleich*, aber auch *mäßig* gewesen. Diese Überlegung »gleicher« Behandlung hat in der Schulrealität meist wenig mit Gleichheit und Förderung zu tun. Es ist sinnvoll, dort zuzufassen, wo das eigene Herz schlägt, und auch dort, wo Bereitschaft zur Entwicklung erkennbar ist. Die gelegentlich intensivere Arbeit mit einem Schüler, die gesamte Haltung des Lehrers gegenüber den auftretenden Lernproblemen einzelner hat Auswirkungen auf die ganze Klasse. Die anderen lernen an diesem Beispiel mit. Es ermutigt sie.

In meiner Lerngruppe hatten alle Schüler vielfältig Gelegenheit, zur Geltung zu kommen. Setareh war da nicht besonders bevorzugt. Ich werde über meinen Versuch, aus der zufälligen Gruppe einer Klasse oder Lerngruppe eine Klassengemeinschaft zu machen, noch genauer berichten.

Wie Setareh geht es vielen Schülern. Grund für ihr Hinnehmen der Situation ist ihr Selbstwertgefühl, sind ihre bisherigen Erfahrungen mit Erwachsenen, insbesonders mit Eltern und Lehrern. Es ist auch ihre Unsicherheit, daß sie nicht wissen, wie Beziehung zustande kommt. Entweder denken sie, der andere müßte auf sie zukommen, sich um sie bemühen, oder sie erwarten sich aufgrund bisheriger schmerzlicher Erfahrungen nicht viel von den Erwachsenen.

Die Chance zur Verbesserung der Beziehung in einer Notlage liegt bei den meisten Schülern darin, daß der Pädagoge seinen gefühlsmäßigen Eindruck von der seelischen Verfassung des Schülers nicht übergeht. Das ist unabhängig von einer Schulfunktion wie Beratungs-, Vertrauens- oder Klassenlehrer. So kann oft derjenige zur Vertrauensperson für den Schüler werden, der ihn mag und Anteil an ihm nimmt, mit ihm spricht, ohne »die Probleme« in den Vordergrund zu stellen.

Zunächst aber noch zur Gefühlsverfassung der uns anvertrauten Schüler. Warum sollte die bei Deinen Schülern anders sein? Ein Problem, das es in der Schule natürlich immer wieder geben wird, ist, daß wir uns nicht von der Entmutigung der Schüler und der Kollegen anstecken lassen. Es hat keinen Sinn, darauf zu schielen, ob sie uns nett finden, wozu? Oder ob sie es angenehm finden, einen neuen Stoff zu lernen. Warum sollte das gleich lustvoll sein? Auch für uns ist der Erwerb neuen Wissens zunächst mit aktiver Bemühung und Anstrengung verbunden, das Vergnügen am Begreifen und Verknüpfenkönnen kommt meist erst im zweiten Schritt wie beim ABC-Schreiben, dem das Lesenkönnen folgt. Aber welchen Grund sollte es geben, daß ein Schüler nicht Deutsch oder Geschichte lernen sollte? Wir haben ja körperlich und geistig gesunde Schüler vor uns sitzen. Das Schulwissen ist prinzipiell erlernbar. Das gilt auch für Deine Fächer!

Der Gedanke »Emanzipation durch Bildung« ist noch immer von großer Bedeutung, heute müßte er durch den Gedanken der Gesprächs- und Gefühlsschulung ergänzt werden, da diese keinesfalls mehr als selbstverständlich voraussetzbar angesehen werden kann. Raymond Battegay aus Basel forderte auf dem bereits erwähnten Kongreß für Gruppentherapie, alle Schulen sollten »Konfliktaustragungs-stunden« einführen, da anderenfalls eine Generation heranwachse, die in ihrem Gefühl zutiefst verunsichert sei.

Du sprachst meine psychologische Ausbildung an, die meine Situation von Deiner unterscheide. Du hast recht, diese ist mir von großem Nutzen. Ich bin denen, die mir dazu verhalfen, dankbar dafür. Gern gebe ich mein Wissen weiter. Ja, ich verdanke meinen Lehrern der Psychologie, Psychagogik und Psychotherapie in Berlin, Zürich und in Braunschweig sehr viel. Ohne sie hätte ich nicht die Fachkenntnisse bzw. Menschenkenntnis für meine Arbeit als Lehrerin und Psychologin, die mir wirksame Hilfeleistung und mit dieser auch persönliche Genugtuung bei meiner Arbeit ermöglichen. Man kann nur sehr schwer einem anderen Menschen Anteilnahme, Verstehen und Über-Probleme-Hinauswachsen vermitteln, wenn man das nicht selbst erlebt hat. Wie soll man Ermutigung vermitteln, wenn man nicht selbst erfahren hat, daß Klippen und tiefe Gräben zwischenmenschlichen Verstehens zu überwinden sind?

Alfred Adler forderte bereits zu Anfang unseres Jahrhunderts: »Die wichtigste Aufgabe eines Erziehers, man könnte schon fast sagen, seine heilige Pflicht, ist es, darauf zu achten, daß kein Kind in der Schule entmutigt wird und daß ein Kind, das schon entmutigt zur Schule kommt, sein Selbstvertrauen durch seine Schule und seinen Lehrer wiedergewinnt« (Ansbacher 1975, S. 367).

Wie kein anderer Tiefenpsychologe seiner Zeit erkannte er die Bedeutung der Arbeit in der Schule für die seelische Gesundheit der heranwachsenden Generation und formulierte als die Aufgabe der Schule: »Wie entwickeln wir Menschen, die im Leben selbständig weiterarbeiten, die alle Erfordernisse notwendiger Art nicht als fremde Angelegenheit, sondern als ihre eigene Sache betrachten, um daran mitzuwirken?« (Ruedi 1988, S. 294).

Versuche ich, diese Zitate mit kollegialen Augen zu lesen, so höre ich eine hohe Anforderung an den Lehrer heraus. Andererseits sind die Beobachtungen und Hinweise Adlers zur Pädagogik so realistisch und von so natürlicher Menschlichkeit, daß die Auseinandersetzung mit seinem Werk, das heute in einer preiswerten, sorgfältig edierten Taschenbuchausgabe im Fischer Taschenbuch Verlag vorliegt, von direktem Nutzen für den, der sich weiterbilden möchte. Viele Beispiele aus der Praxis, in umgangssprachlichem Deutsch aufgeschrieben, belegen seine Aussagen. Ein Einstieg für Dich könnte vielleicht »Individualpsychologie in der Schule« sein. Eine systematische, gut lesbare Darlegung

Adlers für die Pädagogik relevanter Gedanken findet sich in Jürg Ruedis Grundlagenwerk »Die Bedeutung Alfred Adlers für die Pädagogik«. Entgegen ersten Assoziationen bei dem Wort »Individualpsychologie« ist zu betonen, daß Adler in einmalig sorgfältiger Weise den einzelnen Charakter in seiner Entstehung in der Familie erkennt und gleichzeitig die Bedeutung der sozialen Umgebung im weiteren Sinn, auch der Normen und Werte der jeweiligen Gesellschaft in seine Analyse des Individuums einbezieht.

Angesichts der veränderten Situation von Kindern heute kommt der Schule, als der einzigen Einrichtung, die alle Kinder besuchen, eine besondere Bedeutung zu. Adler meinte einmal, wenn es der Mutter bzw. der ersten Bezugsperson nicht gelänge, ihr Kind zuerst mit dem Vater und dann mit der mitmenschlichen Welt vertraut zu machen, könne vielleicht der Lehrer einen Ausgleich schaffen. Der Lehrer hat den Beruf bewußt gewählt, im Gegensatz zu den Eltern hat er Erfahrung mit sehr vielen Kindern. Adler erkannte die zentrale Rolle der Schule, wenn diese Bemühung scheitert, wenn es zur Jugendverwahrlosung kommt: »Sie macht sich mitschuldig, wenn sie dem Kind die Abkehr von der Mitarbeit erleichtert. Es bleiben dann dem Kind nur wenige Möglichkeiten übrig... Mit schlechten Noten und Strafen kommt man diesem Typus von Kindern nicht bei, der zur Verwahrlosung neigt« (Ruedi 1988, S. 86). Natürlich reicht es nicht, wenn der Lehrer ein freundschaftliches Angebot macht, die Schüler brauchen die konkrete Anleitung. »Man muß sie zu dem Punkt führen, wo sie den Glauben an ihre eigenen geistigen und körperlichen Kräfte gewinnen. Sie müssen einfach überzeugt werden, daß sie das, was sie bisher noch nicht erreicht haben, durch Fleiß, Ausdauer, Übung und Mut leicht erlangen können. Man muß ihnen Aufgaben geben, die sie erfüllen können und wodurch sie dann den Glauben an sich gewinnen« (Ansbacher 1975, S. 367).

Als bedeutungsvoll für meine heutige Arbeit in der Schule haben sich meine Erfahrungen aus der von mir 1982/83 im Sinne psychologischer Lernhilfe initiierten »Schreibschule« erwiesen. In dieser Schreibschule, die ich fünfmal über jeweils zehn Doppelstunden durchführte, hatte ich Gelegenheit, die Ursachen von Schreibhemmungen zu ermitteln. Mir gelang der Nachweis, daß die Arbeit an »der Meinung des Individuums« im Sinne Adlers (Karabatziakis 1983) ein sinnvoller Ansatz zur Reduktion von Lernproblemen ist. Gelingt es, die teils bewußten, teils unbewußten Gründe des Nichtkönnens, hier der Schreibhemmungen, herauszufinden, diese bewußt zu machen und begleitend handwerkliche Kenntnisse zu vermitteln, so zeigte sich bei allen Schreibschülern, mit denen ich gearbeitet habe, durch Verstehen und aktives Üben die Möglichkeit einer tiefgehenden Verbesserung der Schreibfähigkeit (Schubert 1984). Annemarie Dührssen spricht für den Bereich der Analytischen Psychotherapie von den »inneren Formeln« eines Menschen, die es zu verstehen gälte.

Auf die Arbeit in der Schule angewandt, bedeutet das: Liegen bei einem Schüler mit schwachen Lernleistungen keine relevanten organischen Defizite vor, so gilt es herauszufinden, ob und welche inneren Überzeugungen ihn daran hindern, dem Unterricht zu folgen.

Oft ist es die Meinung über sich selbst: »Ich bin eher praktisch veranlagt.« »In unserer Familie kann keiner Französisch.« »Mein Vater findet mich auch dumm.« »Es fehlt mir die Begabung.« »Mathe habe ich noch nie gekonnt« etc.

Oder es ist eine soziale Ansicht, die sich in der Familie hält: Man soll nicht zu hoch hinauswollen, die Jugend noch genießen.

Oder es hält sich eine falsche Information über die Vererbung von Bildungsinhalten: In unserer Familie kann keiner Rechtschreibung. Musikalisch waren wir nie. In Fremdsprachen waren wir immer schwach.

Es gibt auch irrtümliche Meinungen über das Unterrichtsfach: Das braucht man nicht, das kann man nur als Junge verstehen (die Physik, Mathematik).

Oder es ist eine unrichtige Meinung über das Lernen: Einmal durchlesen und man versteht es; wenn man will, dann kann man. Auch die Einschätzung über die Rolle des Lehrers ist maßgeblich: Er wird mich für dumm halten, wenn ich das nicht verstehe. Er wird das schlecht bewerten, ich kann nur bestehen, wenn ich alles gleich verstehe. Dies ist eine besonders häufig aus der Familie übertragene Logik. Auch die Meinung über Logik des Lebens wird aufgrund der innerfamiliären Logik gebildet. Die anderen sind dazu da, mich zu bedienen, ich will mir die Hände nicht schmutzig machen, und das kann auch keiner von mir erwarten.

Gelingt es dem Lehrer, diese inneren Überlegungen des Schülers, seine private Logik herauszufinden, die ihn am freien Sammeln von Erfahrungen hinderte und beim Lernen blockiert, so kann er den Zugang zum Schüler gewinnen. Er kann ihm dann Mut machen, diese Logik in Frage zu stellen, und Kenntnisse vermitteln. Wichtig ist es vor allem, daß sich der Lehrer gefühlsmäßig in die Lage des Mutlosen zu versetzen versteht, dem es leichter erscheint, die Welt zu verändern, als selbst einen Schritt zu machen.

Die Klasse als Lerngemeinschaft – Tagtraum einer Utopistin

Ich höre Deinen kollegialen Einwand: »Aber ich habe 90 Schüler.« Fachlehrer unserer Schule haben sogar bis zu 180 Schüler gleichzeitig. »Wann soll ich das tun, das ist zeitlich gar nicht zu realisieren.« Ja, die Zeit ist ein Problem bei unserer Arbeit. Der Rahmenplan schreibt mehr vor, als wir in einem Schuljahr vermitteln können.

Es geht jedoch nicht um die absolute Zeit für die Förderung der Schüler, sondern um die Haltung des Lehrers, sein Angebot an Hilfe, seine Solidarität mit dem Schüler, seine Achtung vor ihm. Die Schwierigkeiten zu erfassen und ihnen sachgemäß zu begegnen ist nur am Anfang eine Sisyphusarbeit. Letztlich spart man so viel Zeit, da diese Art der Arbeit mit Schülern eine Entlastung bedeutet, weil Schüler gern bei der gemeinsamen Sache mithelfen, wenn man sie ernsthaft einbezieht.

Zur Behebung des Defizits an Zusammengehörigkeitsgefühl und auch, um dem Mangel an Lernzuversicht abzuhelfen, führe ich in meiner Lerngruppe ein Kurstagebuch. In dieses gemeinsame Schreibheft tragen die Schüler und ich ein, was in unserer Lerngruppe geschieht. Das Buch enthält keine systematisch geführte Aufzeichnung allen Geschehens, sondern es vermittelt in seinen Berichten über kleine Vorfälle, über Unterricht und Ausflüge, die Stimmung in den Stunden. Oft schreiben die Schüler nur ein paar Zeilen, ich schreibe mehr. Grund dafür ist meine Absicht, sie allmählich zum Schreiben anzuleiten, und immer wieder auch der tiefe Wunsch, diesen sprachlosen Schülern ein Bewußtsein ihrer Stärke und ihrer keimenden Fähigkeiten zu vermitteln, sie so zu ermutigen.

Dem fatalen Nicht-reden-Können, das sehr ausgeprägt war, setzte ich in Setarehs Kursgruppe von der ersten Unterrichtswoche an regelmäßige Gespräche entgegen. Beim wöchentlichen, meist 20minütigen Klassenrat sprachen wir über alles, was im Alltag unserer schulischen Arbeit und Beziehungen zur Frage wurde.

Nach einer einführenden Stunde, in der wir uns erarbeiteten, welche Voraussetzungen die Verständigung bei einem Gespräch hat, leiteten Schüler über vier Jahre alle Gespräche. Heute scheint mir der Klassenrat der Weg, eine Gesprächs- und mit dieser eine Gefühlskultur im Klassenzimmer aufzubauen, Demokratie zu lernen. Woher sollen die Schüler das Miteinanderreden / Einanderzuhören können, wenn es ihnen keiner beigebracht hat? Was hilft das Lamentieren, wenn wir nicht dazu beitragen, daß es anders wird?[27] Notizen über diese Gespräche finden sich neben Fotos und kleinen Zeichnungen, selbstgeschriebenen Gedichten oder Anmerkungen zum Unterricht auch in unserm Kurstagebuch. Im Lauf von vier Jahren entstand schrittweise eine Zusammenarbeit in diesem Kurs. Das war oft mühsam, und es gab viele Stunden, in denen ich den Eindruck hatte, niemand greife im Gespräch den Faden des anderen auf. Manchmal überkamen mich Zweifel, ob ich als Fachlehrer mit einigen Stunden dieses Ziel der Zusammenarbeit, des Interesses füreinander und für die Fragen der Welt erreichen kann. Zwischen meinen Schülern, die sich im gleichen Kurs auf unterschiedlichen Qualifikationsniveaus befinden (Haupt- wie auch Realschüler, Gymnasiasten und solche Schüler, die keinen qualifizierten Abschluß erreichten), gab es dennoch häufiger Momente gegenseitiger Hilfe. Es entstand eine Bereitwilligkeit, dem anderen zuzuhören und ihn zu verstehen, die diesen Kurs zur Lerngemeinschaft werden ließ. Die Schüler hatten gelernt, daß man über die Grenzen der eigenen Welt hinaus miteinander reden kann und so Neues erfährt.

Nach meiner Erfahrung sind die Jugendlichen die besten Partner in dem Prozeß gemeinsamen Lernens. Aus den Gesprächen, dem gegenseitigen Verständnis, der Erfahrung, selbst eine wichtige Persönlichkeit zwischen den anderen zu sein, erwächst Zusammenarbeit, die allen Beteiligten, Lehrern wie Schülern, den Mut geben kann, sich überall im eigenen Leben für menschlichere Verhältnisse einzusetzen.

Liebe Marion, nun ist aus meiner Antwort auf Deine Fragen in unserem kurzen Gespräch ein langer Brief geworden, wie manchmal beim Schreiben an Setareh. Auch in der Beziehung zu ihr wurden mir manchmal Zusammenhänge bewußter, indem ich eine Antwort auf ihre Fragen suchte.

Vielleicht zum Abschluß noch etwas Grundsätzliches, weil Du Bedenken zum Lehrerberuf geäußert hast. Mit unserer Arbeit bewegen wir uns in einer großen und ehrenwerten Tradition: Seit den Überlegungen der Aufklärung zur Entwicklungsmöglichkeit des einzelnen Menschen und zu einer »Bildung des Menschengeschlechts«, seit Rousseaus Formulierung »Man mache das Kind stark, und es wird gut sein«, seit Kants Ansatz »Der Mensch ist, was die Erziehung aus ihm macht«

---

27 Lesenswert dazu ist das Heft »Individualpsychologische Beratung. Grundlagen und Praxis« von Tymister u. a. Die Autoren haben in dem Heft diese Zusammenhänge sowie weitere praxisrelevante Hinweise für die pädagogische Arbeit in den Beiträgen zur Individualpsychologie (13) im Reinhardt Verlag zusammengestellt. Insbesondere der Aufsatz von Ada Fuest über den Klassenrat illustriert, was mit diesem in der Schule von heute möglich wird.

wurde sowohl von Vorläufern der Pädagogik wie Jean Paul als auch von vielen Pädagogen in unserem Jahrhundert immer wieder die Forderung aufgestellt, der Lehrer und Erzieher solle das Kind bzw. den Jugendlichen in seiner Entwicklung begleiten, ihm behilflich sein, sich im Leben zurechtzufinden. Das ist doch eine ehrenwerte Tradition.

Zudem sind wir ja aus keinem anderen Stoff als unsere Schüler. Schon Georg Büchner läßt seinen »Lenz« in den dreißiger Jahren des letzten Jahrhunderts wissen: »Die Gefühlsader ist fast in allen Menschen gleich, nur ist die Hülle mehr oder weniger dicht, durch die sie brechen muß.« Wir sollten uns nicht so von der Hülle beeindrucken lassen! Unter ungleich schwierigeren gesellschaftlichen Verhältnissen, ich zitiere frei nach dem »Märkischen Dichtergarten«, sagte Bettina von Arnim, es gehe darum, der Zukunft rasch und beherzt in die Mähne zu greifen, sich ihr kühn in den Nacken zu schwingen, furchtlos in die Saiten der Zeit zu greifen (S. 133). Grundlage ihrer Aussage war schon damals für sie ein an der Entwicklung orientiertes Menschenbild: »Der Mensch ist nicht, er wird erst« (ebd., S. 130).

Wie ich schon schrieb, können wir bei Schülern ein Interesse für ihre eigene und damit unsere gemeinsame Zukunft hervorrufen, wenn wir nicht auf sofortige Resonanz oder gar auf unsere Beliebtheit schauen.

Nach meiner Erfahrung sind heute auch Kollegen und Eltern für Gespräche und für die tägliche Zusammenarbeit an diesen Fragen über die Gestaltung von Schule zu gewinnen. Erfolg werden wir nur dann haben, wenn wir geduldig sind und nicht das mögliche Ergebnis der Kooperation und des Verstehens als Eingangsbedingung erwarten.

Keinesfalls solltest Du versuchen, es genauso zu machen wie ich. Es gibt viele Wege in der Zusammenarbeit mit einzelnen Schülern und der Klasse. Der im Briefwechsel vorgestellte Weg war einer meiner Wege. Schüler orientieren sich an verschiedenen Lehrerpersönlichkeiten. Die Entwicklungsmöglichkeit liegt dort, wo wir die anstehenden Fragen aufkommen lassen und gemeinsam mit anderen Lösungswege suchen. Der Weg beginnt mit dem ersten Schritt, den wir tun.

Liebe Kollegin, ich freue mich auf Deine Einwände, weil sie uns helfen werden, das Problem genauer zu erfassen. Für unsere Situation als Lehrer gilt das gleiche wie für die Entwicklung Setarehs: Es ist – frei nach Adler – nicht entscheidend, was einer mitbringt, sondern das, was er draus macht.

Ich hoffe, wir setzen unser Gespräch bald fort.

Berlin, im Sommer 1992   Bettina Schubert

Nachbemerkung

In diesem Sommer, nachdem der Brief geschrieben wurde, fliehen wieder Kinder und Jugendliche aus ihrer Heimat. Sie fliehen aus dem ehemaligen Jugoslawien in unser Land. Wie werden sie aufgenommen?
Ende August überfallen vorwiegend junge Leute in Rostock ein Asylantenheim. Was wissen die Angreifenden von den Asylanten? Wie leben sie selbst, welche Vorstellungen von ihrer eigenen Zukunft haben sie?
Im ehemaligen Konzentrationslager Sachsenhausen bei Oranienburg legen im September Unbekannte nachts Feuer in der »jüdischen Baracke«.
Wenn die Gewalt nicht weltweit geächtet wird, geht ihre Saat immer wieder auf. Wo der Andersdenkende oder Fremde nicht als Mensch aufgenommen wird, kann auch der Einheimische nicht angstfrei leben.
Verantwortliche aus verschiedenen Senatsverwaltungen und aus der Schulpraxis diskutieren in diesen Tagen in der »Unabhängigen Komission Berlin gegen Gewalt / AG Schule« über eine Schule, die »anders« werden muß, wenn sie eine Schule für heute sein will. Zu viele Schüler scheitern, werden nicht mehr erreicht. Welche Veränderungen der Schulstruktur können diesem Problem begegnen?
Wir Erwachsenen nehmen die inneren Nöte der Heranwachsenden noch zu wenig ernst. Wenn wir ihre Lebenswirklichkeit nicht erkennen, werden wir selbst Fremde in unserem Land sein. Wir werden uns nicht mehr zu Hause fühlen können. Jugendliche, die innerlich allein sind und die mitmenschlichen Fragen gegenüber gleichgültig bleiben, stehen jeder Form von Gewalt hilflos gegenüber; einige werden zu Tätern.
An einem Wiener Heim für Kinder in Not steht auf einer Tafel: »Wer Kindern Paläste baut, reißt Kerkermauern nieder.« Julius Tandlers Gedanke gilt auch heute. Als Merksatz verantwortlicher Familien- und Bildungspolitik könnte er lauten: »Nur wer Kinder und Jugendliche großzügig in allen Lebensbelangen unterstützt, baut an einer Zukunft ohne Gewalt.«
Der 200 Jahre alte Traum von einer sozialen Demokratie kann jedoch nur dann Wirklichkeit werden, wenn jeder einzelne mit seiner Tat, auch in der Schule, dazu beiträgt. Menschlichkeit läßt sich letztlich nicht an Institutionen delegieren.

Oktober 1992   Bettina Schubert

Literaturverzeichnis

Adler, Alfred, Individualpsychologie in der Schule, Fischer, Frankfurt/M. 1973
–, Psychotherapie und Erziehung I–III, Fischer, Frankfurt /M. 1982
Ansbacher, Heinz und Rowena, Alfred Adlers Individualpsychologie, Reinhardt, München/Basel 1975
Arnim, von Bettina, Die Sehnsucht hat allemal Recht, Fischer, Frankfurt/M. 1985
Büchner, Georg, Werke und Briefe, München, Deutscher Taschenbuch Verlag, München 1980
Dührssen, Annemarie, Analytische Psychotherapie in Theorie, Praxis und Ergebnissen, Vandenhoeck & Ruprecht, Göttingen 1972
–, Psychogene Erkrankungen bei Kindern und Jugendlichen, 13. Aufl., Vandenhoeck & Ruprecht, Göttingen 1982
Jochheim, Gernot, Schulpädagogische Maßnahmen zur Reduzierung von Gewalt und Gewaltbereitschaft von Kindern und Jugendlichen, in: Senatsverwaltung für Schule, Berufsbildung und Sport Berlin, Gruppengewalt und Schule, Berlin 1992
Karabatziakis, Vassilis, Menschenbild und Pädagogik, Zum Zusammenhang von Menschenbild und Pädagogik in der Individualpsychologie Alfred Adlers, Zürich (Diss.) 1983
Myhre, Reidar, Autorität und Freiheit in der Erziehung, hrsg. L. Friedrich, Kohlhammer, Stuttgart/Berlin/Köln 1991
Rüedi, Jürg, Die Bedeutung Alfred Adlers für die Pädagogik, Eine historische Aufarbeitung der Individualpsychologie aus pädagogischer Perspektive, Haupt, Bern/Stuttgart 1988
Schubert, Bettina, Das Konzept »Meinung des Individuums« in seiner Anwendung zur Diagnose und Therapie von Schreibhemmungen, unver. Diplomarbeit, FU, Berlin 1984
Schwind, H.-D. et al (Hg.), Ursachen, Prävention und Kontrolle von Gewalt, 4 Bde., Duncker und Humblot, Berlin 1990
Speck, Otto, Chaos und Autonomie in der Erziehung, Erziehungsschwierigkeiten unter moralischem Aspekt, München/Basel, Reinhardt 1991
Tymister, Hans Josef (Hg.), Individualpsychologisch-pädagogische Beratung: Grundlagen und Praxis, Reinhardt München/Basel, 1990
Winkel, Rainer, Antinomische Pädagogik und Kommunikative Didaktik, Düsseldorf, Schwann, 1988
–, Der gestörte Unterricht, 4. überarb. Aufl., Kamp, Bochum 1988

Ratgeber: Leben mit Kindern

Ekkehard
von Braunmühl
Zeit für Kinder
Band 6705

Ingeborg Bruns
**Das wiedergeschenkte
Leben**
Tagebuch über die
Leukämieerkrankung
eines Kindes
Band 3247

Elisabeth Dessai (Hg.)
**Wohnen mit Kindern –
heute und morgen**
Band 3367

Beate von Devivere
**Umweltschutz
für Kinder**
Thema: Radioaktivität
Band 4125

Martin Dornes
**Der kompetente
Säugling**
Die präverbale
Entwicklung
des Menschen
Band 11263

Petra Dreyer
**Ungeliebtes
Wunschkind**
Eine Mutter lernt, ihr
behindertes Kind
anzunehmen
Band 3252

Mechthild Firnhaber
Legasthenie
Wie Eltern und Lehrer
helfen können
Band 3539

Marianne Grabrucker
»Typisch Mädchen ...«
Prägung in den ersten
drei Lebensjahren
Band 3770

Christine Hofmann
Stunden, die zählen
Ein Kind findet
ein Zuhause
Band 3296

Eugen E. Jungjohann
Kinder klagen an
Leben mit Angst,
Leid und Gewalt
Band 10747

Mary MacCracken
**Charlie, Eric und
das ABC des Herzens**
Außenseiter im
Klassenzimmer
Band 3273

Lovey
Die Therapie eines
schwierigen Kindes
Band 3274

Fischer Taschenbuch Verlag

fi 8/14a

Ratgeber: Leben mit Kindern

  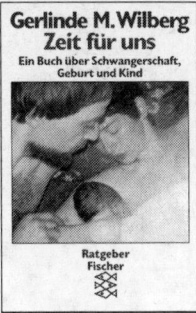

**Aloys Leber /
Hans-Georg Trescher /
Elise Weiss-Zimmer
Krisen im Kindergarten**
Psychoanalytische
Beratung in pädago-
gischen Institutionen
Band 42315

**Bettina Schubert
Erziehung als
Lebenshilfe**
Individualpsychologie
und Schule
Ein Modell
Band 11314

**Kathryn Seidick
Mit den Anforderungen
wächst der Mut**
Der Kampf einer
Mutter um ihr
schwerkrankes Kind
Band 3283

**Nina und Michael
Shandler
Mit Yoga zur
sanften Geburt**
Ratgeber für
werdende Mütter
und künftige Väter
Band 3322

**Barbara Sichtermann
Leben mit einem
Neugeborenen**
Ein Buch über das
erste halbe Jahr
Band 3308

**Sven Wahlroos
Familienglück
kann jeder lernen**
Band 3302

**Gerlinde M. Wilberg
Zeit für uns**
Ein Buch über
Schwangerschaft,
Geburt und Kind
Band 3307

**Hans Zulliger
Heilende Kräfte
im kindlichen Spiel**
Band 42328

**Necha Zupnik
Janina ist nicht
wie die anderen**
Band 11325

Fischer Taschenbuch Verlag

fi 8/15 b

Psychologische Ratgeber

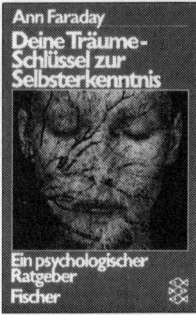

George R. Bach /
Herb Goldberg
Keine Angst vor
Aggression
Die Kunst der
Selbstbehauptung
Band 3314

George R. Bach /
Peter Wyden
Streiten verbindet
Spielregeln für
Liebe und Ehe
Band 3321

Eugene C. Bianchi
Mit den Jahren gehen
Ein Wegbegleiter für
ein schöpferisches
Älterwerden
Band 11294

Katharina Dalton
Mütter nach
der Geburt
Wege aus
der Depression
Band 10955

Esther
Dreifuss-Kattan
Krebs
Kreativität
und Selbst-Heilung
Band 11278

Ann Faraday
Deine Träume –
Schlüssel zur
Selbsterkenntnis
Band 3306

Ingrid Fiala
Mein Kind, dein Kind,
unser Kind
Vom Umgang mit den
Problemen in einer
neuen Partnerschaft
Band 3529

Günther Gauß
Angewandtes
Ganzheits-Training
Übungen und
Erfahrungen
Band 3537

Der Weg zum Selbst
Übungen zur auto-
meditativen Energetik
Band 3536

Liz Greene
Kosmos und Seele
Wege zur Partnerschaft
Ein astro-psycho-
logischer Ratgeber
Band 10748

Werner Gross
Sucht ohne Drogen
Arbeiten, Spielen,
Essen, Lieben ...
Band 3531

Wolfgang Hölzle
Krankheit als
Neubeginn
Bewußter leben
nach dem Herzinfarkt
Band 3360

Edith Laudowicz
Älter werden
wir doch alle ...
Individuelle
Erfahrungen und
gesellschaftliche
Perspektiven
Band 11462

Fischer Taschenbuch Verlag

fi 9 / 7 a

Psychologische Ratgeber

**Gottfried Lutz /
Barbara Künzer-
Riebel (Hg.)
Nur ein Hauch
von Leben**
Eltern berichten vom
Tod ihres Babys und
von der Zeit der Trauer
Band 10616

**Angelika Mechtel
Jeden Tag
will ich leben**
Ein Krebstagebuch
Band 10874

**Else Müller
Du spürst unter
deinen Füßen das Gras**
Autogenes Training
in Phantasie- und
Märchenreisen
Vorlesegeschichten
Band 3325

**Else Müller
Du fühlst die Wunder
nur in dir**
Autogenes Training
und Meditation in
Alltagsbeobachtungen,
Aphorismen und
Haikus
Band 11692

**Auf der Silberlicht-
straße des Mondes**
Autogenes Training
mit Märchen zum
Entspannen und
Träumen
Band 3363

**Wege in der
Wintersonne**
Autogenes Training
in Reiseimpressionen
Band 11354

**Renate Schwab
Der Drache im Herzen
des Lebensbaums**
Mit Märchen
meditieren
Band 10163

**Reinhart Stalmann
Psychosomatik**
Wenn die Seele leidet,
wird der Körper krank
Ein Therapeut erklärt
Fälle aus der Praxis
Band 3332

**Sven Wahlroos
Familienglück
kann jeder lernen**
Band 3302

Fischer Taschenbuch Verlag

Psychologie

Eine Auswahl

Alexandra Adler
**Individual-
psychologie
Anleitung zur
Praxis**
Band 10131

Robert F. Antoch
**Von der
Kommunikation zur
Kooperation**
Studien zur indivi-
dual-psychologischen
Theorie und Praxis
Band 4618

Charles Brenner
**Grundzüge der
Psychoanalyse**
Band 6309

**Praxis der
Psychoanalyse**
Psychischer Konflikt
und Behandlungs-
technik
Band 6740

Hilde Bruch
Eßstörungen
Zur Psychologie und
Therapie von Überge-
wicht und Magersucht
Band 6796

**Das verhungerte
Selbst**
Gespräche mit
Magersüchtigen
Band 10167

Almuth Bruder-Bezzel
**Geschichte der
Individualpsychologie**
Band 10793

Ernst Federn /
Gerhard ·
Wittenberger (Hg.)
**Aus dem Kreis
um Sigmund Freud**
Nachträge zu den
»Wiener Protokollen«
Band 10809

Sándor Ferenczi
**Schriften zur
Psychoanalyse**
Auswahl
in zwei Bänden
Herausgegeben von
Michael Balint
 I. Band: Bd. 7316
II. Band: Bd. 7317

Bernhard
Handlbauer
**Die Adler-
Freud-Kontroverse**
Band 7425

Jolande Jacobi
**Die Psychologie
von C. G. Jung**
Eine Einführung
in das Gesamtwerk
Band 6365

Russell Jacoby
**Die Verdrängung
der Psychoanalyse**
oder Der Triumph
des Konformismus
Band 10518

Fischer Taschenbuch Verlag

fi 1191 / 4 a

Psychologie

Eine Auswahl

Fischer Taschenbuch Verlag

Geist und Psyche

Begründet von Nina Kindler 1964

Kinderpsychologie

Fischer Taschenbuch Verlag

fi 347 / 13